本书由河北大学科研创新团队培育与扶持计划

（2016 年"一省一校"专项经费）资助出版

传媒集成经济研究

——基于互联网时代的新视野

樊拥军 ｜ 著

CHUANMEI JICHENG
JINGJI YANJIU

JIYU HULIANWANG SHIDAI DE XIN SHIYE

人民出版社

目　录

序 言

在传播技术、传媒市场、传受关系均发生重大变化的互联网时代，我国传媒经济理论研究队伍正在不断壮大，他们孜孜不倦地观察思考与分析总结业界的实践探索，呕心沥血从事理论研究与体系建设，近些年在诸多领域和层面取得长足进展，丰富了我国传媒经济学的基础理论内容。

但由于传媒产业复杂的社会身份属性，传媒管理体制的条块分割等外在因素，一定程度影响我国学者的主观能动自觉与学术眼光魄力：首先是相关理论研究思路相对狭窄，如过度粘滞于具体节目和栏目等枝梢末节，碎片化经验式总结意义终归拘谨；其次是研究的视野开阔度略显不够，割裂传媒发展与社会其他系统的相互作用，不能从更广产业经济与国民经济及社会进步的共赢层面，融会贯通深入关联，体现高屋建瓴般的理论指导价值；其三是理论体系深度尚有欠缺，或对国外一些理论概念进行中国化的实践佐证，或借用经济学、社会学理论表现的底气不足，仅能得出粗浅的交叉结论成果等……

今天互联网技术迅速发展和网络传播蓬勃态势，引发人类交往的前所未有变化，社会急剧变革转型期各种力量结构震荡性调整，传媒市场关系资源格局重新配置，产业经济业态与运营收益模式翻天覆地革新，传媒经济现实运行规律进化发展……对不能适应的一些传统媒体而言，是步步退却的最坏时期，对积极进取的几大网络新媒体公司而言，却是如日中天的最好时期。面对当前传媒产业巨变大势，我国传媒经济的相关本土化理论创新研究，总体尚未完全有机有力有效的对接，没有担当其应有的理论前瞻性指导使命。

樊拥军是我的博士研究生当中非常勤奋和努力的，他入学时已经是河北大学的副教授，入学之后以夙兴夜寐的专业学习态度而著称。这本展现在我们面前的学术专著《传媒集成经济研究——基于互联网时代的新视野》便是他勤勉治学的高水平研究成果。这本专著针对传媒发展产业环境、市场驱动因素、经营管理模式等变化，立足国情现实，牢牢抓住良好经济收益是传媒安身立命根基的主题，遵循互联网经济思维逻辑要求，全方位考究进步技术、市场经济、资本及政治文化等交互作用合力，审视处于困境的传统媒体产业升级换代焦点问题，观照活力十足的网络新兴媒体产业持续发展集中矛盾，始终直面媒体产业重大格局演化与长远发展核心命题，寻求最有效的经济形态服务我国传媒做强做大做活，是本研究领域前沿的最具价值的成果之一。

具体地说，这本学术专著的创新性突出表现在：

1. 它借鉴产业集群经济、投入产出效率、新增长理论等经济学精华，承继规模经济和范围经济理论之长，吸收信息经济、比特经济、体验经济、注意力经济等互联网时代的产业理论精髓，立足现实特殊国情和传媒市场活跃要素资源流动，整合传播学、现代管理学、社会学、政治学关联成果，博取杂糅，理实结合，通过不同学科理论的交叉互补，建构完备的传媒经营方向、管理理念、运作路径对策体系，传媒集成经济在概念、对策、理论等方面，贡献了富有启发性的跨学科新颖创见。

2. 它提出复合需求与因应性满足，拓展传播学涵化与扩散理论。传媒集成经济将研究视野范围转向用户、市场、产业、社会等，拓展传播学的受众需求与满足理论，时代复合需求与因应性满足作为传媒经营发展宗旨，是对时代大势的集成总结，丰富经济学的消费者偏好理论认识，体现传媒经济理论的实践指导价值。著述还拓展传播学涵化与扩散理论，倡导将传媒集成经济集约型发展内涵特质，嵌入社会生活方面面面，走出传媒经济研究就是如何赚钱的误解与误区，发挥集成经济先进思想的引领价值与涵化扩散作用，服务产业经济转型，推进政治民主改革，完善传媒经营管理文化。

3. 传媒集成经济根植于互联网进步技术精神及网络经济平等共利意识。作者在著述的批判建构中，主张通过集成创新与服务创新，形成网络市场新生业态交往效益，追求传媒经济与国民经济共生共荣，重视社会福利正外部效应，以人的全面发展为方向张扬人本主义经济立场，辅助传媒产业全方位变革提升，服务产业健康发展壮大，达到经济效益和社会效益双赢，有理有据地论证集成经济必然成为我国传媒市场化持续发展的理性选择。"市场不仅仅是 GDP 增长的工具，市场是人类实现自我价值、追求卓越的一种途径。只要我们尊重了人的基本权利，给每个人平等的自由，市场经济自然就会到来。反之，如果我们的体制和政策不尊重人的基本权利和自由，再多的改革措施都不可能建立起真正的市场经济制度。"[①] 其超越传统媒体攫取垄断利润的运营局限，警惕新媒体大公司恶性竞争的无端耗费等建设性理念，值得学界和业界予以关注。

4. 在整体性战略方向和对策理论体系建构中，作者进一步指出传

---

① 张维迎：《改革要从功利主义转向权利优先》，中国改革论坛网，http://www.chinareform.org.cn/people/z/zhangweiying/Article/201601。

3

媒集成经济的优势，如突破传统媒体规模经济与范围经济天花板效应、经营路径依赖、增长极困境及风险危机预警等，对产业及社会进步的系列引领作用，也可看作具有新意的观点。此外，散布于书中的一些创新策略，同样有具体运营操作指导意义，如组织结构优化的扁平化网络结构，用户客户资源纳入传媒集成经济管理板块并持续开发，集群经济转为集成经济，集成规模经济与集成范围经济，软硬资源的分类与整合成效及路径，集成创新与服务经济等等。

5. 传媒集成经济以合作共赢境界服务社会进步终极目标，其运营方向的开放性、包容性与机动性，理论更新完善的与时俱进自觉性，开创传媒经济发展的新阶段。作者站在社会系统整体协同角度，密切联系制度经济学观点，进一步提出传媒集成经济诸多正向作用与优势发挥，除了产业经营主体需要内生性自我改造，还需要市场经济发展机制相辅相成，政治体制创新保障。制度匹配性的变革发展，是助推媒体产业融入市场经济，整合资源实现供给侧改革目标的不可或缺要素，恰如诺思所说："经济运行中的正式规则是由政治体制来定义和保证实施的，因此政治体制是决定经济绩效的基本因素。"①

而对于本项研究的缺陷不足，正如作者自我的反省与认识：一是如果方法论上从事一些有价值的实证性或调查访谈等，获得第一手数据材料与鲜活的直接案例，将更有力地支撑对策性、务实性理论体系建构；二是传媒产业经济发展必须遵循现实各种力量支配方向，才能顺利达至经营目标，而抱着学以致用、经世济人的作者有时难免理想化色彩过浓；三是因本书涉猎学科繁杂，互联网时代的国内外传媒集成经济研究可供参阅成果较少，作者囿于学科背景导致集成经济理论纵深和广度开

---

① ［美］道格拉斯·C. 诺思：《理解经济变迁过程》，钟正生、邢华等译，中国人民大学出版社 2008 年版，第 46—47 页。

拓不够，一些理论建设只能浅浅而为。

　　综上所言，作者所阐释的互联网时代的传媒集成经济对策理论体系，在我国传媒经济学与传播学理论方面均有一定程度的突破创新，而最重要的是，任何对策性的创新理论体系需要实践检验其具备的实践指导价值和及所几点的理论价值。这正是这本学术专著最具魅力之处。

　　是为序。

喻国明

2017 年元旦

于京师大厦

　　（教育部新长江学者特聘教授，北京师范大学新闻传播学院执行院长，中国人民大学新闻与社会发展研究中心主任，中国传媒经济与管理学会会长。）

绪　论

一、研究背景和对象

（一）传媒转型发展动力体系

苏洵在其名篇《审势》中有执政战略的精辟见解："彼不先审天下之势，而欲应天下之务，难矣!"[①] 用之指导今天的各项专业研究，就是要把握时代大背景，选择明确参照坐标轴系，定下具体方向路径，采纳科学策略方法，方可不逆大势，不悖事理，顺势而为，事半功倍，服务社会人生。

通观当今世界和我国社会形势，可用"巨变"和"剧变"两个关键词概括："巨变"意味现实变化之大之广前所未有；"剧变"表明现实变化之快之烈应接不暇。一切正如那句颇有哲理意蕴的话：这世界唯一不变的就是变! 对此，传统媒体人的应变已经有力不从心的种种表

[①] 《苏洵集·审势》，中州古籍出版社 2010 年版，第 144 页。

现，而紧跟互联网时代发展，举公司之力不断从事技术、经营和服务创新。目前，如日中天的马化腾、马云、李彦宏等风云人物，面对日新月异的新媒体市场和变动不居的用户群体，无不曾公开感慨变化之"巨"叫人难以捉摸，变化之"剧"令人难以预测！

双重变化叠加效应造就的客观状况是：遍地涌流的交往活力，燃起芸芸众生新兴的希冀和需求，刺激新兴的行为和举动，滋生新发的问题和矛盾。改革开放 30 多年后，转型期的中国城市规模迅速膨胀，人口流动极速加快，国民经济总量大增，各领域成就辉煌，但与此同时，阶层关系鸿沟区隔固化，社会呈现碎片化与极化特征，形形色色力量聚合拉扯中，个人与个人、个人与群体、群体与群体、集团与组织、民众与政府、国内与国外等多向冲突纷繁复杂。面对交错丛生、潮起潮落的彼此纠葛博弈作用景观，究天人之际、察古今之变、体中外之情，无不因利益根本关系千头万绪地扭结。恰如庞德所言：没有一个社会，居然会有如此多的利益，以致在满足人们需要时不会有什么竞争和冲突。①

马克思除了提出矛盾是社会发展的根本动力外，对此也早有洞察："把人和社会连接起来的唯一纽带是天然性，是需要和私人利益，人们所争取的一切，都同他们的利益有关。"② 若深层透析当前现状，追求和维护利益自然归于个体、群体及各行各业生存发展需求，而不同需求的交融与凝集，构筑起的复合需求与满足供应关系，即为宏观大变下无处不在、无时不在的矛盾对立统一，成为推促产业变迁、市场进化及整个人类社会发展的重要动力。

若再进一步放眼世界，站在我国改革转型的"前沿阵地"，全面观察各种变化则可发现：因应社会复合需求且创造层出不穷复合需求并予

---

① ［美］罗斯科·庞德：《通过法律的社会控制——法律的任务》，商务印书馆 1984 年版，第 35 页。

② 《马克思恩格斯全集》第 37 卷，人民出版社 1972 年版，第 82 页。

以满足的主要作用动力源，主要是互联网技术革新、市场演化变迁和资本呼风唤雨三大力量，它们与不同国家的政治、文化、习俗等势力交互作用，共同形成支配人类发展的合力体系，充分体现马克思主义经济基础与上层建筑关系的论断。

1. 迅猛普及应用的互联网技术，成为满足时代复合需求和改造人类交往关系的重要作用力量，成为传媒经济持续发展的传播支持条件

1967 年，加拿大著名学者麦克卢汉宛如神谕般指出，构成我们时代的媒体或程序的电子技术，正在重新塑造和构建社会互相依赖关系的模式，以及我们生活的方方面面。[①] 有技术决定论者之称的美国经济学家索洛，20 世纪 50 年代就提出增长速度方程，至今看来仍未过时。"据统计，20 世纪初，发达国家提高生产率，只有 5%—20% 来自于科学技术，50 年代以后，则 60%—80% 依靠科学技术的进步。科学技术对美国经济的贡献已达到 1/3，对世界经济的贡献则达到了 14.7%。"[②] 互联网技术的市场转化与平民应用普及，技术本身蕴含的进步精神要素对社会各方面的革命酵化影响与作用力度，远超这些曾经名盛一时的学者想象力，印证了改革开放总设计师邓小平关于科技是第一生产力的预判。

"技术的产生源于人类的需求和愿望。……技术在带给人们极大物质需求满足的同时，也一步步重塑着人们的生活。"[③] 通观人类历史，进步技术发明创造都以满足人类需求为内驱力，提高生产效率，改善生活水平，同时作为文化思想的革新发酵力量，对人类的精神世界和存身的自然世界，产生全面立体、多重维度和强大效度的改造重构作用；对

---

① 转引自刘晓芳：《21世纪的无边疆的虚拟扩张——外包与ASP》，《互联网周刊》1999年第17期。
② 王晓林：《社会发展机制优化论》，中央民族大学出版社2007年版，第206页。
③ 李淮芝、蔡元：《新媒体的数字化生存与发展》，测绘出版社2011年版，第44页。

人类交往风貌塑造产生广阔深度影响，反过来映照人类的创造性与开放性本质。"科技文化价值观正向作用的发挥，很大程度上取决于对技术创新中科技和文化价值观冲突的有效调适。因为技术在本质上是一种开放式的演进，这使技术活动成为人的一种内在向度。技术既是人自我创造、自我展现的过程，也是使自然和人的创造物被再造、被展现的过程。总之，人建构了技术，技术也是人本质的对象化，它反映着人的开放性的本质力量。"①

互联网作为人类集体智慧结晶创新的伟大成果，以无限技术革命能量和渗透力量，在媒体信息传播形态转变、精英与大众话语权利消长、社会变革进化等方面，产生不可估量的作用力，而且以高度包容和交互联结的传播功效，重塑再构阶层群体关系，引发人类经济交往活动发生翻天覆地的变化，也强有力地反作用于上层建筑系统，促进政治文明与精神文明传播，推动人类步入更为开放自由的崭新时代。传媒经济形态进化及传媒经济增长，其他社会功能与传播价值实现，同样受利于我国互联网技术推广应用对社会多层面再造与立体化重塑贡献；同样受决于互联网技术对传媒产业升级的支持能力与外部拓展的兼容并包能力；同样受益于互联网技术对传媒用户客户新生需求与满足的平台手段供应能力。

2. 互联网与资本交融的全球化市场，作为调配资源基础力量逐渐超越政府有形之手的主导，成为传媒经济持续增长的外在作用环境

人类社会生产分工伊始，即出现市场交换与系列交易规范，树立公开、公平、公正、合理等原则，这些是人类集体自由交往、互利共赢的智慧累积，是经济活动走向高效的必然产物，是人类发展至今都不可逾

---

① 李淮芝、蔡元：《新媒体的数字化生存与发展》，测绘出版社2011年版，第51页。

越的行为主题。互联网技术勃兴，不过将人类市场经济交往形态优势，再次通过技术平台张力，进行无限自由扩张，以网络经济超越时空局限的纵横联结能量，遵循社会化大生产的集约经济原则，容忍试错的开拓创新精神，依靠实用、便捷、高效的交易渠道空间供应，使市场竞争作用和调节配置资源的无形之手威力得到最大程度发挥，迫使各国传统产业、企业与个人跟进调整，进行生产营销资源的最优化配置和传播整合，满足时代复合需求。与之对照的是，因互联网技术平台的无影灯监督效应，让各种不合市场经济规则的人为干扰与阻挠势力，包括以往政府滥权规制之手，也逐渐在其市场调配力量面前相形见绌。

聚焦到我国的传统媒体产业经济，长期形成的管理思维、经营模式、精英意识等惯性力量，导致产业战略转型动作迟缓，对应策略实施难达期望成效，归根结底是互联网时代的市场经济根本原则，网络经济规律及其精神内核要求，没有真正成为主导我国传统媒体变革路线。因此，仅仅十几年时光，便与网络传媒公司的竞争中处于相对劣势状态。非理性干预与规制有形之手约束，不能突破性发展的惯性经营思路，在互联网技术与各种资本联合作用的活跃市场经济面前，传统媒体愈发显得迟滞保守，稍作分析近些年的经济败落轨迹走向，即昭然若揭。

因此，市场经济规律主导作用下的生存压力当前，既要坚持发挥我国传媒产业经营的政治方向优势，又要顺应互联网技术和资本联合的市场经济发展趋势，利用其中积极要素作用与资源配置协调功效，利用传媒累积的社会资本地位和影响，重整产业资源组合结构大局，彻底摆脱逆市场发展规律、逆技术进步趋势、逆消费者正当喜好的管控思维和落后经营方式。作为政府管理者，把握好传媒转型改革的政治大方向盘，让有形和无形"两只手"协调配合发挥正向作用，则能推促我国传媒产业经济在互联网时代得到健康快速发展。

3. 互联网时代的资本运作影响力量，成为各个产业做大做强的激

发促进因素，同样是传媒经济大规模、超范围发展的杠杆性支配资源

资本对剩余价值的利益追逐野性及合理性，使其在成熟的西方国家市场中，快速集聚数量惊人的再生产资本，合成一种惊人的杠杆性驱动力量，左右着无数产业的命运；活跃的资本力量翻手为云、覆手为雨，在全球化的市场中纵横捭阖、左冲右突，彰显其操盘的能量与作用，正在逐渐影响许多国家的国民经济乃至人类历史的前程。对此，当年全面深刻批判资本主义社会并号召推翻之的马克思，也曾为其创造的生产力水平发出客观赞叹。

有人批评资本流动的超强破坏性与攫取私利、牟取暴利的无德作恶原始野性。确实值得人们警觉资本的负面杀伤力，如近些年不断爆发的金融危机，波及全球，挫伤多少产业，毁掉多少生灵，但世界经济史呈现的规律及当今市场发展的事实同样揭示：健全的资本市场管理、监督制度，完善的资本运作使用制度，不仅能够遏制资本投机拓张的为恶结果，消除其不合理乃至非法的流动和使用，而且促进资本价值有效有力地整合，对产业经济的聚变性发展、规模性扩张、范围性突破等，起到积极促进的为善作用。

如今在经济全球化进程中，进入互联网时代的各种有形社会资本，跨越原来的时空障碍高速流动，于世界经济发展中兴风作浪、左冲右突；而无形社会资本的兴发与聚合，同样在各个产业经济层面及社会领域起着重大影响与推动作用。而在传媒产业领域，除了利用市场资本有形价值力量拓张自身，媒介拥有多年积淀的品牌、声望、权威地位、公共形象、服务口碑等无形资本，如同强大的磁场中心引力，在互联网为基础的新媒体语境下，仍然能够倚仗传媒影响力所集结的经济效应①，

---

① 喻国明：《影响力经济：对传媒产业本质的一种诠释》，《现代传播》2003年第1期。

快速聚拢起无数的用户客户注意力资源，吸附更多的有形社会资源，使有形与无形两大资本交互作用，成为我国传媒产业经济持续发展的支持力量，在经济进步、政治文化发展、市场要素流动、市场环境空间净化中，扮演多重正向的经济交往、社会交往等中枢角色。

综上所述，当今世界的技术发展、市场发展、资本运营三大显性支配力量，加上政治垂直刚性左右力量，社会习俗文化的横向柔性浸染力量，在互联网技术平台支持下迅速贯通汇聚，构成几乎无所不能的解构、建构、催生、化育等变革和创新力量，共同推动社会车轮滚滚前行。这就是恩格斯著名的合力作用论断：“无数个力的平行四边形”，它们形成“一个总的合力”推动社会发展。① 马克思主义的“社会合力”科学发展观，是指导我们传媒经济领域研究依循的大方向；而合力作用复杂诱因造成的不可抗拒遽变现实，是我们必须审视和明晓的天下大势：无论哪个产业，大势当前，顺之者昌，逆之者亡。各国产业经济转型与进化实践也在反复证明：凡因应大势且满足时代复合需求的新兴产业，则一片生机勃勃，引人瞩目，否则即是速生速灭；而一些传统企业、产业和行业因错失转型发展窗口期，生存危机接踵而至，或奄奄一息继续挣扎求生，或不得不黯然退出历史舞台，包括中西各国传统媒体产业，概莫能外。

（二）传媒经济交往关系新变

全球经济一体化加速，人类交往频率增加、交往广度拓展、交往深度延伸，人的个体意识复苏带动自我权益与需求膨胀，社会各阶层不断生发的利益冲突和关系革新需求源源而出，国家民族应对外来文明挑战，政府缓和内外矛盾压力，执政文明自我进化等需求增长。传媒系统担当无可替代的多元功能，是社会重要的政治关系调和系统、群体对话

---

① 《马克思恩格斯全集》第37卷，人民出版社1971年版，第462页。

交互系统、文化共识整合系统、经济交往促进系统和人全面发展服务系统。因此，需要因应时代新兴复合需求与时俱进，因应环境变化大势提升自我。而选择科学发展战略目标，高效操作执行策略体系，是传媒产业经济提升生机活力的前提；把握社会群体和时代需求的变化态势，加快传媒组织结构与经营管理变革，成为正确前行可持续发展的保障；应合传媒产业市场要素与各种关系变化脉络，决定传媒转型升级及有效有序发展的耐力。因为社会合力作用下的互联网传播，传媒产业市场经济发展出现的下列新兴变化，亟待经营者面向实际进行因应性的变革与调整。

1. 传媒市场生产与消费群体地位关系发生根本转变，用户注意力稀缺资源成争夺中心

传媒原来"以我为主"的生产经营供应方主导市场模式，在互联网时代正在转向用户需求方主导市场，市场交往公平原则的决定作用正在得到真正体现。这是一个划时代的历史进步，因为互联网技术平台创造的传播情境，改变了传统媒体不公平传播与剥削性经营事实。"如果一个人仅仅是想让观众滞留在屏幕前面，而不给他们任何回报，这就不是公平的买卖。他们只是设法把人家滞留在'箱子'前面，而无视他人的感受，这当然是一种典型的剥削形式。乔治·法兰克乐观地估计，这种剥削形式不会继续残留下来。显然这里隐藏着一个判断，即垄断是产生剥削的重要原因，而互联网难以形成垄断，因为它是一个以无政府主义的方式组织和发展起来的东西。许多注意力已经游离于非交互性媒介，这迫使电视人和媒介人作出反省，传统的对注意力的掠夺性开发不能继续下去了。"①

---

① 张雷：《媒介革命：西方注意力经济学派研究》，中国社会科学出版社 2009 年版，第 118 页。

　　互联网革新传播技术、改善传播关系，自由平等交往精神满足人文要求，也在转变传媒经济模式，关注用户、了解用户、服务好用户是新兴媒体经营致胜要诀。互联网传播在我国发展 30 多年来，在市场中摸爬滚打成长起来的几大网络公司，借鉴西方发达国家的产业经营管理模式，结合现实国情民意取向，抓住用户注意力和信息消费需求偏好，遵照传播接受公平原则，赚取比传统媒体还要丰厚的利润，成功将传媒经济活动推到一个新层次、新形态，与国际新媒体公司比肩而立。我国媒体产业格局与发达国家趋势一样重新洗牌。其中，注意力资源价值的拥有和开发，密切关联着传媒产业经济的发展壮大。

　　注意力资源的捕捉及价值挖掘，正如有人所发现的：谷歌对我们的使用与我们对谷歌的使用一样多，"我们敲击键盘和点击鼠标搜索信息，在这方面我们处在控制地位；但这一行为也能被看作信息的设计形式，它暴露了我们。谷歌拿走了我们的寻找（从字面上解释就是我的注意力）并把它转化为称为'关键词'的商品，最后将它转卖给广告客户和出版发行者。实验学派认为这是对我们财产的剥夺。"① 只不过这种剥夺，除侵犯公民隐私权等引发人们关注和批评外，其他方面显然比传统媒体经济形态公平，谷歌搜索和其他产品毕竟是公司免费提供，给人们带来实实在在便捷福利，有相应付出需要相应回报，有相应收益需相应付出，这是市场经济交往公平原则内涵在互联网时代的清晰展示，将贯穿今后传媒产业经济交往的每个环节发展阶段。

　　与此相应，互联网渠道供应的无限扩张，带动新兴媒体经济形态创新活动此起彼伏。传统媒体曾经拥有的渠道稀缺资源与传播垄断地位不再，作为社会化控制与意识形态整合的权威影响逐步式微，这个新兴变

---

　　① 张雷：《媒介革命：西方注意力经济学派研究》，中国社会科学出版社 2009 年版，第 204 页。

化导致注意力的稀缺与注意力资源争夺的事实凸显。"注意力就像阳光一样。我们注意什么，什么就会生长，我们忽略什么，什么就会枯萎。把注意力转移到想要的东西上，我们的情绪状态就会很快改善。如果我们反复这样做，就会看到我们的物质真实也会随之变化，起先是微小的变化，然后就会有大的变化。"①

传统媒体经济实质基于内容制造和广告传播的二元产品生产，吸引获取和售卖受众注意力，利用广告营收为主要收入支撑的二元市场售卖交换模式。该理论渊源于麦克卢汉的"受众用注意力付费"，通过传播覆盖率、受众阅听率等，衡量传媒产品经济价值和市场竞争力指标，体现传媒产业双重影响力，也是其盈利模式"二次销售"论根基。今天，许多传统媒体经营方向变化不大，但相对单一经营模式面临重大挑战，互联网时代的传媒经济仍以用户注意力为核心经营目标，因传播渠道的无限性，争夺注意力资源的经济行为趋于激烈，逼迫传媒正视生死存亡危机，不断开发新兴服务与新兴产品，获取多源性的注意力，拓展创新关联增值模式与新兴商业盈利方式。

"高德哈伯认为注意力是最为短缺的，注意力经济带来新的特有的财富形式、阶级划分和新的所有权形式，所有这些使得基于工业——金钱——市场的传统经济走向灭亡。"② 其言论有执其一端的夸大，然不可否认：互联网包罗万象的传播市场空间中，海量信息与精神生产内容均已出现相对过剩和绝对过剩，传媒组织机构传播、商业企业产品营销推广、政治文化精英思想知识等地位保持与重建，无不以首先引起用户和消费者的流动性注意力资源，然后通过其他形式传播，实现预设的财富回报和经济目标（俗称眼球经济）。互联网时代真正的稀缺资源——

① 张雷：《媒介革命：西方注意力经济学派研究》，中国社会科学出版社2009年版，第248页。
② 同上书，第80页。

消费者用户及其注意力，对传媒经济活动起着决定性作用。因应这种新的经济常态要求，遵循注意力经济转化规律，及时调整经营操作方向，对我国传媒可持续发展至关重要。

2. 传媒免费经济吸引用户参与产消互动循环，产业经营发展要求不断创新盈利形态模式

传统媒体败落表现在广告和其他经济收入状况由盛入衰。数据显示，美国报纸产业的大幅度滑坡，广告收入锐减迫使报业集团裁员、压缩、关门、转型，这种状况在其他西方发达国家包括发展中国家成为普遍现象。我国平面媒体出版产业是环境污染大户，产业链条运营费时、费钱又费力气，如今"困窘"与"冬天"是形容整个行业状况的关键词。广播电视等传统媒体的高成本运作，从业人员养就的精英心态难却，加上受众不能和不易互动的麻烦，难以满足他们的媒介接近权，与省时省钱省力的新型网络传媒使用相比，信息获取与使用及表达等已无任何经济优势可言，仅从拥有用户数量和广告收入的此消彼长中，即可见运营经济规律的左右力量：2014年是新旧媒体经济收入竞争的分水岭年份，网络广告收入领先广电等传统媒体成为第一。传播学集大成者的威尔伯·施拉姆，其受众选择媒体报偿公式——"报偿的保证/费力的程度＝选择的或然率"，简明勾勒出受众接触传媒的需求与满足心理及条件要素，即使互联网蓬勃发展的时代，依然有其在传媒经营、传播和管理上的可资借鉴与指导价值。

新媒体经营还衍生出颠覆性的、吸引用户注意力的免费经济模式。克里斯·安德森的《免费》一书中指出：免费即是用户不用付出货币可以得到产品或服务，企业通过其他方式获得货币收入的定价策略。免费模式的定价策略，植根于互联网公司初期与传统媒体夺取用户市场并立足长远效益的战略举措。众所周知，美国的谷歌（Google）、中国的百度、腾讯和阿里巴巴等新网络公司，莫不以免费技术、新闻、游戏娱

乐等产品和交往平台供应，把原本属于传统媒体的用户群体特别是年青群体拉到自己旗下。免费模式使人不用付出可感知的货币损失，因而聚集起大量的用户群；而且新兴网络传媒公司还坚持培养用户免费使用互联网的习惯，牢牢黏住用户，使他们渐渐疏离传统媒体。

值得注意的是，互联网技术传播平台的超大容纳性，使免费模式不限定用户的数量，数量越多则越有开发价值；使用时间越长，则越有利于网络公司从中寻求机会；移动互联网技术链接还突破使用空间限制，不论所在何方只要上网都能使用。最重要的是免费使用模式，很大程度解决了人们选择使用传媒的时间和决策成本。用户费钱问题解决、费力难点消除、报偿能够保证，使用可以循环反复，自我做主与情感沟通得到充分保障，当上述几种优势因素集合一身，便胜却"传统媒体"无数——新兴传媒经济模式革命性创新，最大程度满足复合性需求，用户选择互联网的或然率自然飙升。

"未来，互联网对传统行业的渗透将更为深入，这不仅意味着社会运作方式的更加便捷，更意味着在传统意义下的一些渠道和链条的瓦解，利益的消弭将带来成本的降低，进而接近'免费'，并出现免费部分与收费部分的分离。在互联网之外，免费的市场正在不断扩大，一场范围更广的免费革命正在兴起。"[1] 从这些意义上，免费模式作为互联网时代的一种商业模式革命，带给消费者无需劳心费神进行价格比较等时间节省好处，而且"免费让长尾用户的消费意愿更加稳定。其次，免费解决了长尾的管理成本。"[2]

从腾讯公司初始时经营牺牲短期效益追求长期发展的制胜战略，可窥一斑而知全豹：QQ软件研发入市之初到获得大量用户认可和使用，

---

① 刘琦琳：《免费经济——中国新经济的未来》，商务印书馆 2011 年版，第121 页。

② 同上书，第138—139 页。

坚持免费经营模式黏住人气，刚开始一直烧钱投入，待用户具有一定规模后，其盈利模式逐渐明朗并且多元化，采用传统媒体成熟的广告经营收入、Q币换来的各种游戏产品收入、与通信公司的流量利润分成、相关产品"交叉补贴"等收益，开创了多元化模式和多渠道获取可观整体利润。但经营主体不会一直做亏本买卖，如开发走向成熟后的微信平台正通过用户资源转化，精明盈利渠道开发，第三方付费、交叉付费等"羊毛出在狗身上猪来付费"的经济形态接二连三出现，大大丰富传媒经济活动的交易形式与营收效益。

"传统也有免费模式，其之所以在比特经济中成为主流，是因为比特产品的某些特征符合采用免费模式的条件，这与产品的通用属性和特殊属性两大类原因有关，其中通用属性是指适用于各种产品采用免费模式的原因，包括边际成本低、价值不可预知性强、市场竞争激烈、免费的非理性效应、盗版现象严重五个子因素；特殊属性是指某些特殊形态的产品会采用免费模式的原因，包括生产互补品、版本划分成本低、存在强网路效应、双边市场、产品价值可再造五个子因素。"[①] 新兴互联网传媒公司，依靠免费模式甚至还在某些特殊的时期，采用"付费"模式[②]，如腾讯联合许多公司企业，2015年春节期间15亿元红包大派送，吸引和占有用户资源，借助他们对产品和技术的使用行为锁定效应，视用户为传播和互为影响的主体，各种服务措施和平台鼓励参与互动，努力维系用户客户忠诚度，凝结大量用户客户信息价值，多方面促发现实公平交往，使之成为公司多重挖掘和开发利用的发展资源。

有人评价百度公司借机崛起路径相同，因其免费使用搜索引擎等服

---

① 舒华英：《比特经济》，商务印书馆2012年版，第372页。
② 有学者认为这是接触媒介入口或接口占领竞争策略，某种意义上是一种表象结论，其实质仍是传媒公司对市场稀缺资源——用户客户注意力及其潜在消费力的资源占领，并因此导致侵犯用户权益的恶性竞争，如3Q之争、微信封杀淘宝支付宝红包、腾讯与苹果公司之争等，但他们都很大程度违背互联网应用产品开发均等发展机会原则。

务，吸引无数用户聚集其平台之上，而"由于消费者的主动参与，搜索引擎营销所带来的转化率远高于其他所有在线广告。从这个意义上说，百度启动的搜索服务除了更有效地满足消费者的需求外，更是改变了中国企业的产品推广理念以及网民的消费价值观，改变了以往一成不变的消费链条。所以，龙永图说，无论在针对普通网民的信息平等和针对企业的营销推广方面，百度都为中国和世界共赢作出了重要贡献。"①免费传播交互平台吸引用户投入信息内容等资源创造，巩固用户关系的免费技术服务及经营运作等维护举措健全，不断开创用户、客户与传媒共赢的新经济盈利模式，成为互联网时代的传媒产业经济发展新趋势。

3. 消费群体变动不居带动的产业针对性服务信息增值，成为传媒持续盈利的经济运作取向

"当今社会，人们的一切经济和社会行为都是为他人、进而也是为自我提供服务，服务是推动社会发展的手段和动力，是社会生产力发展的独立要素。"② 互联网时代的竞争致胜特殊规律，决定了未来将越来越多地依靠服务质量提升，进行规模经济与范围经济的生产经营扩展。历史地审视传媒企业和产业，本身就是以信息服务为立足之本，以有价值信息发布来沟通联系社会和引领其他产业经济；互联网容易复制、转播和扩散，对传统媒体新闻信息与服务等替代性强、可置换程度高，使其内容产品不再具有稀缺价值，而互联网传播渠道迅捷高效、互动参与，更令其失去原先控制影响地位。

特别是网络中的消费者群体需求变化多端，要求贯穿传媒产业主线的服务内容、服务形式、服务市场关系深化调整，增强服务行为绩效的

---

① 章晓明：《百度：互联网时代的搜索神话》，中国工人出版社 2010 年版，序言。
② 孙希有：《服务型社会的来临》，中国社会科学出版社 2010 年版，第 10 页。

高标准高质量，通过服务手段改进与服务能力提升，再度赢得用户忠诚和客户信任，藉此占据调配社会资源的主导地位。这要求传媒经营管理者走出仅仅依靠内容聚合受众、经营广告收入作为支柱的单调模式，持续创新互联网经济形态下的产业盈利模式，以服务增益的适应发展满足时代需求，扩展传媒服务经营增值范围。

做到这点其实并非难于上青天，那就是平等相待与珍惜每个用户客户价值，相信和依靠用户客户的生产传播交往水平，充分调动他们的主体能动性，激发他们的巨大创新能量，不断与他们合作共进，一起搞活和发展信息服务增值的经济交往模式，从广阔多元的网络交往途径中，为用户和客户赢得更多福利回报的基础上，获取更多的传媒产业服务利润，生成多姿多态的增值服务与创新服务盈利模式，使之成为传媒产业经济高层次发展的新型核心动力源泉。

因此，面对新兴经济业态内在要求，互联网时代的传媒产业经济发展，必须放下以往传统媒体高高在上俯视众生的心态，意在解放指导群众而实际上脱离群众的身架：首先是增强服务思想意识，清晰规划传媒内容信息产品与服务性的生产活动，选择最佳有效的服务路径；其次是追求产出更优质的增值服务模式与效益，延伸产业经济增值服务功效。"因为不同的社会阶层生活在不同的时空情境之中，形成不同的时空结构，体现着不同的时空特性。而在以服务为标准的社会里，各个阶层彼此平等，服务与被服务结合为一个平等的主体。"① 媒体经营贯通如此目标，内可实现传媒产业经济增值服务多元收益，外可实现推动社会进步的更为高端增值效益——网络传媒公司在经济利益追求中，已自觉不自觉地担负起社会变革与再造之力，直接间接的民主平等教化职责。

———————————

① 孙希有：《服务型社会的来临》，中国社会科学出版社 2010 年版，第 17 页。

4. 用户交互传播等体验经济及潜在效益，对传媒产业变革进而影响社会变革具有重要作用

1999 年，派恩和吉尔摩共同写作的《体验经济》一书中，指出人类社会经济的形态经历了四个阶段，即产品经济时期、商品经济时期、服务经济时期和体验经济时期。书中通过大量实体产业经济的相关鲜活创新发展案例，总结和强调体验经济在新时期的经济角色重要性。他们的观念看法无论是当时学界还是业界，都称得上产业经济实践价值的颇有新意总结，而且以此角度对人类四个时期的划分理论亦可成一家之言。有学者立足于此再度升华道："商品的差异竞争走到尽头以后，人们开始把目光转向服务，通过独特的服务体现自身的价值，当服务的竞争走向尽头的时候，人们在体验中寻找差异和价值，体验经济充满着创意，它为生命意义的追求提供了无限的可能性。"[①] 上述观点有些地方过于超前化，且有过于强调体验经济而忽视另外三种经济形态并存价值的缺陷。但互联网时代的体验经济发展潜力，对未来传媒产业经济的影响作用却无可置疑。

稍作观察，即可得知，伴随今天网络交互传播的便捷性服务供应，生产者和消费者之间的联系更加频繁和密切。用户不仅从事信息精神产品的生产，而且利用网络超地域组织能力，从网络海选个性化商品到从事大规模个性化定制（Mass Customization），等等集体性的参与行动新兴现象，既可以提高生产者和销售者的有效经营利润率，又能够节省用户消费者的金钱和时间，而且大增他们作为群体的讨价还价及对经营者决策影响力量，使产消两边的天平重心更多地倾向于消费者一方：商家的未来生产经营，开始围绕消费者需求动向和选择路径方面的数据预

---

① 张雷：《媒介革命：西方注意力经济学派研究》，中国社会科学出版社 2009 年版，第 308 页。

示，进行针对性的精准批量生产与高效率销售，在充分满足消费者群体需求和个体要求同时，自己也因产业活动成本节省与营利提升，达到双重经济性效益，成为体验经济活动中的大赢家。

"更多的企业会将制造与服务融合，以寻求更具创意的方式迎合客户的需求。渐渐地，制造业务会更像是咨询顾问，在产品生产出来前，企业会花很多时间与客户讨论其需求。"① 企业主动利用提前沟通等获知的信息，有效满足消费者多元的个性化需求。而消费者们还会"得寸进尺"，进一步要求参与到生产链条中去，自己动手设计、在生产商地盘加工产品，产消双方进行精神和制造的合作共享。"由于产品生产的基础性活动在整个制造活动中的重要性变弱，价值链的其他活动将会变得突出。更多的企业会将制造与服务融合，以寻求更具创意的方式迎合客户的需求。渐渐地，制造业务会更像是咨询顾问，在产品生产出来前，企业会花很多时间与客户讨论其需求。"②

体验经济的发展领域，不仅仅在物质、制造等实体产业消费循环方面，它还因互联网技术包容能力，囊括旅游、交友、游戏、教育、投资等其他诸多生活关联产业，带给社会各个产业发展的诸多新兴机遇，包括用户客户以传媒为中介与各种政府部门机构的交往体验过程等。如各大主流新闻门户网站开辟给国家领导反馈意见的沟通平台，让用户体验丰富多彩的政治表达方式，吸引了关注国计民生的广大网民，产生网络交往流量带来的广告经济效益。政治如此，其他方面同样可以为之。因此，对于提供情感交流和人类其他实用性信息交往沟通服务为主的传媒产业而言，发展体验经济不啻为重新扩张和提升的良好契机，也将成为我国未来传媒经济的重要经营活动内容和发展趋向。

---

① ［美］彼得·马什：《新工业革命》，赛迪研究院专家组译，中信出版社 2013 年版，第 289 页。
② 同上。

二、研究主题和方法

（一）研究主题

社会转型期的外界环境之"天"，已然发生有目共睹的大变：通过上述背景分析，在互联网时代的技术更新、市场发展、资本活跃等合力左右下，经济形态与社会变革正在急速演进。处于信息传播与交往枢纽环节地位的传媒产业，因其拥有社会关系多，支配资源权力大，所负寄托希望也就愈重。依照适者生存、适者发展的市场经济法则，唯有顺天应时随势而动，跟进技术和市场发展，借用资本力量，因应复合需求增长，对接用户变动不居现实，及时调整关乎传媒产业命运的经济战略方向，制定合理经营操作策略规划，并采取有效行动，才能保障未来可持续发展繁荣。

经济毕竟是市场化传媒的安身立命根基，没有较好经济收益回报支撑，则"皮之不存，毛将安附焉"。回顾近几年中外传媒产业风起云涌变迁，即使曾经辉煌夺目的世界著名报业机构，因经营不景气、入不敷出而纷纷关门退出历史舞台，谈何媒介担负其他传播功能和职责？所以，内外环境大变情势下，对传媒经营管理者提出的要求是，既要抓政治导向和意识形态阵地维护，更要将经济发展视为根本要务，顺应产业经济运营之"道"，"变则通，通则久"，遵循速度和效益俱佳的良性发展原则，外应环境大势之变，内合产业扩张形势之需，将此转化为双重驱动力作用体系，内外兼顾，两全其美，满足内外发展复合需求，推进传媒业态脱胎换骨式转型更新，担负起经世济民的重大使命。

基于社会时势的洞察，世界传媒形势的分析，作者立足我国国情，结合产业现状，围绕互联网时代的传媒规模做大、事业做强、市场做活目标，研究定位于我国传媒经济发展对策研究，建构传媒集成经济运作策略理论体系，意在助益我国传媒经济因应时代复合需求健康有序快速发展，同时扩散传播先进经济理念产生社会积极影响效益，实现精神文化发展与政治革新的促进引领价值。循此研究主旨追求，本书遵照网络经济规律与互联网思维逻辑，探索传媒经济战略转型与策略问题，提出新时期发展的路径是择取集成经济形态，通过优化产业结构布局，整合产业资源、用户客户资源、社会关系资源和资本杠杆资源等，降低成本减少能耗，增进管理效率与运营效益，提高服务能力与供给质量，突破我国传媒发展制度瓶颈和经济模式困境，创新盈利模式激发新需求促进新增长，壮大产业经济规模基础实力，保持科学绿色持续发展。如是而为，对内可更好地服务国民经济和社会全面进步；对外可迎接他国传媒集团兵临城下的咄咄逼人挑战，并进军世界传媒市场领地，扩大国际传播话语影响力。

（二）研究方法

本书站在传媒经济发展历史与我国传媒经济现状的纵横交叉视角，从微观、中观到宏观不同层次，主要采用三个"结合"的研究方法观照研究对象，建构互联网时代的传媒集成经济发展对策理论系统。

1. 历史文献法与现实观察法结合

传媒不同历史发展阶段，均有产业经济形态与相应模式的代表理论，工业化时代主要以规模经济、范围经济等为主流，后工业化时代（或称信息时代、互联网时代等），有关传媒经营的理论概念，伴随今天的各种实践形态创新也蜂拥而至，出现了注意力经济、影响力经济、舆论经济、比特经济、免费经济、体验经济、网络经济等等概念。

著述首先从传媒经济历史脉络纵向轨迹回顾，汲取学界已有经营管理营销等理论精华与见识结晶，尤其梳理集成经济的研究文献成果，更重在传媒产业发展史中的实践成败案例观察，总结具有普遍意义的得失作为镜鉴。其次，横向观察互联网时代的传媒经济矛盾问题，透视历史背景及现实合力作用影响因素，详尽分析生产营销、市场关系变化情况等，探索适合我国传媒产业集成经济发展的最佳路径，形成源于实践又能服务实践的创新理论体系。两种研究方法纵横参照、结合审视，突出传媒集成经济战略方向正确与策略优势，遵循绿色经营发展的主流趋势，有理有据指出其将成为未来传媒经济主流形态。

2. 比较分析法与归纳演绎法结合

比较知优劣，比较明兴衰。本书从涉及传媒经济发展各个方面展开比较研究，如我国传媒经济与西方传媒经济的不同规制与生态环境，各种产业组织运营的决定力量差异，资本整合运作市场的各自特征；传统媒体经营管理与新兴媒体经济运营的效益比较；传媒产业集群与其他产业集群经济异同审视；著名网络传媒公司之间的经营取向进行类比……

通过上述不同国情、不同市场、不同层次、不同角度的交叉性比较，从中剖析互联网时代我国传统媒体和新兴媒体产业转型发展中的现实困境，总结归纳采用集成经济形态发展的应然性与必然性，籍此演绎传媒集成经济理论框架、发展对策及实施路径，延伸其对社会其他方面产生的积极影响，同时指明我国传媒集成经济能够顺利运作实现复合效益的决定性因素。

3. 案例研究法与理论交叉创新结合

因传媒产业的特殊上层建筑地位和功能角色，传媒集成经济研究内容不得不包罗万象：既借鉴产业经济学、制度经济学、组织管理学、社会行为学、环境生态学、新闻传播学、交往心理学、政治学等理论精华成果，还参照各种静态和动态传媒市场、社会交往制度硬性规制等要素关系，将这些作为集成创新的思想资源，进行对策性为主的理论体系建构。

而如果没有坚实代表性的经典案例支持，无疑缺乏说服力和实践性，因此，作者精心甄选传统媒体与新媒体经营典型案例，如中青在线、西方新型网络公司、我国互联网传媒公司 BAT 及第一代互联网商业新闻门户网站及拓展的视频网站，生活嵌入度极高的 58 同城网、赶集网，专业性服务网站，土豆、酷六等视频网站，包括文化产业集群、资本运作、现代管理等案例佐证，以期实现呼应时代复合需求、理实结合的学术创新与指导价值。

三、研究框架和思路

本书"摘要部分"，主要对研究内容、各个部分之间关系、研究方法路径、研究对策体系、理论创新与实践价值、研究自我审视与期望等，摘其精要，取其概略，意在供给读者诸君本书研究的粗略路线图。

本章的"绪论"，即为书之开篇，介绍"互联网时代的传媒集成经济"研究背景、研究对象、研究方法、研究框架等。

第一章"传媒集成经济的定义、内涵及特征"，解释核心与关联概念，梳理相关文献精华，简要总结传媒集成经济的内涵本质与优势特征。

第二章和第三章原为博士论文"传媒集成经济板块结构优化与资源开发"部分，因内容多、篇幅大，为全书结构匀称考虑，将"用户资源板块资源优化开发"一节独立成章，强调用户对互联网时代传媒经济可持续性发展的重要地位。其中内在联系，读者诸君察之！

第四章和第五章本是博士论文"传媒集成经济的复合经济与资源联结"部分，扩充内容后划为两章分而述之，同是照顾全书结构均衡。第四章集中于传媒核心关联产业联结发展与集成经济规模效益，第五章集中于非关联复合产业联结发展与集成范围经济效益。其中割裂之痕，诸君慧眼识之！

第六章和第七章同样为全书结构匀称计，把"传媒集成经济的资源整合拓张"部分一分为二。第六章是"传媒整合硬资源的集成经济拓张",第七章是"传媒整合软资源的集成经济拓张"。两章围绕集成经济"整合"特质,结合互联网+战略展开论述,而其关联未因化为两章而有鸿沟之感!

第二章到第七章是全书主题内容,著述从微观企业层面的结构优化,形成传媒集成经济管理治理水平提升、市场有效应对、用户资源多重开发效益;到中观产业层面的传媒纵横网络联结综合平台建构,产生集成经济的规模协同与范围协同综合效益;再到宏观硬资源与软资源的整合拓张,生成集成经济的社会大生产协作共生生态效益,由低到高、由小到大逐次铺开三个层面,建构互联网时代的"传媒集成经济"形态发展策略体系,剖析其实施中的矛盾问题、解决路径、外在条件等,由此构成全书研究主体内容部分。

第八章总结传媒集成经济因应互联网时代复合需求,对工业时代的规模经济与范围经济理论有突破性发展意义,传统媒体经营路径依赖及风险管理等实践误区有突破性发展价值,总结其诸多优势意在证明:集成经济正是未来传媒产业必然择选的主流经济发展形态。

第九章概括传媒集成经济形态蕴含的服务创新因素,总结对其他产业经济健康发展的引领作用,对宏观经济集约化发展的导向作用及环保价值,特别是其互利共赢、人本经济等进步思想涵化价值,跳出拘囿于学术仅为学术的狭隘视野,从深广联系角度,探讨互联网时代的传媒集成经济进步实践,对社会发展起到全方位的进步影响及引领作用。

第十章"研究结论与展望",再行总结研究主题主旨,概括研究结论和创新之处,对相关上层建筑其他系统需要供给的必备条件改善,对传媒集成经济理论未来发展提出建议,然后指出研究存在的缺陷和不足,同时期待学术同侪能够继续合力深入研究传媒集成经济问题。

第一章　传媒集成经济的内涵及特征

　　分析互联网时代的"传媒集成经济"主题词结构，对其内涵、意义、概念进行界定，对关联词汇进一步释义，是精准把握研究对象，明晰传媒集成经济运行战略方向，实施策略科学路径以及评判其蕴含的社会价值之前提，也是从研究本体角度，深刻理解选题背景及研究主旨的基点。本章简要结合人类社会发展趋势、技术进步态势、我国国情形势，依据学科的种属关系，按照主题概念从大到小、从核心到边缘的内在关系结构，抽丝剥茧，分而解析。

　　在此过程中，作者结合相关文献研究历史渊源，梳理整列集成经济相关学术研究与发展脉络，介绍其他学者的研究贡献，同时结合本书研究对象与自己的学术主旨追求，借鉴前人或同侪研究成果，先行开展理论概念方面的探索创新。并逐次解读关系密切的"互联网时代"、"复合性需求"、"因应性满足"等关键词，力争从不同相关角度展现传媒集成经济形态发展意义、优势特质，指出其运营策略体系对我国媒体产业经济提升发展的高度适应性。

第一节　传媒集成经济的内涵解读

　　为方便大家全面把握传媒集成经济的内涵特征，著者依照研究主体概念内容层次，刻意从中外历史演变比较及中国文字创造结构本身与意义演化，对其进行审视评价和加以解读，更多展示经济所蕴含的人文性、思想性价值。

一、"经济"

　　在我国古代知识分子特别是入世为主的儒家知识分子眼里，"经济"主要指经世济民、经邦济世、经国济民等，体现了"治国平天下"的历史主体担当责任和人生高远追求价值，其包罗思想内容宏大广泛，后来逐渐衍化到中观行业与个体经济等层面。现代"经济"概念由国外引用而来，分宏观的国民经济、中观的产业经济和微观的企业、家庭、个人经济。西方经济学"经济"（economy）英文，源自古希腊语家政术"οικονομα"一词，原本指理家管财方法，精打细算达到个人或家庭消耗较少而满足最大需要目标，随该词意义的扩张发展，近代的经济（economy）升级到治理国家层面，如"政治经济学"（Political Economy），指社会生产资金、物质资料和劳动节约与生活节俭等。经过上述简要梳理与对比可见，中国古人经济内涵外延到今天的演化历史方向和西方人正好相反①，而"经济"体现的节约、节俭、节省等精神，

----

　　① 我国关于经济的思想和概念是先宏观逐渐延伸到微观层面，西方国家由微观到宏观层面。

以有效经营活动达到治理国家、造福民众与企业发展，则为人类共通愿景。

西方经济学家定义的"经济学"多种多样，总结不同历史时期的思想学说，"经济学"是研究一定经济体制下，如何将稀缺资源进行合理配置和利用，以增进社会成员福利的社会行为科学。该定义主要涉及四方面话题：一是稀缺资源，这是经济学产生的基础和研究出发点；二是资源配置，属于微观经济学的研究对象；三是资源利用，属于宏观经济学的研究对象；四是经济体制，无论是微观经济学还是宏观经济学都涉及经济体制问题。

有意思的是西方经济学界中人，认为经济学研究对象自然是"经济"，其概念是清晰自明实体，无需定义，所以迄今为止，横看成岭侧成峰，"经济"所指各执一词：指财富；选择稀缺资源；利用稀缺资源以生产有价值的商品并将它们分配给不同的个人；人类生活事务；把稀缺资源配置到各种不同的和相互竞争的需要上并使它们得到最大满足；选择以及这些选择决定社会性稀缺性资源的使用；社会管理自己的稀缺资源；资源有效利用的方式；一定社会生产、交换分配和消费等经济活动、经济关系和经济规律……

俄罗斯经济学家 M. N. 杜冈-巴拉诺夫斯基所著《政治经济学原理》中定义到：在任何情况下力求以最小的耗费取得最大的效益的一切活动；是人类以外部自然界为对象，为了创造满足我们需要所必需的物质环境而不是追求享受所采取的行为的总和。[①] 马克思认为人类活动经济规律，"一切节约归根结底都是劳动时间的节约"[②]，意思指用尽可能少的劳动时间，消耗生产出尽可能多的社会所需成果，满足人的全面

---

① 至此以上部分，作者参照 http：//baike. baidu. com/view/20838 内容，进行概括总结、分析比较，并根据马克思主义的经济思想理论提出自己的见解。

② 《马克思恩格斯全集》第 1 卷，人民出版社 1995 年版，第 342 页。

发展。因为对个人及人类集体而言,时间是最稀缺的不可再生资源,所以劳动时间节约与有效生产满足正当需要,正是"经济"生产效率与社会效益的思想原则集中体现。

综括古今中西不同视角、不同意识形态、不同时代背景、不同领域层次的经济定义,可用我们自己文化中的一个精炼词汇总结其活动目标——费省效宏,即以最少劳动时间消耗达到最大化社会成果产出,利用较少人财物力、时空、其他有限资源,以组织结构与生产管理优化配置途径,降低成本提高产出,最大化满足人的复合需求,体现人类活动的绩效性集中价值。

在此花费篇幅界定"经济"一词,意在规范研究活动内容,聚焦研究对象本质,不局限于传媒企业自我盈利的生存发展,以广义经济的谋事利人内涵和我国传统文人的使命为光照方向,追求传媒特殊行业的多重社会效益。鉴于本定义界定,作为产业经济学的分支,传媒集成经济研究问题为:结合独特产业属性及我国传媒管理体制和市场环境,围绕投入成本节约、产出效益最佳、关联产业扩大化再生产与国民经济共进发展要求,进行产业内资源要素重新配置与结构完善、产业经济内外资源交换与规模布局拓展等运作,追求互联网时代的传媒经济效益大幅提升;以具有人文、环保等内蕴的经济交往思想与实践,产生积极正向的引领服务等价值,达到传媒经济发展与社会效益并行不悖,实现满足时代复合需求与经世济民的宏大宗旨。

从研究层面上,经济学界一般分为宏观经济学、中观经济学、微观经济学三个研究层面,产业经济学应用经济学领域重要分支,被人称为是预测性较好的学科。传媒集成经济以中观层面的产业经济为主,但因传媒产业与其他产业关联整合协作共赢发展,嵌入社会细枝末梢领域的共同发展特征,又必然贯通所有经济领域范畴,而且还涉及金融经济学、资本经济学、制度经济学等多个方面。这也是传媒集成经济借鉴相关共通理论成果，结合传媒生产服务的经营属性，立足特殊国情背景，探究互联网时代的我国传媒可持续发展策略，实现多学科杂糅的理论创新与发展价值所在。

二、"传媒产业"

传媒指各种信息传播媒体；产业指"同类企业、事业的总和。这样的产业部门，在人类生产发展的历史上，并不是一开始就存在的，而是在生产发展的过程中，在社会分工发展的基础上，逐步形成和发展起来的，是分工协作发展的结果。"[1] 一般而言，产业属于微观经济与宏观经济之间的系列企事业单位集合体，通常由某种相同性质和类属的企事业组织联合在一起，是经济活动发展层次中介于微观和宏观的中观经济主体部分。

传媒产业内容繁杂，但一般来说，"媒介产业公司是使用那些技术进行材料的组合者，它们与内容产业密不可分，但主要包括动画、电视广播节目、游戏、音乐、杂志、报纸和其他非个人内容。媒介产业另一面指的是交叉媒介，具有多平台多渠道特征，同时包括多种媒介内容生产联合"[2]。传媒产业属于我国文化产业的重要组成部分，以生产传播各种语言文字、图影艺术、声像符码等形式产品，满足公众精神文化需求，维护和再生产社会关系；提供各种增值服务，获得经济效益和社会效益的特殊产业。

从传统媒体与新媒体产业两大标准划分，传统媒体产业主要包括图书、报纸、杂志、电影、广播、电视六大板块；新媒体产业则包罗广

---

① 李悦等编：《产业经济学》，中国人民大学出版社 2008 年版，第 187 页。

② Lucy Küng, Robert G. Picard and Ruth Towse：*The Internet and the Mass Media*，SAGE Publications Ltd, 2008, pp. 146-147.

泛，除传统媒体的网络化数字化转型形态，还包括电子商务、数据库营销、网络游戏、社交网、楼宇电视、IPTV、无线增值与即时通讯等。今天因互联网强大兼容作用，传统媒体产业融入新媒体产业，新媒体产业也在购并传统媒体，从内容生产、传播渠道、接收终端等都正在顺应时代的合力作用方向与大势，进行双向互为的融合性发展，衍伸更多新的信息服务产品和服务形式。尽管传统媒体近几年处在落魄地位，但也不断转型发展，寻求新的生机活力；暂时处于竞争优势的新媒体产业，出于可持续发展的需求，必须借重和汲取传统媒体产业的经济资本、社会资本和其他积累资源，吸收、转化和提升传统产业能量，作为持续发展的基础。

三、传媒集成经济

我们先从"集成"文字释义本身看，《说文解字注》中的"集"字为"群鸟在木上也"之意①，从生物学应付外界各种风险挑战的共生需求角度，动物们"集"为一体，它们汇聚成群，相互之间的警示、关照、合作等，则给种群整体与其中的个体带来更多生存机会，有关案例不胜枚举；引申到人类行为更是如此，如果没有最初群体集居一起的通力合作，人类难以应付蛮荒时代的各种威胁挑战，最后脱颖而出发展成为万物之灵长，直至是今天唯一能主掌地球命运的生物群体。我们常用的集体、集会、集聚、集合、集群、汇集等词由此延伸，其中的内涵与之接近——而各种文化传统背景中的人类，都热衷于从事这些集体性活动，不也是继承人类早先的有意义行为吗？书中的传媒企业资源内部板块集成管理经济、产业集群资源联结集成规模与范围经济、社会资源

---

① 许慎、段玉裁：《说文解字注》，中州古籍出版社2006年版，第148页。

整合的集成经济拓张等策略，无不体现了"集"之要义。

《说文解字注》中的"成"字为"就也"①，《说文解字注》中的"就"字为"高也"。俗话说，人往高处走，水往低处流，体现人们对取得好结果、高位置等正当意愿追求。我们今天的成就、成功、成效、成绩、成果等从中引申而来，对于本书研究的传媒产业经济而言，"成"之意义，恰是致力传媒经营绩效与社会效益双重追求所在。

结合本书研究对象，本书作者认为，"集成"指集聚所有的关联资源（人财物力及关系等），进行结构资源科学配置与有效管理，创造更高经济和社会双重成就，实现集成经济目标。特别指出的是"集成"一词，相比传媒集团、集群等外在形式的资源聚集，建构平台就能取得经济效益的粗浅认识，以及内容为王、渠道为王、用户为王等执其一端不及其余的偏颇理念，其运营活动的主旨要求更高，即以"集"为路径形式，以"成"为终极目标。

而关于"集成"一词概念，学者朱孔来从管理学和系统论角度，深刻全面地概括了"集成"的内涵本质：

> 从管理学的角度来说，集成是一种创造性的融合过程，即在各要素的结合过程中，注入创造性思维，当要素经过主动的优化、选择搭配，相互之间以最合理的结构形式结合在一起，形成一个由适宜要素组成的、相互优势互补、匹配的有机体时就形成了集成。从系统论角度看集成，集成是指相对于各自独立的组成部分进行汇总或组合而形成一个整体，以由此产生规模效应、群聚效应。从本质上讲，集成就是将两个或两个以上的单元集合成一个有机整体的过程或行为的结果，这种集合不

---

① 许慎、段玉裁：《说文解字注》，中州古籍出版社 2006 年版，第 741 页。

是要素之间的简单叠加，而是要素之间的有机结合，即按照某一或某些集成规则进行组合和构造，旨在提高有机系统的整体功能。集成的概念除了含有聚合之意，更值得重视的是其演进和创新的含义。集成强调人的主动行为和集成后的功能倍增性与适应进化性，这无疑是构造系统的一种理念，同时也是解决复杂系统问题和提高系统整体功能的方法。[①]

该学者进一步认为，"集成"本身的聚集、综合之意，是作为解决复杂系统问题、提升系统整体功能的一种方法论，汇集各种要素资源构造系统整体的一种理念，更在于聚合创新与适应进化及效益原则。这些观点对传媒集成经济总体研究的思想、认识、理念等方面，带来诸多启示。

学者王乾坤借鉴相关研究成果，从意义本质解释"集成"概念、思想和特征：

> 从客观意义上讲，"集成是指某一系统或系统的核心把若干部分、要素联结在一起，使之成为一个统一整体的过程"；从主体论意义上讲，"集成的原动力是新的统一形成之前某种存在的系统或系统核心的统摄、凝聚作用"；但从本质上讲，集成是以系统思想为指导，创造性将两个或两个以上的要素或系统整合为有机整体的过程。集成有两方面重要特征：其一，它以系统思想为指导。集成不是简单地把两个或多个要素组合在一起，它是将原来没有联系或联系不紧密的要素组成为有一

---

① 朱孔来：《关于集成创新内涵特点及推进模式的思考》，《现代经济探讨》2008年第6期。

定功能的、紧密联系的新系统。因此，集成属于系统综合与系统优化的范畴。其二，它强调人的主观创造性。要素间一般性地结合在一起并不能称为集成，只有当要素经过主动的优化，选择搭配，相互之间以最合理的结构形式结合在一起，形成一个由适宜要素组成的、优势互补匹配的有机整体，这样的过程才称为集成。因此，集成是主动地寻优的过程。①

该学者基于系统论思想、人的主体性、主动寻优过程等，深化创新"集成"意义与行为的认识，对传媒集成经济策略特别是企业组织中人力资源的配置优化，有可资借用的理论价值及实施操作指导价值。

而据王永等学者的研究，"集成经济"一词到 2004 年，学界仍无确定性定义，"目前理论界对集成经济尚无一个确切的定义。集成一词是电子技术中的一个专业词汇，主要是指集成电路。将集成一词引入经济学是一种概念上的创新，这种创新的来源是受到了现实经济活动的启发。"② 现实纵向产业链建构整合扩展，横向产业集群板块联合聚集，产业之间物质资源互为供应，经营运作目标共赢发展等，知识管理经验软资源扩散有助相互学习发酵，形成产业集群的系统整体经济效应，体现人类交往活动的节约、节省、互利和增益原则，引发学界探讨总结。

王永等人还通过与规模经济和范围经济比较，指出区别与联系，创新性地全面总结"集成经济"三个基本特征，即"板块经济"、"复合经济"和"整合经济"。这些研究成果作为本书归纳演绎的主要框架脉络，理论体系发展的核心观点支柱，也是启迪作者进行深入研究的重要

---

① 王乾坤：《集成管理原理分析与运行探索》，《武汉大学学报》（哲学社会科学版）2006 年第 5 期。

② 王永、刘建一、张坚：《浅析规模经济、范围经济与集成经济》，《江苏商论》2004 年第 3 期。

文献。可惜的是，他们同样没有给"集成经济"总结较为完整的简略概念。

学者石齐在研究产业链价值环节的学术文章中，通过与规模经济比较，概括集成经济更多特质：

> 与规模经济不同，集成经济形成于对产业链中不同价值环节最优效率的利用。……由于产业链的价值环节处于不断的变动中，企业就会根据不同价值环节的要求相应调整战略，通过市场集成，充分利用具有不同边际生产力的要素来获得经济性。所以，规模经济与集成经济来源于相反的方向：规模经济来源于在同一个价值环节上对要素的连续追加；集成经济来源于同一个价值环节拆分以后对不同边际生产力要素的充分利用。[①]

该学者经过大量文献梳理，在结合透析国际制造业一些企业成功经营案例发现：当前国际制造业普遍采用的企业间相互协调和柔性生产的方法，正是企业在信息网络技术提供了迅速传递可编码知识的条件下，在全球范围内获取集成经济的途径：在生产规模和技术水平不变的情况下，企业拆分同一个价值环节，或者通过合资或独资重新布局分支机构，在总部统一的技术和管理控制下进行面向当地或是全球的生产，通过更充分地利用不同边际生产力的要素而获得收益；或者寻求更多的可交易对象，通过全球外包、OEM 等非股权投资方式，把加工制造环节转移给合同制造商、分包商，获得"市场密度"增加带来的好处。[②]

---

① 石奇：《集成经济原理与产业转移》，《中国工业经济》2004 年第 10 期。
② 石奇：《制造范式转型、集成经济与"国际代工模式"升级》，《南京财经大学学报》2007 年第 2 期。

他还对"集成经济"研究视角,即聚焦企业生产扩大和市场集成层面,以函数模式,深刻比较分析其运行方式和途径,有关"生产模块化"、"微缩化"、"企业间网络"等提法,使集成经济思想、企业经营框架趋于完善,给传媒集成经济发展提供很多有益学术经验和观念,然而,该学者也没给"集成经济"作出简洁明确的定义。

伴随互联网经济崛起与引发的现代经济变革能力凸显,直到2008年学者陈友龙发表文章,分析电子网络经济的现实发展状况,正式为"集成经济"作出定义:"方法和技术上的集成,必然反映在经济方面,特别是在电子网络出现以后,集成经济水到渠成,呼之欲出。我认为,现代企业和产业分工基础上进行的各种整合就是集成经济。因此,集成经济可定义为,通过电子网络将供、产、销整合在一起,实现资源最优配置的经济。"①

该学者还指出电子网络经济条件下,横向关系发展为主形态的社会经济,其发展必然结果就是集成经济模式,并且根据集成经济运营范围将其分为三个组织层次,即企业内的集成经济组织、企业集成经济组织、产业集成经济组织。该学者抓住集成经济的产业链整合本质、依靠电子网络和横向社会关系的发展,探讨资源最优配置路径,学术新见颇有建树,也创造性地对集成经济进行定义总结。本书作者一孔之见是该定义略显简疏,没有关照集成系统关联价值:整合目标既要"资源最优配置的经济",更要追求"集"之目标是"成",亦即有最佳双重成效与成功结果,达到集成管理、经营、服务、反馈等综合良性效益。因此,该定义略有不是非常周全的遗憾。

通过文献梳理学习,借鉴前人辛苦贡献的研究成果,本书作者针对

---

① 陈友龙:《时代赋予的新型经济——集成经济》,《成人高教学刊》2008年第3期。

自己的研究对象——传媒经济特征及研究目标主旨认为，"集成经济"指集聚优化配置、联结整合与有效运营各种有价值社会资源，创造出更高产业经济效益和社会效益，同时要注意"集成经济"引用到传媒产业，不得不考虑精神内容与信息产品服务生产的独有特性，兼顾传媒政治意识形态维护和文化传承等责任使命，与企业主要从事物质资料的商品生产经营销售比较，许多经济活动操作及关系顾及还是有所差距，有时相距甚远。所以，传媒集成经济须符合产业经济内在要求，汲取集成经济基本思想原理，针对传媒物质与精神生产经营合一特质，联系当前实践经验，对其系统总结概括。

基于这种认识与追求，导师喻国明教授与本书作者合写的《集成经济：未来传媒产业的主流经济形态——试论传媒产业关联整合的价值构建》一文，首次将"集成经济"引入传媒经济领域，创建"传媒集成经济"概念，对其内涵、整合关联价值、BAT 经营成效审视，扩展到传媒产业应用领域，其具体定义为：

> 传媒产业集成经济是依托互联网技术平台，通过整合配置关联的传媒系统内外资源，以结构改造和有机集成结合，突破传统产业界限，延长和扩张产业价值链，提高传媒各个要素的协作能力和生产效益，扩大市场经营范围，增强管理和营销转化能力，节省各环节资源成本，避免有形无形浪费，使相关产业资本都能获得最大化利润，从而实现人类活动的经济性价值，这是传媒企业和传媒产业经营做大做强以及进行产业集约式发展的内在逻辑要求，也是推动社会经济整体进步的根本条件。①

---

① 喻国明、樊拥军：《集成经济：未来传媒产业的主流经济形态——试论传媒产业关联整合的价值构建》，《编辑之友》2014 年第 4 期。

该定义囊括人类"经济"的思想宗旨、产业经济发展要求、市场生产交换环节协作要素，结合传媒产业特殊性，对"集成经济"操作路径、运作方向目标等。但限于论文篇幅，具体运作形态模式和经营规则，其他社会效益价值实现途径，没有深入展开和系统陈述——本书可为完善补充，将原来仅限于传媒产业范畴的讨论，扩展到传媒企业资源重组、传媒核心关联产业与其他产业资源联结、传媒产业与社会传统资源整合三个层面经济活动，由"传媒产业集成经济"相应转为"传媒集成经济"，但概念内涵不变，并希望通过系统化的对策扩展，建树操作可行性强、指导价值大的"传媒集成经济"理论体系。

在传媒集成经济的概念及理论发展中，我们研判得出：集成经济运营发展将成为互联网时代的传媒经济主流形态，这是缘于其他产业集成经济实践的投入产出效率优势，集成管理进步思维产生的多重进步效益。传媒集成经济的发展，不仅符合产业经济共同进化内在复合需求，还带动生产力构成要素如资金、技术、劳动力等，通过合理集聚配置和优化组合，引发产学研等系统共同合作，取得更高质量层次、更大成果效益的整体性经济回报。这种经济发展形态属于集约型内涵式增长模式："就生产要素的使用效率而言，它反映的是在资源配置的过程中，各生产要素能否获得最优配置，能否得到最大效率的使用，能否依据市场机制由效率低向效率高流动。集约型经济增长方式之所以比粗放型经济增长方式更优，其原因就在于生产要素的使用效率高，从而能为社会提供更多的有效供给和整体上提高国民经济的运行质量。……经济增长集约化和可持续性在很大程度上是合理化、高度化的产业结构和经济结构的自然结果。"①

而由于传媒产业的特殊属性，担负意识形态传播责任，社会管理与

---

① 王晓林：《社会发展机制优化论》，中央民族大学出版社 2007 年版，第 187 页。

舆论组织等职能，传媒集成经济发展实践价值不止于经济方面，它还扩散进步经济交往理念与社会引领等价值，对此，本书设置后面专章予以阐述。

第二节　传媒集成经济的优势特征

作为一个新兴意义的发展形态，传媒集成经济借助互联网新媒体技术及其进步精神，以因应性的运行战略和策略，满足时代的复合需求，集大成于一身，从而具备了优于其他经济形态的特征本质。

一、因应满足互联网技术精神的特征

将"互联网"作为当今时代的标志，学界之述卷帙浩繁，因为相对历史上其他技术革命，互联网对人类各方面的革故鼎新深广效应，前无古者，当之无愧。对媒介技术而言，一位学者关于技术结构改变将对传媒产业结构产生重要影响的结论颇具代表性：技术结构变化对媒介产业的生产技术水平、生产技术结构、劳动生产率、生产质量和生产规模产生重要影响。技术结构是各种先进程度不同的技术之间的比例关系。从现实的情况看，技术结构在媒介产业内反映了其资源组合的方式和水平。技术结构的合理化和高级化水平与媒介产业结构的合理化和高级化紧密关联。纵观媒介的发展历史，媒介产业的每次重大变革均是以技术结构变革为先导，每次技术结构变革又带动媒介产业结构的变化。①

---

① 王桂科：《媒介产业经济分析》，广东人民出版社 2006 年版，第 122 页。

互联网对中西传统媒体与新型网络媒体市场结构、行为、绩效影响，对产业格局此消彼长重大发展变化，对传播关系解构与重构等强大作用不言而喻。然而，互联网时代不仅是传媒技术的演进与促进作用力发挥，而是基于网络思维与网络经济的凝聚发展力量，对社会交互关系、市场资源结构、政治文化势力，进行全方位立体化的颠覆与再造。回顾传媒集成经济的定义，其发展依托的物质传播平台基础，经济运行遵循的原则规律，信息经营发展的文化环境，都是基于互联网思维和网络经济交往平台，因此，有必要从著述研究对象的时代特征关联、传播市场变化与传播思想作用、经济模式创新三个主要影响方面，对互联网时代的传媒集成经济简要剖析，以精确把握其对传媒产业的左右力量，符合时代复合需求的进步经济形态本质所在。

（一）传媒集成经济发展内涵，符合互联网时代简约交往要求

在互联网先进技术和传播洪流作用下，传统产业经济均受到不同程度的冲击、威胁和替代，不得不进行自我摧毁式的创新发展。作为社会信息生产前沿和传播核心地位的传媒产业经济，更是首当其冲。近几年中外新旧传媒竞争结果，可知媒体发展总体趋势，即融入互联网，则生且兴；绝缘互联网，则败或亡。从影响社会经济发展的宏观层面，互联网连通社会一切资源，具备重构与再建的技术能量，破坏传统经济形态，进而转化为改变人类生产交往关系的主导力量，称当今为互联网经济时代，几乎没有什么异议。从产消关系地位的重置与重构角度看，互联网经济社会化透明度增加产业运营的信息对称，顾客和竞争者能得到关于产品和服务等详细信息，对生产力进步、营销利润增长及消费者剩余增加等方面，影响力度和范围广大更是清晰可现。

"事实上，无论对于产品还是服务来说，互联网都是迄今为止人类所知的商品化的最大推动力量。它淘汰了传统买卖中很多人为的因素，它的无摩擦运行方式能够使得人们通过无数的信息源进行实时的价格比较，而且它快速执行这些事务的能力使得顾客能够从节约的时间和花费中获得益处。"① 从传媒产业经济发展中观层面和媒介技术革命历史角度，传媒集成经济最突出特征是立足网络形成网络经济效益，"网络的主要影响可能是通过在预测、交流以及协调等方面的一次性促进把非效率基本上排除出价值链"。② 产业结构重组，精简产销链条，简化经济活动环节中的交往处理步骤，消除冗余信息混淆决策因素，为更多用户和产业直接服务，节省费用并大幅度提升效率，传媒集成经济运营路线，符合互联网时代追求更高效益和更大成果的可持续发展方向，因此是一种适应和满足时代复合需求的发展路线。

（二）传媒集成经济发展取向，应和互联网时代传播市场需求

根植互联网技术精神内涵之上的民主、平等、自由、自治等先进传播意识，应和时代和人类发展的内在精神心理需求。传媒产业依托互联网平台进行数字化、信息化、网络化、平台化等转型发展举措，促进人类传播交往的互联互通模式，迈入"5A"（Anyone，Anytime，Anywhere，Anyway，Anything）境界，一方面大为拓展扩张人们历史时空观念、眼界胸怀；另一方面深广影响人类的生活行为、交易方式和精神风貌，对人类更新陈旧的思维模式和消费习惯等产生重大影响。这种极速重构人类社交关系的关联进化作用合力，亦不可避免地从各个层面深度影响传媒产业集成经济模式、运作逻辑和多重效益生成。

互联网传媒技术兼容包罗各种产业的平台链接能力，通过点对点、点对面、面对面的传统集成整合，开创与多元产业一体化的崭新合作路径，减少寻找经济伙伴的识别判断和联络交换等成本，以其信息有效交

---

① ［美］派恩、美吉尔摩：《体验经济》（修订版），夏业良等译，机械工业出版社2008年版，第15页。

② ［美］罗伯特·E. 利坦、艾丽斯·M. 瑞夫林主编：《互联网革命——推动经济增长的强劲引擎》，聂庆、周传刚译，中国人民大学出版社2011年版，第74页。

互的产业经济透明化运作，产消双方公平开放交易原则的大市场思维运行，再次开启基于互联网平台空间中相对自由平等的完全竞争市场模式，形成适应互联网时代交往需求的多种经济协同活动。互联网市场形成的传媒产业与其他企业联盟协调机制，增加所有参与经济体的选择自由度，并且倒逼许多传统企业和产业经济加速自我转型提升的进程，传统媒体主动或被动进行产业结构调整和传媒平台创新。

关键是互联网时代打破原先的传媒产业格局，冲破以往利润格局，重新带动传媒资源配置，激发传播链条要素活力，特别是人作为经济主体性的创造性潜力得到舒展。互联网时代大浪淘沙，留下的新兴传媒集团通过集成经济板块重构、整合资源运营，上升生产效率、降低产品价格甚至免费提供，提高用户和客户的福利剩余，减少组织间搜索、连接和信息共享等方面成本，带给各方难以量化的时间节省、财力节约等好处。因此，传媒集成经济形态借助互联网蕴含的各种进步因素支持，应和市场的发展供给联结产业的集成平台，提升生产经营消费效率，从而拥有无限拓展的巨大能量与机会空间。

（三）传媒集成经济发展形态，顺应互联网时代有效创新追求

世界传媒产业格局随着互联网时代的到来，迅速出现沧海桑田般的巨变：因应互联网时代精神和社会发展复合需求者，传媒获得超越性突破成就，反之亦然。国内外的知名新型网络传媒公司，借助互联网平台空间，采用互联网思维运营，以集成资源、人力、资本、市场等要素结构优化整合，实现新的经济效益和社会价值；以其进步的集成经济经营思想为指导，加上适宜性运维举措，节约用户客户的时间、精力、财力等，笼络聚合最大量群体，并创造出灵活多样、高效共赢的盈利模式，换回丰厚的经济报偿，在与传统媒体产业竞争的较量中崭露头角，直到后来居上，风光独好。

传媒产业集成经济模式的求新求变，除以互联网技术进步思想内涵

作为指导，因应现实变化而生存发展外，还将内外部驱动力有效转为内外部成功实践，进行组织结构创新、经营文化创新、产业管理创新等，构成综合集成创新合力，全方位利用互联网时代的新技术解放能力：一是延伸打造集成经济平台，融合传媒业务，资源多重开发，提高整体服务效益，降低产业各个环节成本，提高整体利润率；二是产品多样化，服务多元化，经营深度耕作，增进集成服务深度与广度，换来经济收益；三是产业链经济向网络立体生态关系经济转变，采用集成经济的网络化应对机制建设，强大稳固支持力有助于克服有形无形风险，防止链条某环节资源断裂或价格波动太大致使产业整体塌陷；四是升级扩张产业新兴市场，扩展有效服务力度，满足互联网时代复合需求，使传媒产业集成经济有能力成为其他产业发展的引领者。

当然，受益于互联网时代种种进步要素的传媒集成经济发展，必然又反哺互联网时代的社会各方进步发展。

综上所论，互联网时代是当前传媒产业立身的技术平台根基，是其满足时代复合需求的外在环境，传媒集成经济发展契合网络经济特征，以高效配置经济资源，减少投资风险，利用网络联结社会化的生产和消费，促进社会功能融合与社会效益增进——它是适合网络经济的一种崭新经济形态：

> 网络经济作为一种全新经济形态，从技术的角度来看，以知识为主要生产要素、以规模递增为主要特征、以享受互联网和信息技术为外部条件、以电子商务平台为主要手段而存在的经济形态。从经济学角度来看，网络经济的发展有利于消除经济活动中的信息不对称的现象，对经济资源的有效配置和减少投资风险起着重要的作用。从网络经济的核心来看，它是借助于网络使生产和消费过程紧密联结在一起，技术的融合促进了

社会功能的融合。①

二、因应满足时代复合需求的特征

复合需求是指人类因需要而生的各种欲望与追求综合。社会是人的社会，社会结构作为经济关系、政治关系和文化关系耦合而成的关系网络，其本身就是人与人、人与社会的关系体现。"社会结构虽然以人的活动为基础，但人的活动却根源于人的需要，因此，社会结构必须通过人的需要加以说明。人的需要就其一般意义而言，主要包括物质需要、社会秩序需要和精神文化需要。"② 如果从宏观历史角度审视人的需要，它是多种需求成分的复合体，而人类拥有的丰富创造力和集体行动合作能力，决定人类能够千方百计探索满足需求的手段和路径，马克思针对这种基本的人类生产交往关系明确指出：没有需求就没有生产。

人类的需要与不断产生的新需要，是推动着历史前进的动力。而"需要—满足"矛盾关系本身具有不可分割的关联特性，"决定着需要本身必然要推动人们参与社会实践中的各种活动，成为个人、组织与集团乃至整个社会的内在动力。……需求上升规律即需求不断突破它自身的'框架'，呈现出从低级向高级发展的趋势。需要的这种'无限性'、'广泛性'和'需求上升规律'正是它成为社会发展动力之源的原因和根据"。③

其实，马斯洛构建的经典需求阶梯论同样承认，不同阶段人的需求

---

① 徐晋：《平台经济学——平台竞争的理论与实践》，上海交通大学出版社 2007 年版，第 270 页。

② 王晓林：《社会发展机制优化论》，中央民族大学出版社 2007 年版，第 45 页。

③ 同上书，第 106 页。

一样是多层次与多维度的复合状态。通观古今,人类的需求层次、类型、表现等,既历史具体又变化复杂,是一种复合需求状态:从时间层面看,人在同一阶段的需求也是多维度复合性状态;从发展层面看,旧需求满足与新生需求也是具有迭代的复合性状态;从交往层面看,个人、群体与社会复杂机体的需求复合性状态更是普遍。这些不同层次、具体的、丰富的有机需求汇流,构成了不同时代人类社会总的复合需求。

本书从以下几方面论述互联网时代的复合需求,透视新旧传媒竞争态势,传媒集成经济运作优势,明确其操作框架及可持续发展取向。

(一)个体和群体发展复合需求

关于需求与人的行为活动关系,马克思坦言道:"任何人如果不同时为了自己的某种需要和为了这种需要的满足而做事,他就什么也不能做。"① 世界经济一体化深度推进,人类文明进化和市场经济多年发展,个人历史主体意识、自我个性价值和多元需求扩张,自主选择尝试新生活,主动参与表达情感,互联网传播渠道与平台的供应,使传统媒体得受众转变为平等的信息消费用户和生产者,他们被抑制的传播需求意愿,因互联网便捷经济渠道得以最大化满足,还破解信息级差与不透明交易等暗箱操作,大大刺激他们产生新的各种需求;监督权与话语权的行使满足,让他们自愿成为传播链条主体,主动贡献当今稀缺的注意力资源,创造消费和左右生产的行动力价值。

马歇尔站在人类历史发展规律的角度洞察到:"总的来说,在人类最早的发展阶段引起了人类活动的是需求,以后人类每一步向前的新发展,可以认为是新的活动的发展引起了新的欲望的发展,而不是新的欲

---

① 《马克思恩格斯全集》第3卷,人民出版社1960年版,第286页。

望的发展引起了新的活动的发展。"① 马歇尔还发现，"人类的全部历史表明，随着财富和知识的增长，人的需求是不断扩大膨胀的"。② 而且"人的需要除了物质外，更多的是在社会关系方面和精神生活方面，人在普遍的交往中将按自己的个性来谋得一切合理需要，从而形成人的全面发展所具备的需求结构"。③ 结成群体是人类社会属性的内在体现，是情感和利益需求得到满足的行为表现。用户以个体身份来到网上巩固现实关系和拓展虚拟关系，是信息需求、社交需求、认同需求、利益需求等社会复合需求的网络化位移，并在网络交往中创生新群体和发展新需求。

　　传媒集成经济形态以高效的网络经营管理服务，满足人们有效连接丰富多彩大千世界，延伸人体器官能力，宣泄表达复杂情感，把传播主动权赋予民众，视频化、移动化、社交化空间链接等，创造更为符合人性需求的集成经济交往平台，强化同声相和关系，集合众智齐心协力满足勃兴的信息产品消费需求，达到改造集体精神心态与扩大人生视野境界的目标。传媒集成经济实践在充分跟踪和满足合理需求的基础上，进行各种信息服务和营销活动，获得经济效益和社会效益的双丰收；利用连接虚拟世界交往和现实产业经济关系、人际关系的影响力，积累良性循环的经济资本和社会资本。

　　（二）社会秩序维护的复合需求

　　我国经济高速发展成就之下，伴生贫富差距拉大、阶层断裂、社会共识消散等，许多显在和潜在矛盾，某种程度危及稳定发展大局。当代

---

　　① ［英］马歇尔：《经济学原理》，朱志泰、陈良璧译，远方出版社 2010 年版，第 56 页。

　　② 同上书，第 117 页。

　　③ 朱成全：《经济学的"科学困境"及人文转向》，东北财经大学出版社 2007 年版，第 118 页。

中国信仰和价值体系从传统媒体时代的"一统天下"，分裂成互联网时代意见的"群雄并起"，这是社会阶层分化与群体刻板成见逐渐固化的合力作用结果。① 社会意识形态也不再铁板一块，文化信仰和价值观多元化，社群结构碎片化，接受群体碎片化，网络恶搞、颠覆、改造、重构等破坏与建设兼备的传播，民众与各路"精英"的对抗与仇视，"客文化"的竞起与民粹主义的混合，冲击社会主流群体主宰话语权的不均衡。

众声喧哗的多彩泡沫之下，值得注意的现象是网络虚拟社群性质大部分为："以情感为纽带所形成的新兴部落群体，其形成情感社群的基础是人们在短时间内产生的相互认同感和对某种事情抱以的短暂热情，完全不同于传统社群赖以存在的稳定关系。"② 意见百川奔流的壮观场景中，暂时性、不稳定、飘忽性、攻击性等成为网络言论传播常态，网民往往很快啸聚，又常常一哄而散，由此我们可以看到"媒介向心力"作用，更看到"媒介离心力"作用。

"媒介离心力在媒介化的社会动员、促进自由和现代化上虽然有主动积极的一面，但从国家政体的层面来说，它容易导致人与人之间的隔绝、规范的缺乏，在丧失社会凝聚力的同时丧失原有认同。"③ 社会多元利益冲突与集体认同感的弱化，从网络向现实扩散延伸，对整体政治社会秩序维系而言是潜在威胁，成为引发动荡的温床，这是人民群众和执政党都不愿看到的，缓和矛盾、重建秩序与恢复和谐关系等，影响绝大多数人的全面发展，成为新时期的复合需求，符合绝大多数人的根本利益。

国外学者对此也有深层探究：曾经明确不变的"公共利益"定义，

---

① 参见孙立平：《断裂——中国社会结构演变的新趋势》。

② [英] 尼克·斯蒂文森：《媒介的转型：全球化、道德和伦理》，顾宜凡等译，北京大学出版社 2006 年版，第 228 页。

③ 刘燕：《媒介认同论：传播科技与社会影响互动研究》，中国传媒大学出版社 2010 年版，第 236 页。

最近看起来变得脆弱，需要再次界定。作为历史性角色的公众，如今也被看成破裂的或碎片化的实体，因身份、归属和责任之争而分散。……如果媒介交往能够使教育和学习更加有效，商务更方便开展，公共信息更为接收，友谊更易保持，那么它也能让公众以有所作为方式存在于斯。①

复合需求亟待社会粘合剂的传媒系统，依靠最经济的思路原则，运用最经济途径手段达至。然而传统媒体经济模式使强势更强、弱势更弱，不但加剧阶层群体断裂与隔阂，还脱离社会金字塔结构最广大的底层群体，重大事件中的政治导向、价值规范、情绪引导、心理安抚等，弱效、低效和反效结果与预期目标相差甚远，国际形象与推广传播方面收效甚微，所以屡受网民质疑批判嘲谑戏弄，或冷眼相向，或行动不配合。

传统媒体特别是以往让人仰视的一些主流媒体，在历史发展中扮演过重要的正向推动引领角色，也曾有过不容抹煞的传播过失教训，今天由于多数情况下沿循过时传播形态，相当程度难以及时对接和有效满足转型期社会秩序维系的总体需求，其传播角色与多元功能都处在弱化之中。因此，重新打造传媒向心力的影响主导地位，因应满足现实丰富多元复合需求，唯有以强大网状互动通络作用整合传媒平台，海纳百川不弃涓涓细流，汇合不同身份背景个人群体、不同经济水平实体、不同地域资源取长补短，创新传媒经济模式推动经济秩序稳定进步，激发经济活力需求促进国民经济发展，减缓社会动荡因素破坏力，服务稳定平衡发展。传媒集成经济发展立足这个大方向，服务社会合理秩序建设的复合需求，通过经济形态的合理元素继承与适应时代需求的根本转变，推进良性经济关系和社会关系维系中创新社会秩序，使之成为传媒发展的

---

① Stephen Coleman and Karen Ross：*The Media and the Public*，wiley-blackwell A John Wiley & Sons，Ltd. 2009，pp. 124-133.

最优择选路径。

（三）传媒产业主客体复合需求

传统媒体原有成功经营理念与现实剧变冲突下的守成惯性思维，导致其中管理者、从业人员在互联网时代的市场进取不知所措，加上心理抗拒下的漠然及应对失当，不能呼应传媒技术和经济生态环境进化，积淀供需结构性矛盾，反过来抑制自我生存发展的复合需求空间，难免走向日薄西山结局。传统媒体经济以服务大广告商为主的二八经营原则，决定了它忽视不同层次与结构性的需求变化，只看眼前急功近利部分，抛弃大多数中低端消费群体，漠视代言舆论职责与草根情感维护。① 民众被剥夺感与相对落差感与日俱增，逐渐远离传统媒体。而互联网时代是草根群体崛起的时代，他们决定许多产业命运，然中西方许多传统媒体企业集团，并没有有效满足他们的复合需求，经营逐步陷入困顿，直至退出市场。

事实胜于雄辩。报纸市场快速萎缩，复兴无望，从受众市场角度老大地位业已"拱手"相让，电视传播的市场经营危机来临，广播电台若非我国有车族兴起早变得可有可无，杂志、电影、出版三大传媒产业同样困境重重。传统媒体产业经济收益从睥睨一切，到与网络传媒公司势均力敌，再到兵败如山倒般的市场格局态势，清晰可见最坏时代已然降临，究其原因不过是自身长期累积的负效应：虽然传统媒体技术升级占领前沿阵地的行动并不迟缓，但经营理念的守旧姿态未及时革新；占尽制度红利的精英高端自赏心态缺乏俯身服务理念；面对变化的惶恐不适与体制惯养的惰性心态未迅速纠正，在关键转型窗口期节点，因既得利益结构与经营理念不能及时打破，经济模式滞后不能跟上竞争形势，不能满足时代的复合需求，因而失去凤凰涅槃的大好时机。

---

① 参见段京肃：《信息断裂与弱势群体的边缘化》。

传统媒体与互联网新兴传媒"主流—边缘"与"边缘—主流"的地位转换，从命运攸关的传媒经济重要指标——广告收入可见端倪。清华大学新闻传播学院和社会科学文献出版社联合发布的《中国传媒产业发展报告（2014）》指出：

2013 年中国传媒产业结构调整出现重大变化，互联网及移动媒体行业收入的增长幅度领先，市场份额超越传统媒体。网络广告市场规模也追平电视媒体，新媒体对传统媒体的替代作用愈发明显，传统媒体和新媒体的竞争更加白热化。蓝皮书称，2013 年移动互联网成为占据人们闲暇时间的最主要媒介，不仅抢夺了传统互联网的"风光"，更在使用时间上超越广播电视、报刊图书。移动互联网对传媒产业增长的贡献率达到 30%，较 2012 年上升 12 个百分点，随着移动互联网用户在全体网民中的比例从 2007 年的 24% 上升至 2013 年的 81%，未来还有较大成长空间。蓝皮书指出，在新媒体的竞争下，2013 年传统媒体呈现两极分化的发展趋势。电视媒体的领先优势继续扩大，电视广告市场保持两位数以上的增长，电影票房和植入广告推动电影产业加速前进，全年票房收入增长 10.4 个百分点。而另一方面，蓝皮书指出，广播和期刊市场增长率衰退加剧，报业集团开始寻求转型革新。2013 年传统媒体广告市场整体增长仅为 6.4%，低于同期 GDP 增速。其中报纸广告同比下降 8.1%，6 家报业上市公司中，有 3 家的广告收入降幅超过两位数。蓝皮书认为，报业市场还将面临新一轮整合。[①]

---

① 丁栋：《2013 年中国互联网和移动媒体市场份额超传统媒体》，http://www.chinanews.com/gn/2014/04-19/6082851.shtml。

传统媒体的颓势与网络新媒体的兴荣，还直接体现在 2014 年传媒细分行业的各种收入数据中：

除广播广告经营额、电影广告收入、图书销售收入和移动内容及增值收入之外，其他各板块收入的年增长率均有所下降，其中下降幅度最大的是报纸发行收入，同时，电视广告市场的增长趋于平缓，连续两年增长率低于两位数。报纸广告收入则是连续 4 年下降，2014 年的下降幅度更是达到 15%。电视和报纸都面临着前所未有的巨大危机。与此同时，网络广告收入和网络游戏收入的增长速度尽管有所放缓，但仍保持了较高的增长，特别是网络广告收入首次超过电视广告，收入规模超过 1500 亿元。①

该研究团队发布的 2015 年度与 2016 年度报告，均显示传统媒体产业经济境况的颓势再度加强，未来更加不容乐观，但 BAT 为代表的互联网媒体公司业绩却蒸蒸日上。传媒经济研究认为，"市场份额是检验置换效应的一个恰当的方式，因为它们是媒体竞争能力的直观体现。"②市场份额及广告收入等指标快速下滑的冷冰冰数据背后，其实是有生机与无生机的传媒经济形态较量。如此结果，大大挫伤多年奋斗视为终身事业的传统媒体人，压制他们自我人生价值实现及其他需求，于是有人跳槽到新媒体，有人离职寻路他方——近两年一些优秀传统媒体人的逃离新闻不断，更如同压垮骆驼的最后稻草，加重传统媒体生存恶化状态。

---

① 崔保国、何丹嵋：清华大学研究报告《2015 中国传媒产业发展大趋势》，蓝皮书数据库，http://www.cssn.cn/dybg/dyba_wh/201506/t20150615_2035014.shtml。

② ［美］约翰·W.迪米克：《媒介竞争与共存——生态位理论》，王春枝译，清华大学出版社 2013 年版，第 83 页。

尽管传统媒体产业管理者认识到危机重重，努力寻求突出重围的产业经营方式和途径，但很大市场被占据或置换，一些操作不过是新技术采用而已，目前能够因应互联网技术精神和网络经济规律，采用低成本、省时省力、盈利能力强的集成经济模式，进行创新发展者仍然寥寥无几。而汲取新兴互联网公司的成功经验及有益教训，集成经济发展对解决我国传统媒体产业转型升级困境，具有对策的科学合理性与操作的适当可行性。

（四）生态文明建设的复合需求

对工业化戕害自然和危及人类的恶果反思，中西许多国家的经济发展观都不约而同地转向生态文明路径选择。传统媒体产业经济链条的自然资源损耗，生产营销链条的污染浪费，必然被互联网时代的传媒集成经济形态替代，因为数字化网络化产业链条与平台建构，不仅节约巨大的人财物力资源投入，省下宝贵的资本应用到新产品开发与市场营销，再度提升产业竞争能力和服务水平，还大大降低原材料供应造成的生态破坏，重复性基础设施建设对自然空间的占有损害，以产业链精简瘦身举措，大为节省生产营销等环节资源，减少无效和弱效的生产营销活动产生大量的污染浪费。

传媒产业集成经济模式操作实践，榜样示范力量带动更多产业走绿色循环经济，起到环境保护更大功效，产生多重积极引导价值，满足人类健康生存质量需求。"企业可持续成长追求的不仅是经济效益，而且是生态经济综合效益，即经济效益最佳、生态效益最好、社会效益最优的三大效益的有机统一。因此，企业在进行创新活动时，要运用融生态与创新十一体的生态理念，在追求经济效益的同时，也要创造生态与社会价值，只有这样，才能推动整个社会全面可持续协调发展。"[1] 传媒

---

① 饶扬德等：《创新协同与企业可持续成长》，科学出版社 2011 年版，第 105 页。

企业构成的产业整体，采用集成经济形态发展，将使其集约型特质与优势发挥，担负起三大效益相互统一的社会责任。

（五）因应性满足的集成经济特质

传媒集成经济是一种因应性满足时代复合需求的发展模式。"因应"恰如"愿景"一词在我国政治话语体系中的流行应用，也是从台湾学界转用过来。实际在我国古代文化典籍中有之，只是相对大陆，台湾更注重古色古香的文化传承与活用罢了。《史记·老子韩非列传论》有因应之用："老子所贵道，虚无，因应变化於无为，故著书辞称微妙难识。"清代学者王夫之《知性论》中道："以作用为性，夫人之因应，非无作用也。"其余不多赘引。"因应"是因其所遇而应之，指顺应时势和环境，然后随机应变之意。

该词应用到今，现代汉语为应付、对付之义，如制订因应方案，因应新出现的困难，它其实包含两步走的两层意义，即先要分析把握客观社会现实，即"因"，在此基础上采取相应对策，进行针对性合理反应，即为"应"。著述开篇及下文研究路线与研究主旨，莫不遵循此道。"因应性满足"结合应用，主要意义是传媒集成经济始终把握时代发展与市场要求，顺应传媒内外环境与时势之变，以科学战略方向和有效应对策略，满足互联网时代的复合需求，发展传媒产业经济，服务社会整体进步，彰显集成经济应时而行、合事而作、与时俱进的经济形态内涵本质，以及操作运营实践的系列因应性优势特征。

本章小结

通过解读本书研究的核心概念与关联概念可知：人类智慧结晶的互

联网技术的发明普及，开启了人类交往最为丰富、最为复杂、最为鲜活的崭新时代，而人类需求随之极大地丰富发展。"人们的需求，从广义上说，不仅像马斯洛指出的那样是在一个层次满足后再进入高一层次的需求，而且也受到社会发展的影响，尤其受知识和技术进步以及视野的扩大的冲击，会产生若干年前无法想象的社会需求和个人需求的突变和飞跃。持续需求+持续要素供应=产业的持续发展。"①

　　通过梳理学界的相关研究成果与现实传播关系可知：传媒集成经济依靠互联网进步技术平台和精神内蕴，顺应时代前进的合力方向，释放传媒产业优势潜能且与社会发展同步而行，辅助传媒经济沿着最佳方向和最优效益路径运营，特别是具有系列因应性满足不同层次、内容交错、关系网状复合需求的特质能力，不仅促进传媒产业经济升级换代，而且能够完成经国济世的作为使命，由此可以作出预判：它必然成为我国传媒产业健康永续发展的优选经济形态。

---

　　① 殷俊等：《新媒体产业导论：基于数字时代的媒体产业》，四川大学出版社 2009 年版，第 46 页。

第二章　资源板块结构优化与
传媒集成经济效益

　　管理学研究企业、单位和社会管理的主要目标是：将有限的人财物及关系资源优化配置，用最小成本创造最大收益，且保证员工利益不受损害、合法权益得到维护、自我价值受到尊重，争取最佳经营效率和管理成效。经济学关注的中心问题与其有相同之处，即实现技术、人力、物质等资源配置优化，组织结构布局科学合理，产品和服务供给与市场需求尽量平衡，实现有效增长和社会良好效益。"集成经济"属于经济学与管理学领域核心交叉的研究范畴，"集成经济是一种板块经济。集成经济的板块属性表现为整体一致性。"①

　　尽管有人根据国情指出我国传媒产业应"先做大再做强"，但作者认为"先做强再做大"路径选择更优。传媒集成经济从微观层面企业

---

① 王永、刘建一、张坚：《浅析规模经济、范围经济与集成经济》，《江苏商论》2004 年第 3 期。

内部要素资源入手，优化配置形成合理板块结构，规范组织运营合作协调关系，增进管理整体系统一致性功效，"集成效益既体现为典型的规模经济性、范围经济性、外部经济性和速度经济性，又体现为能在宏观和微观层次产生协同效应或协同经济性，而在经营成果上最终体现为经济效益提高和管理成本降低。"① 如此运维满足传媒企业生命力发展的需求，达到集成经济多重节省与规模效益，符合"先做强再做大"的发展规律要求，也更适应互联网时代的集约型发展内涵与要求。

第一节 资源结构优化的集成经济管理效益

按照集成经济的整体系统原则要求，企业资源板块结构和运行环节需要组织结构的合理调整，通过内部功能发生质变性飞跃，达到整体相互促进、协同发展，敏锐应对外部变幻莫测的环境，满足内外交往关系复合需求，创造集成经济的 1+1>2 系统功能增加效益。其路径是围绕传媒机构核心优势与能力，发掘经济资源要素互补潜能，对人力、物力、技术、资本等要素重组匹配，形成资源和人有机结合的新板块关系，保证内部结构组织关系优化后的良性沟通，融合成人财物和谐能动统一的集成经济网络高效管理（治理）结构。

一、传统媒体企业组织结构改革必要性

我国传统三大媒体机构常见组织设置如图所示：

① 李波：《集成经营理论与实践探索》，《上海经济研究》2008 年第 5 期。

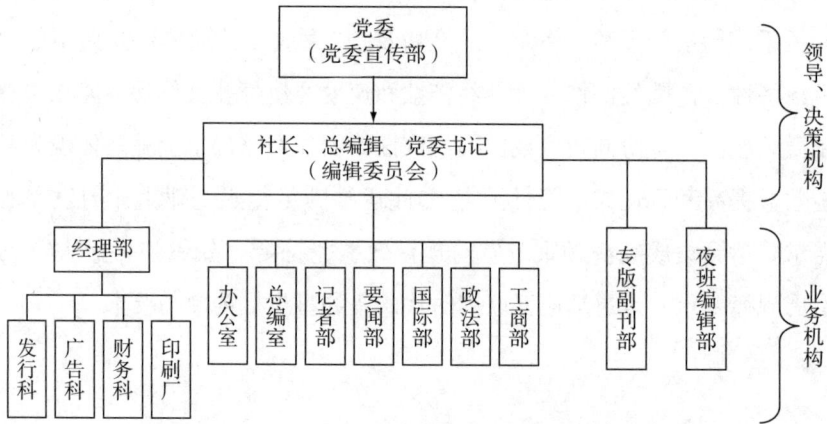

图 2.1　我国报社的一般组织结构模式：苏林森博士制图

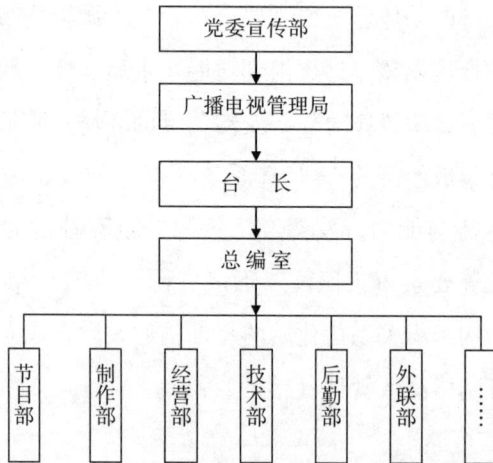

图 2.2　我国广播电视台的一般组织结构

　　稍加审视这些组织结构模式，即可明显看出科层管理路径的包袱：部门机构垂直层级体系与并列机构林立，经常出现利益团体争权夺利内讧内斗内耗现象，造成人财物资源浪费，整体经营效益低下；人员大量冗余不仅占用再生产资本，而且引发相互猜忌与不满，挫伤真正干事群体士气。如许多地级市报社机构竟然有数百人以上的庞大职工队伍，其中一些人浮于事、闲散混日子现象早为学界和业界诟病。媒介管理是充分利用最少的资源投入获得最大的社会效益和经济效益的活动过程。[①]然而，上述科层管理的种种弊端存在，限制传统媒体应对市场需求的灵敏感知，又难以保障正确高效决策与快捷转型发展，已然不能适应互联网时代的传媒竞争环境。

按照系统论观点，内部各部分之和不一定等于整体功能，如果各个部分要素的组合方式合理，各个部分的作用力方向一致，相加起来形成的总力量则大于部分；反之，各部分彼此对立互相冲突，则总的合力不大还小，出现 1+1<2 的难堪结局，如同"三个和尚没水吃"的故事。传统媒体垂直科层式组织结构设置，有力维持政治宣传中心任务目标，但也容易养成封闭保守陈旧思维，造成对外界急剧变化反应迟缓；管理官僚化程序造成一味对上负责，信息服务意识落后，市场化生产取向意识薄弱，很难推行适合用户变化的先进运营观念，如此组织结构和管理运作，其负面效应至少有如下方面：

（一）领导把关决策设置层层部门控制，长期依照宣传工作、事业建设、产业管理的"三位一体"运营体制，在传媒渠道资源稀缺时代、政府部门支持、权力地位延伸的背景下，作为社会管理体系尚可运行维持，但互联网时代的新媒体和新渠道涌现，传媒受众身份变成用户，竞争用户资源变得尤为激烈，传统媒体原有的相对和绝对优势逐渐丧失；实际管理中一些传统媒体，或偏于走市场道路重经营而轻宣传，犯政治方向性错误；或着力盯着上头重政治宣传而轻经营，传媒市场缺乏活力，社会和经济双重效益总是顾此失彼、不能两全。

---

① 唐绪军：《报业经济与报业经营》，新华出版社 1999 年版，第 13 页。

任何领导活动，都是借助于他人来表现的，领导工作的绩效是通过被领导者活动的绩效而表现出来的。领导工作的实质就是领导者通过自己的行动影响一个群体尽其所能地实现目标。① 但由于金字塔式结构最大缺陷是自上而下管理模式，容易滋生官僚风气，带来难以克服负面后果：管理者唯恐政治方向差错危及官运，多如履薄冰、战战兢兢，企业家创新经营素质与魄力损抑；干涉、限制、规诫过多的守成惰性，压抑传媒人主动进取精神，消解奋斗创新动力；受整个体制红利保护，组织结构运行积弊难返，风险危机意识薄弱；面对新媒体竞争，经营管理者不能够迅速转型发展，组织结构功能的不适应面凸显，导致市场空间萎缩，经济效益衰减。

（二）新闻素材采集、内容编辑生产、文体节目制作、广告营销推广、社会教育等业务部门，有利于业务对口报道各负其责，防止漏报重大消息，但他们各自对管理层负责保持双向沟通外，部门间互动互通信息较少。内部组织并列或个别递进的链接结构布局关系，典型体现管理权集中化色彩——权力集中易于管理顶端获取各方信息，通过垂直渠道关系把关控制，进行综合权衡考虑，但不合理处是平行业务部门之间联系不足，不能及时互通共享有价值信息，不能有效互动协作提升产品和服务质量；特别是一旦决策管理发生意外或判断与决策失误，则会引发全局的结构性塌陷，造成严重社会恶果，影响传媒整体经济效益；此外，严格层级与庞大繁杂组织机构，造成内部争利的以邻为壑、彼此阻隔等无形损耗，大家都对上负责而忽视漠视用户多元需求与市场要求，限制传媒内容经营创新、市场开拓创新、技术提升创新和服务治理创新，这对于竞争激烈市场环境下的传媒而言绝非福音。

（三）传媒经营管理结构设置中，没有突出客户和用户的市场服务

---

① 唐绪军：《报业经济与报业经营》，新华出版社 1999 年版，第 40 页。

反馈回应部门地位，很大程度折射出传统媒体生产自我中心思维，占据稀缺传播地位资源的自大独尊心态，市场服务意识不强等缺陷由此可见一斑。面对互联网时代的媒体传播与用户客户关系深刻变化，我国许多传统媒体还将自身定位于社会管理控制身份，并在经营惯性支配下，不合时宜的层级结构和管理体制固守变成束缚障碍，招致传媒经济的灵活性、机警性、开放性、开拓性等积极因素被压抑。传统媒体总体针对用户市场需求的服务供给，或无为或成效低下，这是与新兴网络传媒公司的较量中步步退却的重要原因。伴随用户客户资源的流失，一些传统媒体渐渐门前冷落车马稀，精明广告商自然弃之而去，极大降低传媒经济收益，宣传和舆论导向及其他职能影响地位也都在持续走下坡路。

二、结构板块优化的集成经济系统原则

基于上述剖析，作者认为互联网时代的传统媒体组织，持续扩大双重效益生存发展，必须以壮士断腕之勇气，打破原有不合现实需求的组织布局，摆脱种种转型关键障碍，以结构资源组合自我革新与根本性改造，精确配置内部资源，形成独自承担、有效应对内外变动的新型职能板块，减少无效弱效付出，降低管理成本耗费，保持经营动态平衡。它需要调整传媒机构系统流程，强化结构板块协调合作关系，建立布局功能与网络技术集成原理接近的形态，争取"牵一发而动全身"的集成经济管理效益，满足传媒企业内部整体良性运作、部门关系改善等复合需求。"系统集成（SI，System Integration）是通过结构化的综合布线系统和计算机网络技术，将各个分离的设备（如个人电脑）、功能和信息等集成到相互关联的、统一和协调的系统之中，使资源达到充分共享，实现集中、高效、便利的管理。"

互联网新媒体公司及新型企业内部管理，流行模式多为扁平式组织

结构，决策主体与权力向一线倾斜，这是现代化管理绩效和市场成功营销获得的前提条件。传媒集成经济取其长处，按照节约精简与操作可行性强的网络板块结构，合理压缩和并设部门，对传媒企业人财物力资源重新配置优化。首先，岗位人员安排主体要素资源最关键，要尽量根据成员自身专长和发展潜力，进行自觉自愿自主组合，理顺人力组织资源关系，利于各个板块人员群体主动协调通力一致建功立业；其次，根据板块要素资源内在相容联系，外在关联互补原理，在集成管理理念指导下重建网络关系结构，规定各板块职能与整体职能的互为互动，使每个资源板块都能在良好衔接中最大化发挥作用；最后，传媒集成经济的组织板块结构优化，应和互联网新时代的复合需求及变化，设计通畅的信息沟通关系机制，确保内外沟通和反馈及时高效，且有评估检测督导等激励促进机制，保障集成经济管理目标顺利实施。

总之，传媒企业机构资源结构板块配置与改造，追求整体主动寻优的集成经济价值，达到"整体大于部分之和"的集成经济系统目标，提升整体经营管理协调功能效益的追求。本书著者借鉴现代企业的扁平化高效治理结构模式，因应传媒发展的内外复合需求与环境变化，将传媒组织资源建构为互联互通的 5 大板块结构，形成具有集成关系的网络布局：每个资源板块的设置理由、担负职能、关系规约，以及它们对实现传媒集成经济的管理目标与效益价值如下。

（一）"管理把关外联板块"与集成管理经济效益提升价值

将以往几个层级管理部门集成为一个板块，既能够保持管理把关层的及时协商和集体民主决策，利于保障宏观政治方向管理的集成把关高效迅捷，信息上下传导的经济价值实现，又可以避免多层次的汇报、请示中，出现常有的信息熵现象或偏差，导致管理者延迟决策或错误决策；该板块加入"外联"职能，一方面可充分发挥领导决策层的独特优势，利用其拥有的各种社会关系资本，加强与政府、社会等有效沟通

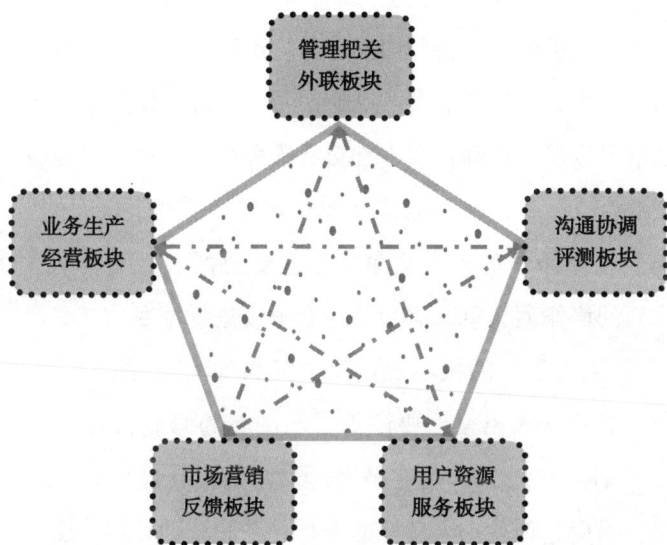

图 2.3　传媒资源组织结构 5 大板块集成网络关系图

协调工作，为传媒企业创造良好的外部关系环境；另一方面增强领导层对上负责的同时，重视提升市场经济观念，以外联职能责任担当，服务于传媒内部更好地从事经营发展，产生长远经济意义。

　　因考虑我国现实政治和管理体制等国情要求，传媒产业生产的社会效益优先原则，"管理把关外联集成板块"设置，在组织结构管理中的最高地位不变，集成经济运营中的主导地位不变，因其对传媒集成经济整体运营管理和发展至关重要，网络化布局将其置于最高方位即已着力体现。但强调管理者需转变管控理念：避免对内管的太多、管的太死，而是依据科学规范、刚柔并济的策略机制，从事系统化集成化节约型管理，更多强化政治导向、辅助服务经营的宏观职能原则，充分调动、激励和促进其他板块自我治理与协同运作。

（二）"业务生产经营板块"与集成营销协同经济效益价值

　　新闻采、写、编、评、播等分而设之的内容生产部门，与文化体育、制作部门、技术部门等其他生产资源合并重组为一，目的是更好地统筹关联性经营链资源，精简内容产品生产环节，节约机构林立所需的人财物力，减少部门内部交易的摩擦浪费，体现传媒集成经济不消耗与少消耗的节省内涵，提高传媒内部自我服务协调水平，以类似中央厨房的集体资源合作模式，赢取运营经济和管理经济两个层面的效益提高。在产业内部企业激烈的市场竞争中，也要遵循"人为为人"的思想，以实现有效的协作型竞争，避免恶性竞争或竞争过度，以实现经济效益最大化。①"人为学"的核心观点是"人为为人"，即在经济管理中人的行为首先是从个人出发，要注重自己的行为修养符合经济规律，即"人为"；然后从"为人"角度出发，来调整控制自身的行为，与整个经济环境相适应，创造一个良好的人际关系和激励环境，使人们能持久地处于激发状态下工作，主观能动性得到充分发挥，从而推动经济整体的发展。②

而且"业务生产经营集成板块"的设立，可以消除多个机构并列设置的臃肿，减少机构间信息阻滞潜在危害，重复沟通流程的时间成本与人力成本，促进知识信息和创意智慧经验等充分交流，在集体头脑风暴的正向激发作用中，产生资源共享的经济效益和集成创新效益；板块间平等的有机互动沟通，有利于增进内部机构人员之间的关系改善，群策群力协同生产，提高传媒内容产品数量和质量，提升传媒产品经营服务水平，扩大整体资源的再生产能力，产生传媒集成经济的人财物力规模协同与放大效益。

（三）"沟通协调评测板块"与集成管理督导协作经济价值

内部治理的系统整体一致性目标实现，需要各部分全面及时透明合

---

① 苏东水：《产业经济学》，高等教育出版社 2010 版，第 9 页。
② 同上书，第 16 页。

作。虽然各独立板块在网络平行结构中，拥有比以往更多互动机会，但形成主动协调的自觉，需要持续沟通的习练过程，需要相应机制保障高效运行。心理学和社会学相关研究发现，没有外在作用机制，人作为集体中的行动主体，不可避免地存在自我懈怠性，整体全局意识不足，从而带来沟通联系的断裂与无为等隐患。罗杰斯与金卡特合创的"传播融合模式"指出，信息分享形成更多相互理解与共识增加的一个循环性过程，这个过程有助网络内部关系的调和与促进，固定信息流动及个人、组织构成不断反馈的循环关系，直至达成互相理解。①

设置沟通协调评测板块，快速敏锐集成信息反馈工作成效，及时解决部门利益和情感纷争，督导督促各个板块互为协作、跨部门交流，确保各个资源板块共同围绕传媒企业中心目标行事，促进主体达成行动一致意志与自觉作为，改进各项生产进程和产品服务，指明产业市场化经营方向，是产生深远协作经济效益的管理作用所在。因此，该板块设置，从内部讲，适应集成经济管理健康关系维护，资源整合一体化发展的需求。从外部讲，公正公开透明高效的"沟通协调评测"运作，有助树立传媒企业文化形象，是赢取用户客户信任的无形软性资源。这种模式的科学合理性，延伸到传媒产业集成经济平台联结中（见第四章），创建规范产业集群之间的良性评测监督与激励机制，推进与其他产业沟通合作，促进互为互助的产业生态经济关系强化，实现产业协同互利共赢发展目标。

（四）"市场营销反馈板块"与完善内外关系集成经济价值

将传统媒体广告部和节目推销部门，包括其他增值性开发部门组构一起，不只是改换名称、减少单位机构，而是增加资源融合的集成反馈

---

① Everett M. Rogers, D. Lawrence Kincaid: *Communication networks: toward a new paradigm for research*, New York: Free Press, 1983, pp. 25-40.

共享与回应能力，树立互联网时代的市场主动开发拓展意识，力争消除凭仗权威垄断传媒稀缺资源地位的自大意识，坐等客户上门的心理惰性，特别是规避滥用舆论监督等公共资源非常手段，迫使客户乖乖就范的违法失德现象，包括依靠行政权力延伸强行占据传媒市场的反市场行为。

其根本意义在于整合传媒要素力量进行集成营销，利用自身与市场和用户接触频繁、沟通密切的交往关系集体优势，搜集、汇总营销过程各个层面的用户客户反馈信息，整理有助传媒产业改进改善的信息，为"管理把关外联集成板块"决策和其他板块工作改进，供应源于市场一线需求的指导信息，构设及时对接市场变化、满足用户复合需求的有效经营机制，节省大量成本和关系交易成本投入，形成内外双重协同经济节约，改进各个板块协作关系，服务集成经济整体一致性目标实现，彻底避免自我中心、自以为是的生产经营盲目性，缓解内容服务供应的弱效和无效，避免用户接触体验失望而去的恶果。

（五）"用户资源服务板块"与集成经济资源增值开发价值

传统媒体时代的"受众中心论"研究，已重视市场化经营中的用户地位，毕竟传媒产业的生死存亡、兴衰成败，关键取决于广大受众的支持与拥戴。只是政治等级及其他权力意识在传媒系统的延伸，社会现实关系的污染渗透，传统媒体经营管理者和从业者累积的精英意识远大于市场意识，"受众是上帝"不过一个理想口号而已。互联网时代的"受众"身份转变成"用户"，他们成为传播链条、交往创新中的生产者和参与者，传媒产业经济效益实现及永续性发展，要由他们的大力支持合作或黏性互动决定。

因此，纠正原来生产者中心，加强传媒用户关系维护，集成他们的反馈意见信息，改善内容与服务水平，挖掘其中的人气经济价值，开拓服务增值效益，利于双方和多方长远经济互动和共同发展。鉴于用户群体在传媒经济中日益居于主导作用，对互联网时代的传媒集成经济发展关系重大，相关内容繁多，特设后面专门一章进行详述。

综上，五个板块之间集成网络结构设置与规约关系建立，是满足传媒企业成员个人价值实现需求，以及企业整体管理绩效需求的保障措施。古丁（Robert Goodin）认为，不管单独生理个体还是联合公司意义个体行动者，不过是经济机器代理人而已，如果不设置个体与他人关系的协调规则，那么个体也无法达成目标。[①] 建立在五大板块结构上的集成化、网络化、板块化等内部交往规约，强调扁平化管理、成员自我管理、上下信息共享、所有资源共用、集体协同治理等进步交往关系，贯彻系统一致性集成经济理念原则，为管理优势发挥和协同经济等效益价值实现奠定良好根基。

第二节　结构板块优化的集成经济协同效益

传媒技术融合与虚实市场交叉下，各种信息管理流程变得日益复杂，对传媒企业及时应对和快速正确决策要求也更高，经营管理者必须对此警醒、洞察与呼应行动。金字塔垂直科层模型、人治式管理控制、工业化经营流程等不合大势的非人性化体制，不足以承载传媒企业经济水平提高的内需要求，不能够灵活呼应内外环境的剧烈变动。而"网络化是企业集团组织发展到一定程度的必经阶段。网络化后的企业集团增强了集团的市场性，减少了集团的层级性，从而更有利于提高对环境

---

① Robert Goodin, R. E. *The Theory of Institutional Design*, London: Cambridge University Press, 1996, p. 11.

不确定性的认知能力，扩大企业集团运筹外部资源的边界和效率，发挥其双重优势"。①

一、增进传媒集成经济的协同发展效益

设置传媒企业内部要素资源五大板块模式，规范板块之间网络结构关系，加上得力高效的管理协调执行，将取得四个方面的集成经济发展效益。

（一）达到应变市场的"三快合一"运营效益

1. 快速应对内外环境变化的市场拓展效益。在集成经济整体一致原则指导下，整个企业经营流程压缩简化，集成系统管理成本大为下降，应对变化效率却因之而提高；流程压缩简化还推进传媒资讯经营供应快速跟进市场变化，满足现实社会和用户急剧变化的复合需求，为稳固和扩展传媒市场空间奠定基础。2. 快速反馈改进经营缺失的矫正效益。精简传媒内部资源交换和信息传递环节，使板块之间的经营运行活动更加通畅有序，能够针对客户用户变化迅捷反馈和反应调整，快速进行查漏补缺，巩固和维系双方互利互惠关系，从而保持传媒集成经济运营的长久效益。3. 快速捕捉新兴商业机遇的经营效益。变化莫测的市场经济与互联网时代，内外协调沟通成效提高，能够与市场用户客户的即时和及时交互中，寻求和捕捉更多新的商机，创造多样化的盈利模式，促进增值性服务发展，体现集成信息化治理快速应对价值。传媒组织资源结构板块的集成化调整改造，产生"三快合一"综合发展优势与集成经济"以快致胜"最佳效益，适应互联网时代"快鱼吃慢鱼"

---

① 潘爱玲等：《合作网络范式下企业集团管理控制研究》，中国人民大学出版社2014年版，第68页。

的市场规律，符合产业经济快速应对的发展要求。

（二）促进正确决策的"集成管理"系统效益

除了要以快致胜之外，传媒企业应尽力保证各项决策科学正确，否则导致整体经济损失惨重，直至一蹶不振。在互联网时代，没有什么比决策失误和决策迟滞成本耗损更大。管理学有个经典看法，认为管理就是决策，而正确决策的客观条件是：有价值的、全面的、及时的信息汇聚。传统媒体经济落败有体制外部因素，内因很大程度在于决策不力：由于机构内部信息主要是单向层级递进的线性流动程序，信息集聚往往呈现条块、分散、偏颇不全、不客观的状态，不仅无助于科学正确决策，反而经常误导决策者。传媒集成经济管理运营模式，要求板块关系由自上而下的链式串联序列结构布局，根本性调整为彼此互联互通的集成化与网络化序列格局，单向、线性垂直关系链转变为互联互通的网状经济结构，使信息在较少人为和组织边界障碍的网络中快捷传递共享。这种改进，既避免机构臃肿科层管理对市场的反应迟钝，又缩短信息处理过程，减少官僚化决策的时间延迟，降低应对低效率与失误耗费。一旦决策者对内外变动情况能在最短时间内把握，而且得到全方位信息全景支持，就会增加快速正确高效决策的比率，减少失误决策几率；即使出现不当决策，由于集成网络结构板块设计的民主平等科学性，每个板块执行过程中都能快捷顺畅地反馈意见和预警性建议，决策者可以及时发现并予以纠正，从而大大降低毫无意义的决策损失。

（三）增加决策执行的"运营统筹"同步效益

当有关正确决策制定之后，接下来考验传媒企业内在系统整体执行力度及其效度如何。设置五大集成板块之间的运作原则和相互关系准则，立足于集成经济整体一致的明确目标规定：充分发挥每个板块内部关联成分的积极主动性，也要求各个板块单位与系统整体功能密切关联一致，作为集体协作的分工合作资源板块职能部分，绝不可各行其是，自我中心，分散企业的整体资源合力，而是适应网络化传播和网络经济要约，提高信息流动互换价值，增进传媒企业的管理效率，提升经营的应对水平。传媒集成经济五大板块网络结构设置形态，总体倾向于扁平化管理模型，即"管理把关外联集成板块"作为互联节点最高端，依照集成经济原则突出其管控的核心角色地位，主导资源结构和信息交换，但其他四个板块职能重要性共同提高，地位都处在平行网络结构中，各个板块之间相互平等，网络结构联结渠道路径优化，决策发出、市场反馈信息等都可共享，而且从上到下、从左到右的各个板块，互为支持、协调统筹、顺畅合作，最大化集中调动一切有机生产要素活力，集体应对外界市场环境的各种非常挑战，提高整个传媒机构运行绩效，顺应传媒集成经济的整体系统内涵要求，产生内部要素资源配置优化的放大效应。"企业形成了更合理的业务安排、更广泛的信息共享以及与供应链中其他企业更有效的合作等等。……互联网信息流能够减少'牛鞭效应'（bullwhip effect）。如果信息流不通畅，致使消费者需求方面的细小变化被放大，引起供给链上供销延迟和存货累积，就会出现'牛鞭效应'。"①

（四）增进成员自觉的"合作互动"协作效益

仅从设计框架表面看，传媒企业的集成经济网状互动平行板块结构模式，似乎有些复杂化，而实际操作运行却适应网络型结构的高级系统整体功能要求。它通过下放更多权力给其他集成板块，充分发挥人力资源主体性的自觉积极性作用，使他们不再仅是决策者的被动执行者，最大程度满足传媒人自我实现的主体价值需求。网状结构模式遵循互联网开放性沟通协同原则，省略中间管理渠道，简化公用信息周转路径，重

① ［美］罗伯特·E. 利坦、艾丽斯·M. 瑞夫林主编：《互联网革命——推动经济增长的强劲引擎》，聂庆、周传刚译，中国人民大学出版社2011年版，第11—12页。

要信息直接、迅速、便捷的供应给各板块，使大家都有充分的资讯指导；集成板块之间多向网状的反馈式互动沟通布局，增强各部分自适应、自组织应对变动的协作协同能力，还具有各个板块间互为监督、激励、促进的结构性透明优势。而该结构形态设立体现传媒集成经济的整体高层次效能：改进内部板块之间、各板块内部成员之间的良善关系。因为对于传媒企业的长远健康发展来讲，没有什么比人力资源团结合作关系，能够从事共同治理的活跃交往氛围，更具有持续发展的经济价值。"共同治理就是所有利益相关者都参与公司治理，都应通过一定的契约安排和治理制度来分享企业的控制权。……与公司治理不同，从点通过线拓宽到面，从单向到双向或多向的互动治理，从关心自身利益出发强制执行合约到产业共生网络的关心网络整体利益（协同效应）出发的自我履行合约，合作利益的分享是追求整体协同效应的逻辑扩展。"①

素以网络产品和技术服务模仿跟进，然后精益求精创新并超越前者的腾讯公司，不断应对市场外部复合需求变化，重组改造企业结构形态，由垂直型管理为主的结构转向扁平化治理模式（参见下图 2.4），组织框架整合资源，构成合理板块结构，追求内部集成经济管理协同效益。

为应对互联网时代快速发展的移动传播需求，赢得竞争先机，腾讯公司集聚旗下不同领域产品、服务等资源，以结构转型改造加速内部资源要素的流动速率，积极进军无线移动市场，与之呼应的是将垂直化管理布局模式，于 2012 年大刀阔斧地调整为扁平化结构模式（图 2.4）②，

---

① 齐宇：《循环经济产业共生网络研究》，南开大学出版社 2012 年版，第 63—64 页（有整理）。

② 薛松：《腾讯重组布局六大业务防止增长放缓》，《广州日报》2012 年 5 月 19 日。

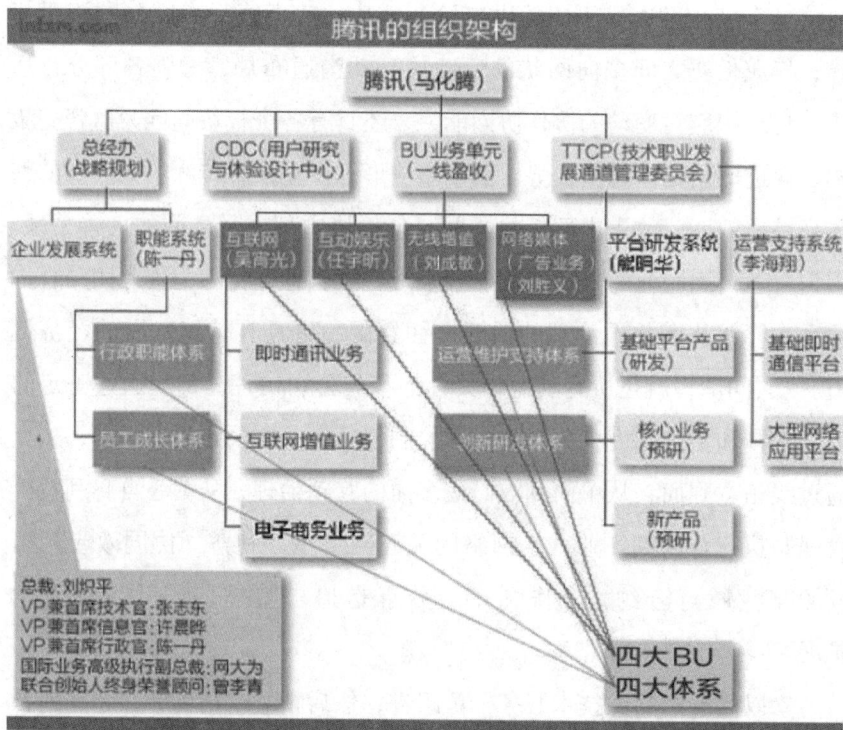

图 2.4　腾讯原来垂直型管理结构与组织模式

使集团内部组织关系更加简化顺畅，应对市场变化水平和占有市场能力均得到大幅度的提升。

仅仅两年未过，腾讯的微信产品用户规模胜过新浪"微博"后，2014年再度对结构板块和资源稍作调整（见图2.6），将"腾讯电商控股公司（ECC）"去掉，集中力量重组"微信事业群"，适应快速发展的"微信"新平台经济，增强企业在互联网时代的移动市场战略制高点布局力量，扩大"微信"在其集成规模经营中的产品报偿效益。

这种适应市场环境、技术发展、社会交往需求变化，以集成经济发展形态的战略化调整，发挥扁平化板块结构功能，促进内部组织和其他内部资源的有力互动支持，整合企业各部门资源开发迎合更广阔市场的

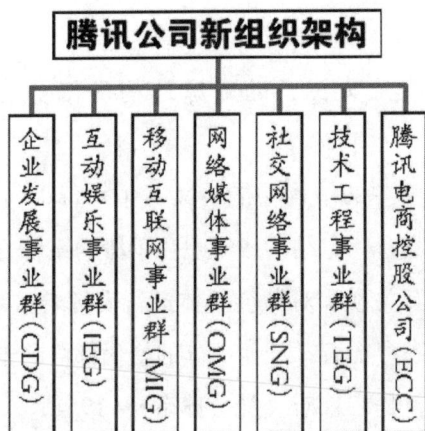

图 2.5　腾讯公司 2012 年的新组织结构

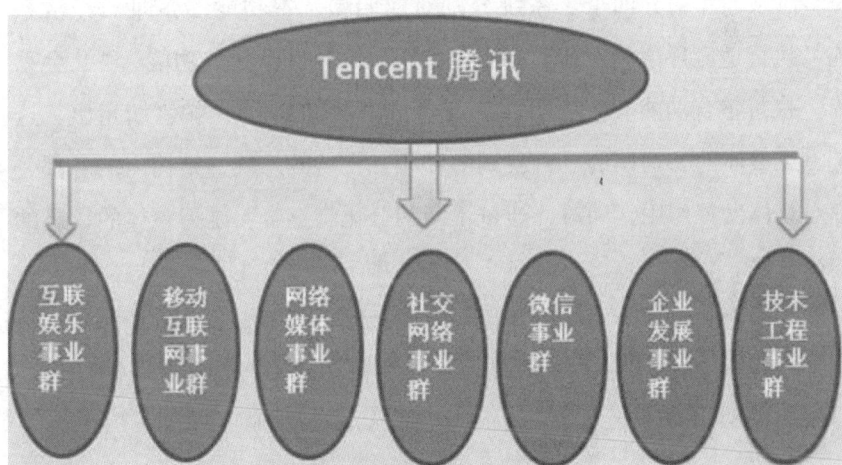

图 2.6　再度调整后的腾讯公司组织结构

服务产品，提升整体一致性快速协作与服务能力，最终获得最大化的市场影响与经济收益。当然，其调整仍存在不足：各个战略板块群的网络化交互规约关系，以及它们之间的合作互动共赢关系尚未体现。尽管如此，腾信因应时势和时代复合需求的自我改造与进取做法，不愧为传媒优化资源配置的集成经济管理榜样。

二、结构功能主义视角的资源结构优化功效

现代西方社会学中的结构功能主义（structural functionalism）核心观点认为，社会是具有一定结构或组织化手段的系统，社会的各组成部分通过有序方式相互关联，对社会整体运行发挥着必要的功能。由此，社会整体以平衡状态存在着，任何部分的变化都会趋于新的平衡。该理论最具代表性的著作是帕森斯《社会体系》（1951）一书。他认为社会结构是具有不同基本功能的、多层面的次系统所形成的一种"总体社会系统"，包含执行目的达成、适应、整合和模式维护四项基本功能的完整体系，并划分四个子系统分别对应四项基本功能，亦即"经济系统"执行适应环境的功能、"政治系统"执行目标达成功能、"社会系统"执行整合功能、"文化系统"执行模式维护功能。帕森斯指出，这是一个整体的、均衡的、自我调解和相互支持的系统，结构内的各部分都对整体发挥作用；同时，通过不断的分化与整合，维持整体的动态的均衡秩序。

结构由此表现为功能，并执行对应功能，达到服务整体功能实现目标。[①] 作者以此理论框架为参照，再次分析传媒企业资源优化的网络板块结构设置意义，以及其达到的集成经济运营效益，具体原理解读如下：

每个传媒企业从某种意义上说就是一个小的社会系统，其功能实现的完美程度，与结构关系的动态均衡秩序息息相关。传媒集成经济的发展形态，建立在互联网技术创新应用上，在企业层面对内部资源和组织

---

① 笔者由结构功能主义思想而得出的结论。

结构进行集成板块改造重组，既大幅度消减许多生产流通的中间性环
节，又可以缩短产品生产周期，传媒资源投入成本因此大为减少（上
文已述），而且资源组合调整的改造活动本身，呈现出组织结构的信息
集成化优势："指信息技术在各部门普及运用的基础上建立起来的部门
间信息系统的互联、集成以及关联一体化。"① 部门间交易信息成本也
因此而大为降低。传媒集成经济运营，通过企业资源板块网络结构互
联、集成及关联一体化的系统整体效应，通过应对市场拓展的新型板块
结构布局模式建设，达到动态平衡中配置资源的快速高效，扩大传媒经
济收益，传播政治、文化、社会等方面的功能亦随之拓展延伸。

　　帕森斯的结构功能主义理论中心要点在于，非常强调秩序、行动和
共同价值体系在社会结构中的作用，这种解释宏观社会体系的理论框
架，放到传媒企业内部各板块部分与整体关系结构功能上，以大见小，
道理相通。后来学界批评结构功能主义理论主要的缺点是：过于强调结
构功能平衡下的静态性，却忽略了社会冲突性和变动性的现实。而传媒
企业资源的网络板块结构优化调整，由于建立在传媒集成经济形态内外
应变性的发展原则上，因此有效地规避了这种缺陷，还进一步有所改进
和提升：不仅致力于整体结构功能的某个时期静态平衡，而且立足互联
网技术基础，以传媒网络平台架构与链接，不断地与外部系统和资源进
行交换共进中，依靠自身充满活力的信息集成长处，敏锐应对内外环境
变迁，动态性地改进调整结构功能，及时处理外部冲突变动带来的生存
发展危机。

　　由此可见，传媒企业要素资源的结构板块优化，密切联系集成经济
形态的动态平衡发展，达到结构与功能相互支撑和相互协调，形成功能
结构化、结构功能化的资源优化配置集成体系，然后在系统创新与灵活

---

　　①　周振华：《信息化与产业融合》，上海人民出版社 2003 年版，第 278 页。

发展基础上，凝合信息、物质和能量，释放传媒企业资源的集成与再造效应，进而对传媒做强然后做大产生重大促进作用。"在人类社会经济发展中，无论是国家和地区的经济活动，还是一个企业或个人创业的经济活动，说到底，就是人力资源、物质资源、技术资源、资金资源和信息资源这五种资源要素在不同空间、不同时间和不同形式的配置与组合。因此，从一定意义上说，经济要素的科学组合，就是经济的创造和发展。除此之外，在人类社会的其他事业活动中，每一个重大问题的解决或重大事物的发展，也都是通过各种因素的合理组合及调整实现的。"[1]

它类似于我们所熟知的一个自然界物理现象：同一种化学元素如碳元素，因不同的内部分子组合结构，而呈现出相差甚远的物理属性与应用价值——传媒集成经济的结构重组与功能改造取向，确实与之有异曲同工之妙。而由于互联网时代的到来，传媒企业的价值链变得更加复杂和庞大，组织机构边界随着成员增加，各种合作风险日渐多样化和模糊化，其造成的结果是："对于前网络时代的媒体领导企业而言，管理任务也相应地更为复杂和具有挑战性。"[2] 因此更需要下大力气搞好资源配置与组织结构的完善。

特别需要注意的实际情况是，即使再科学合理的管理控制程序设置，也是需要一定的成本支出。"这其中包括管理控制系统的搭建、管理控制工作的开展以及管理控制结果的使用等。因此，在建立企业集团管理控制系统时，要注意成本与收益的比较，防止仅仅重视信息产生的效益而忽视了使用信息所付出的代价。"[3] 传媒集成经济发挥内部成员

---

[1] 卢希悦编：《中国文化经济学——思维的醒悟与经济的崛起》，经济科学出版社2009年版，第291页。

[2] Lucy Küng, Robert G. Picard and Ruth Towse: *The Internet and the Mass Media*, sage Publications Ltd, 2008, pp. 146-147.

[3] 潘爱玲等：《合作网络范式下企业集团管理控制研究》，中国人民大学出版社2014年版，第100页。

的集体参与积极性，系统整体的合作应对功能优势，以组织结构的完善协调，一方面通过信息的高效率传播使用，提高传媒企业的经营管理效益与资源协同创收效益，另一方面利用平滑快捷的沟通互动，有机有效地规避各种失误，战胜各种危机挑战，减少各种内外风险的威胁破坏，使经营管理成本少付出或不付出。

最重要的是，传媒企业集成经济形态的板块结构优化过程，除将其中的静态功能与动态功能集成一体，促进整体运营和管理功能完善之外，还于其中充分建立起沟通、信任、合作、互相学习的环境软性因素，重视柔性管控扮演的重要功能作用，以减少人际冲突成本与代价付出，深度体现集成经济管理的节约节省原则。传媒集成经济形态的网络板块优化与管理，因为平等的全方位立体化信息沟通渠道健全，进一步强化了内部人员和机构之间的信任机制，并将其作为同心同德的粘合剂，凝聚传媒企业的人心士气，增强大家自我管控和协同治理的自觉主动性。这种资源结构优化创新与之俱来的企业文化"软激励"治理措施，融合渗透到各个板块协作关系行为中去，降低集成管控成本，提高板块之间的资源相互协调功效，并转化为传媒集成经济健康发展的重要纽带力量。

第三节　结构板块优化的集成经济多重效益

人类经济活动的意义和价值，大而言之，集中体现于节流和开源两方面。传媒企业组织结构的网络化板块改造优化，意在呼应集成经济形态运营追求的最终目标：一是传媒企业经营层面的各项成本降低，达成集成经济的节流效益；二是通过内部信息流畅联通与关系增进，以集体合作智慧从事集成创新，取得集成经营的开源效益。

一、组织板块优化与集成经济节流功效

传媒企业的人力与人才是最重要的资源要素，是创造经济价值的活跃生产力主体要素。但人员过量、关系繁杂或组织不善，反而人多力量小，加重企业资金付出和管理成本投入。本书重构组建 5 个传媒企业内部要素集成网络板块，从生产经营链条压缩、管理机构部门精简、互动沟通层面降低成本，完成集成经济节流效益与功能实现，首要环节是进行不必要的机构裁减，然后通过传媒机构人力人才要素资源合理配置，防止用人过度浪费，避免人多事杂、关系不顺，降低不必要开支，做到精兵简政，以少胜多；其次是减少传媒企业资源和信息交流交易的通道，畅通组织环节交往，节省节约有形无形的内部管理成本。

香港凤凰卫视集团总裁刘长乐被其员工称为"榨汁机"，原因是其管理下的电视台，在我国大陆类似组织机构往往要由几个人干的活儿，他们那里精简到由一个人独自扛起；整个传媒集团人员因事设岗，新闻、评论、网络、娱乐资讯等组织结构板块安排合理紧凑；内部管理队伍简单，节目编排遵从最为节约的经济原则创新。由于有充分的福利刺激、激励措施和个人价值实现平台保证，公司为成员个体声望建构等提供优良机遇，所以能够充分满足传媒机构人员的自我价值实现需求，大家干得照样出类拔萃——凤凰卫视集团的内容和其他信息服务产品，影响华人世界乃至全球电视观众用户，而且多数群体属于社会中上层，其集成经济运营的节流效应称得上一枝独秀。[①]

如果再参照西方许多传媒集团的战略融合路径，我们发现，在外界

---

① 参见张林等编著：《凤凰名人外传》，中信出版社 2006 年版。

竞争压力逼迫下，他们同样不断遵循市场变迁，采用集成网络化平台结构，有效联结优化配置资源，以数字化、网络化、互动化的生产经营，达成集成经济节流效益，譬如采写编环节业务环节，竟出现与之对应的"全媒体人"极端现象——新闻采访、写作、摄影、录像、播出等由一人完成。抛开资本家为成本降低，用人方面榨干殆尽等不讲人性的道德瑕疵，在人力资源节流上，确实是相对成功的集成经济节省实践。若从此角度反观我国许多媒体组织结构现实，说明许多传媒内部人力资源重新配置和机构压缩空间很大，进行集成经济形态的板块结构改造与系统功能重建大有可为，当然这也是人事改革的难点焦点与敏感点。

在互联网时代和新兴信息技术革命作用下，传媒产业链大幅度消减，压缩上下游一些经营环节，重新进行集约型的流程简化，降低内部要素与外部要素交换之间的诸多成本，节省大量的企业投入资本，实现集成经济运营目标。传媒企业内部各个要素结构板块资源之间，改进沟通互动协调模式，构建互为支持、自主治理与集成管理相辅相成的网络体系，从生产、管理、营销、反馈、升级再生产等各环节，产生资源集成的协同经济节约效应。组织资源结构优化整合，推广营销与用户客户服务板块设立，都因应传媒产业经济发展内在需求，强化传媒内容和服务经营的目标针对性，提高投入产出效益，追求传媒集成经济的节流价值。仅从上述三方面就可得出：传媒要素资源的组织结构优化过程，是集成经济放大效益的形成过程，更是企业经营管理的经济节流过程。

二、组织板块优化与集成经济开源功效

节流只是依照传媒集成经济原则，优化资源组织结构板块的节约成本初级价值，属于传媒企业有效管理的重要工作；从长远发展角度看，经营努力主要方向是通过网络化板块结构优化，在人力智慧资源与物质

财力资源的重新整合配备基础上，依靠产品开发和服务进化提升，达到传媒集成经济的开源效益。在具体运营实践中，不论过去、现在还是将来，传媒核心竞争力要始终放在有实用价值的内容和服务可持续创新发展供给上，进行传媒规模经济和范围经济拓展，经营生产立足主业、抓好主业，然后扩展副业，主副互补，彼此支撑；依照传媒集成经济开源操作原则，深层次满足用户客户和社会复合需求，生产经营目标明确，展现有效率又有效益的集约开源优势。

（一）传媒企业按照集成经济内在要求，产业链条高度压缩和消减，传媒人力资源集聚，要素板块结构重组优化，构建新型内部网络交往体系，集成传媒人集体智慧解决各种新挑战。由于内部板块网络有效沟通协调机制与科学合理的监督激励机制作用，尊重人为生产力要素第一价值，大为提高集体合作创造创新积极主动性，以此资源整合寻求集成经济开源效益。如一些西方企业和公司设立内部互联网社交平台，面对新生挑战和问题，共同寻找解决的佳径。"人们通过社会化媒体工具交流并获得最佳技能。在公司环境中，知识共享和平等合作是透明和水平的，而集体智慧的力量最终将会产生最优方案。"[1]

互联网传播技术平等民主精神浸润，人类自我主体意识复苏，传媒集成经济各个板块内部倡导组织协作和网络集体自治，共享知识和市场信息资源，包括用户客户资源板块群体都不再是被动参与，大家共同主导整个传媒经营活动，开发传媒新兴产品与服务，进行技术研究创造等。在今天专业化分工细化时代，团队力量协同更容易碰撞出集体智慧火花，常用的成员头脑风暴法即是如此。"实际上，创造是一项高度协作、渐进式和社会化的活动。在这一活动中，具有不同技能、观点和观

---

[1]　［加］费雷泽、［印］杜塔：《社交网络改变世界》，谈冠华、郭小花译，中国人民大学出版社 2013 年版，第 164 页。

察力的人在一起交换观点、发展思想。从根源上讲，大多数创造活动都是合作进行的；创造通常不是某个个人思想一闪念的结果。网络为我们提供了一种组织和扩展上述合作的新方法。"①

（二）注重选择满足时代复合需求的重大战略产品和服务业务开发推广，同时利用产品资源带动产业经济整体层面，提升产业关联性产品与服务质量水平，共同从事传媒集成经济的开源工作。传媒企业有技术更新和人才资源优势，全面深度对接市场、用户、客户等需求中的发展趋势，探索集成经济开源盈利方式，有助于促进传媒产业升级换代，也有利于多元空间拓展。传媒集成自身丰厚资源能量，借助数字化生产、新技术采用和集成化协作，运用集成创新开发符合时代需求的新型核心拳头产品和服务活动，争取赢得更多用户客户群体青睐，立足于互联网经济市场之林。而遵照互联网技术精神、网络经济特征和集成经济内涵，集思广益、整合众智、集体参与模式的提议筛选和合理决策，才能沿循集成经济发展形态开源，取得良好效果。

为确保开源的效率和效益，我们可汲取一些现代化公司的成功经验，采纳一套科学经营管理流程至关重要。如 IBM 公司最先付诸实践的新产品开发模式、理念与方法——集成产品开发（简称 IPD）模式，大大增强市场占有能力。"IBM 公司实施 IPD 的效果不管在财务指标还是质量指标上得到验证，最显著的改进在于：产品研发周期显著缩短；产品成本降低；研发费用占总收入的比率降低，花费在中途废止项目上的费用明显减少。实践证明，IPD 既是一种先进思想，也是一种卓越的产品开发模式。其集成产品开发的核心思想主要是：（1）新产品开发是一项投资决策。IPD 强调要对产品开发进行有效的投资组合分析，并

---

① ［美］查尔斯·李德彼特等：《网络协同》，旷野等译，欧阳武校译，知识产权出版社 2011 年版，第 5 页。

在开发过程设置检查点，通过阶段性评审来决定项目是继续、暂停、终止还是改变方向。（2）基于市场的开发。IPD 强调产品创新一定是基于市场需求和竞争分析的创新。为此，IPD 把正确定义产品概念、市场需求作为流程的第一步，开始就把事情做正确。（3）组成跨企业、部门、跨系统的协同团队。采用跨部门的产品开发团队（PDT），通过有效的沟通、协调以及决策，达到尽快将产品推向市场的目的。（4）异步开发模式，也称并行工程。就是通过严密的计划、准确的接口设计，把原来的许多后续活动提前进行，这样可以缩短产品上市时间。（5）采用公用构建模块，提高产品开发的效率。（6）流程的结构化。产品开发项目的相对不确定性，要求开发流程在非结构化与过于结构化之间找到平衡。……其集成产品开发实施具体包括异步开发与共用基础模块、跨部门团队、项目和管道管理、结构化流程、客户需求分析、优化投资组合和衡量标准等几个方面。"① 当然这是其中一种，科学管理流程模式借鉴还要积极探索，使传媒集成经济的因应性特质优势发挥。

（三）依靠传媒社会影响等优势，集成人力资源与卓越开发产品模式，进行集成经济的开源发展，符合垄断性和多样性兼具的典型现实。服务创新和产品研发在互联网时代，既要有"千招会"，又要有"一招绝"，二者缺一不可。受决于用户客户群体来源广泛与需求结构成分左右，百度公司借重搜索引擎"一招绝"优势，一举占领搜索领域的中国最大市场。李彦宏说过一句非常明智的话：不被市场接受的技术没有商业价值。传媒产品和服务开发更是如此，人财物力集成流程和产品标准设计，旨在产出赢得无数的用户和市场认同的东西，形成经济价值回报。百度公司搜索技术产品改变网民和社会生活，捧红诸多企业后，推出竞价排名模式，通过"闪电"行动、综合指数排名方案、"后羿"计

---

① 张诚：《集成产品开发模式的应用》，《企业改革与管理》2013 年第 7 期。

划及"凤巢"计划、"框计算"等，不遗余力地升级技术和优化模式，使其更具有推广效果，更具公正性，更加接近搜索营销本质。百度对竞价排名的商业模式进行不断的调整完善和优化目的，就是使它能够在客户、网民、百度公司三方之间，形成更好的利益平衡。所以"智能起价启动后一段时间，根据客户的反应和市场的规律，对智能起价做了相应调整，以平息老客户的反弹，使它更能让新老客户接受"。① 百度此举得到众多客户认可而拥有忠诚度，之后推进内容产品生产升级，开发更多新颖服务产品增值活动，提高传媒产业集成经济综合影响力，开辟互联网经济"千招会"的新兴产品，推出广阔服务空间，取得广泛多元的开源效益。

腾讯公司一路走来更是如此，为迎合娱乐化勃兴的用户需求，QQ游戏产品系列技术革新、功能提高、体验更好的改进动作，使公司由不起眼的小企鹅，发展成拥有数亿规模用户之巨的大企鹅帝国。随社交化和关系维护需求的日益增长，腾讯微博产品不敌新浪微博后，迅速集成技术、市场、营销等部门优势资源，转向集即时通讯、社交网络、新闻资讯、生活服务等功能为一体的"微信"产品，重新占据移动互联网市场的竞争优势，链接以往成功商务模式，最终以此核心产品创新，带动整个传媒经济搞活的扩散渗透效应。百度和腾讯公司遵循互联网服务产品开发规律，新技术和产品服务研发创新的集成经济开源实践，对传统媒体经营转型具有积极借鉴意义。

三、数字化网络改造与集成经济综合效益

传媒人财物力要素资本的结构优化，伴随信息化、数字化技术改造

---

① 章晓明：《百度：互联网时代的搜索神话》，中国工人出版社 2010 年版，第204 页。

手段，进行内部要素资源科学集成配置，追求集成流程的社会创新再造价值，符合互联网时代大势，满足传媒集成经济形态的节流内在要求。数字化技术流程改造、信息化先进生产传播等，已经成为现代企业管理协调发展的革新力量，对传媒企业各个环节开展重组与优化，又是企业做活后顺利实现集成经济节流开源目标的前提。"做活，就是变的本身不变，就是组织永远随需应变，就是系统与环境同步变化。做活，是广大企业根本利益所在。……做大做强后仍可能做死，IBM 和通用长盛不衰，不是因为它们大和强，而是因为它们拥有与时俱进的生命活力。中国企业平均寿命仅 2—3 年，企业信息化对中国企业不是补在胳膊、腿上，而是补在命根上。做活，是全球化和信息化条件下提高企业竞争力的要求。流程再造只是手段，通过数字神经，恢复系统活力才是目的。企业信息化所要达到的效益，只不过是'系统活力'的分散化的表述：通过缔造学习型组织实现可持续创新，通过流程再造对环境挑战进行迅速有效的反应，通过信息和知识含量的提高使企业像人一样充满灵性和智慧，通过数字神经系统的建造展现敏捷的身手，通过虚拟企业实现社会有机体的灵性化。"①

互联网时代的传媒平台，社交化、渠道化、生活化等特征凸显，作为革命性、颠覆性力量，对所有产业战略规划产生无法回避的影响作用。本书设置的网络板块结构立足互联网技术平台，利用数字化生产和信息化改造帮助传媒优化资源配置，搭建集成经济的制度、组织架构，完善集成程序、简化管理层级、合理安排营销、反馈运作成效、适时进行决策，以极大成本降低，因应传媒产业发展内在复合需求，奠定传媒生产经营达到自适应环境变化的基础。传媒企业管理依据集成经济原

---

① 姜奇平：《后现代经济——网络时代的个性化和多元化》，中信出版社 2009 年版，第 151—152 页。

则，优化要素资源结构进行信息化建设，以更加灵活应变系统和集成流程，增强内部各个板块结构自组织、自协调的合作能力，提升板块结构之间的协动能力；对外提高敏捷反应能力，增强危机风险能力，达到快速迅捷节省的内外自适应体系效益，企业因此不会面对市场盲目行动，或做无用功、无效功，节省宝贵时间成本和人财物成本，亦为最好的节流和开源双重效益模式。

综上可见，传媒企业及整个产业进行数字化、信息化改造，因应外在复合需求的满足，因应内部产业运营各个环节成本降低的要求，为传媒集成经济形态发展带来巨大节流价值。以传统报业数字化转型为例：内容产品的无纸化生产和网络化发行，剪除上游新闻纸生产需要的木材供应、运输、加工、购买等链条，去除纸张厂商、物流环节与传媒之间的繁杂交易摩擦成本；下游的发行销售链上，不用再投入巨量的人财物力设备和资源，进行产品推销与运输发行；核心生产环节的设备资源和管理控制环节方面，也因为数字化转型和信息化管理而变得更加精简、轻便、灵活，节约大量内部交易成本。

这种改造对于报纸及其他出版类产业而言，资源节省效益显而易见：一是传媒生产经营原材料可节省宝贵成本投入；产业延伸链条压缩带来人财物力的极大节约；管理者经营管理运筹战略得心应手。传媒企业可将这些节省的宝贵资源，调配应用到传媒产业创新发展的刀刃上，从而利用节流资本赚取更多的开源利润；二是对于社会而言，节流是福泽生态文明的正外部效应之举。虽然有人始终对纸媒形态恋恋不舍，信息化与数字化改造必然摧毁一些上下游传统产业链，许多就业机会消失，既得利者抵制，但从发展进步大局和整体福利算账，则是一笔不可估量的正向财富。若从更长远角度评估，得益于传媒集成经济板块结构改造带来的双重报偿效益，绿色运营模式服务生态文明建设，为传媒带来有口皆碑的无形资本，某种意义上也是一种开源；三是数字化信息化改造后的传媒产业机构，联网平台集成人力资源和物质财富，促进纸媒体开发新领域产品和服务经营扩张，更灵活便宜的对接市场和社会复合需求，有助于留住以往广告客户资源，又有助于拓展新用户客户群，得到持续开源收益。其他如广电传统传媒产业系统的数字化信息化改造，集成经济节流开源价值与纸媒体改造获益道理相通。

　　数字化是当代社会信息化发展的进步技术途径，不仅从产业基础设施建设和经营上进行数字化转变，还要广泛在产品内容和服务开发等层面开展，使整个产业快速升级换代。其所涉及几乎包罗所有社会系统领域和阶层群体，并带来社会交易环境和交互关系改造，数字化与信息化大工程密切关联，而信息社会化变革的方向"将是社团的恢复、城市质量的改善，同时也将赋予人们更多控制自己工作生活的权力。生活质量充裕与可持续发展。降低成本使信息技术扩散与应用深化，反过来使更大范围内产生低成本社会化的财富效应，两者之间形成一种内在的互动关系，并带来一种新型的无形产出经济（weightless economy）"。[①]

本章小结

　　传媒企业组织结构完善，是实现经营管理功能和经济目标的基础。当今时代发展要求、媒体市场竞争逼迫，加上传媒企业主体自我发展内在需求，合力促使转型中的我国传统媒体，从一个个传媒机构单元入手，重构组织结构形态，科学配置优化资源，组成有效实体流程，增进沟通管理和协调治理的整体运营功能成效，完成传播使命和

---

　　① 周振华：《信息化与产业融合》，上海人民出版社2003年版，第161页。

产业发展使命。

　　早在 2006 年，喻国明教授以其前瞻性的敏锐学术眼光，针对数字化的改变力量指出："数字化极大地改写着现有传媒市场的版图和游戏规则，使旧有的运作架构和盈利模式日渐式微，催生着与这一时代发展相适应的新型产业模式。"[①] 传媒集成经济通过内部资源板块结构优化组合，数字化、信息化的进步产销流程改造，追求产业经济发展的集约效益，做强传媒企业自身然后联合构筑精干、高效的产业生态经济，最终再做大整个传媒产业，使集成协同效益随之增进，使传媒经济生机勃勃，前景无限光明。

---

　　① 喻国明：《中国传媒业已进入重要选择的岔路口》，《中国新闻传播学评论》2006 年第 9 期。

第三章　用户资源有效开发与
传媒集成经济效益

　　传统媒体是社会影响广泛的强大权力机构，至今依然。媒介赋权理论认为漫长媒介发展史，统治集团占有各种传统媒体资源主宰民众命运，控制话语权维护利益地位。把关人、报道框架、议程设置、沉默的螺旋等大众传播学相应理论研究，始终以"传者中心论"主导则为明证。今天媒体竞争加剧，"受众中心论"渐居主流，但传统媒体"以我为主"运作态势还未根本改变，有限参与交流和反馈渠道，难以满足多数受众权益诉求；受众被其拟态信息环境图景供应左右，传受关系经常貌合神离，某种程度某些时段仍处在对立割裂状态。

　　互联网打破话语权严重失衡状态，赋予普罗大众同等使用媒介舞台机会，深广满足主动传播需求。设置"用户服务集成板块"，使之归于传媒资源管理体系，一是因应受众由被支配地位变为平等"用户"身份，传媒市场环境传受关系变化，强化用户主动、主导、主体资源在传媒集成经济运营中的重要地位；二是完善传媒管理治理板块网络，促进生产者、用户反复高效交换资源，强化集成经济的资源闭路循环多重效益挖掘；三是依靠用户群体关系无限资源，拓展市场运营增长空间，强化交易供应支持能力，收获传媒集成经济持续收益。

第一节　用户人气资源是集成经济基础

互联网传播平台无以复加的包容性，引发传受关系重大改变。用户在信息生产与传播中的主体地位、主动参与、主导作用的"三主"态势，由此生成的社会政治改良、文化生活革新、交往范围扩大等功效，吸引各领域学者热情关注，竞相从事研究，相关成果汗牛充栋。这种新兴传播现象凝聚的变革效应，昭示新时期传媒企业转型和扩张发展方向：经营管理必须以更加开放姿态，在组织结构优化中，加入用户资源服务板块资源，通过集成经济网络板块结构衔接内化，进行全方位增值开发，赢取市场发展的生机活力。

一、传播关系变化凸显用户资源价值

伴随互联网技术载体日益普及，民众原来现实生活与情感交往空间很大部分开始转入网上，公民投注参与传播活动的热情高涨，网络舆论很快蓬勃兴起，一片红红火火景象。与此同时，新闻内容与知识文化等精神产品，主要由原来的传统媒体从业者操手控制 PGC（Professionally-generated Content 专业生产内容），逐步转向全体网民的 DIY 为主流化，UGC（User-generated Content 用户生产内容）因其主体来源广泛、人数众多，在网络传播中迅速超过传统媒体供应。尽管当下他们供给的内容质量鱼龙混杂、参差不齐，但内容丰富程度、数量与规模包括时效完全占据上风，而且有贴近生活、个性斐然、草根情感、娱乐有趣等系列实用性特色优势。

许多名不见经传者，因有时间有能力创造传播有价值知识，在众声嘈杂的网络信息海洋中脱颖而出，有的还成为网络红人，刺激更多网友竞从，力图以网络精神文化生产传播，改变默默无闻命运，满足快速成名且能获利的欲望，这就是今天的 OGC（Occupationally-generated Content，职业生产内容）；但对多数网友而言，重要的不在于有没有他人欣赏呼应，而是拥有表达权的满足，借网络"喇叭"向世界发声，以自得其乐、自我记录的传播，自我主体价值的心理需求体验，彰显自我存在的享受感。人们蜂拥网上，流连忘返，行使话语权益，参与社会发展；乐此不疲地服务他人，成就自我，交往活动忠诚度与黏性度高，形成用户资源富矿，其经济开掘价值无量。传媒建构适合用户需求的社交平台，将他们纳入集成化资源板块管理，必然带来可观的持续增长收益。

二、互联网媒体聚合的舆论经济效益

不同行业和身份的人们，跨越现实地域空间的阻隔、阶层群体的分割，集体联合性的社交能量大增，对涉及生存发展的共同利益话题和新闻事实，众所关注的官员腐败、道德沦落、恶俗泛起等深恶痛绝现象，在网上迅速汇聚前所未有的社会集合意识，并以无影灯的群众监督批评，放大民意力量对现实产生的深刻反作用。相较传统媒体，网络监督批评影响力变得越来越强大，其突出表现是：近些年来，许多次反响深远的网上与传统媒体舆论汇合，延伸到现实社会的施压督促，在网民群体争取利益的自我维权服务与相互服务作为中，不仅改变了我国的一些不合理法制制度，打击了许多非法黑恶势力的嚣张气势，阻遏了执法犯法者草菅人命的罪大恶极现象持续，而且普及了民主民权思想——诸如最早涉及人权的孙志刚案、山西黑砖窑案，近期的呼格案、聂树斌案等等，极大振奋了全体公民的维权精神与韧性意志，裹挟更多民众成为网络传播的活跃主体。

对互联网媒体而言，第一代知名的商业门户网站舆论吸聚能力，其政治改善与社会改进功效卓著，并因此获得大量点击率高企的回报成就，包括开发的各种客文化服务产品效益。上海大学吴信训教授与其硕士生陈积银共同提出舆论经济概念，意谓传媒经济在本质上是因传媒所特有的舆论功能决定其自身行业经济发展的特殊规律，以及决定其在国民经济发展中（对国家及个人经济决策行为）发挥特殊影响作用的特殊规律和所占地位。换句话说，是指传媒产业在本质上运用影响舆论、形成舆论，并发挥舆论影响力的规律实现其经济行为与目标的特征。[1] 传媒通过组织、发动、反映传播舆论，吸引受众后招徕广告商，获得传媒经济收益和社会效益。某种意义上，这是眼球经济与政治功能关联的具体表现，网络传媒平台以及各种组织个体等，正是千方百计聚合舆论引发最大多数的人们关注，然后借机转换用户的注意力价值，巧妙开拓多元商机，创造社会进步效益，实现传媒集成经济发展效益。

三、移动互联网吸聚的人气经济效益

大量用户拥有新媒体便携终端，使每个人都能够与全社会随时随地

---

① 吴信训、陈积银：《传媒经济是舆论经济》，http://media.people.com.cn/GB/22100/51194/51195/3571778.html。

互联互通，社会中任何一个角落的不公平事实或者违法失德行为，都会在第一时间借网络平台传布到全世界。社会情绪的集聚和民众力量的爆发，都会因星星之火而达到燎原之势，震动整个网络世界再返回现实世界。这是只要愿意参与，只要能够参与，只要不违背法理良俗和网络规范，则人人都可以参与舆论传播、表达情绪心情的好时代。移动互联网传播立体功能革新，传播关系革命性变化，聚合起超大规模的人气资源，倒逼传统媒体奋起直追，改变"我传你听、我打你通"的单调单向度模式，生产经营也开始顺应传媒技术革新，尊重用户之间的相互沟通合作权利，满足和服务用户的表达权益需求。特别是将他们吸引到信息传播生产的链条中，并将之作为传媒集成经济网络运营板块的重要资源部分，通过这种密切互动联络关系的构建与稳定发展，开发他们身上多重经济价值。在不断的交相呼应中，新兴传媒和用户还彼此配合，共同推进社会经济交往的全面发展，还实现政治文化进步等推动价值。

"一项新的沟通技术的出现和旧有制约的终止会改变我们的结缔组织，所以重大的新机遇总是会造成对社会的重构。"① 如上文所述，传受关系的颠覆与反转作用，用户地位崛起与传播角色决定作用，对传媒竞争格局与环境变迁影响，都是不容忽视的事实。互联网技术平台空间的非凡兼容能力，深刻改变传媒经济运作形态和社会关系，对传媒内容生产传播环节的革故鼎新作用同样有目共睹，相应的进步运营和发展同样表现在传媒经济领域。"我们的媒介环境（也就是说我们的结缔组织）已经发生了转变。在历史上的一瞬间，我们已经从一个有两种不同媒介模式的世界——专业人员掌控的公共广播和人与人之间的死人对

---

① ［美］舍基：《认知盈余》，胡泳、哈丽丝译，中国人民大学出版社 2012 年版，第 227 页。

话，转变成一个公共和私人媒介糅合在一起，专业和业余生产界限模糊，志愿公共参与从无到不可或缺的世界。"① 像随手拍引发的流浪儿童救助、景区公共道德行为监督等产生的正向效益，即为移动手机等新媒体使用者的公益参与结果。

互联网支持人人都可拥有生产和传播信息的交流渠道，传媒渠道原有的稀缺性价值衰减，传统媒体话语霸权风光早已不再，广告市场的垄断地位难以为继，与此同时还因受众的碎片化和快速流失，出现传播渠道过剩、内容生产过剩并存的状况，进入供求方地位下落而需求方在市场中地位上升的时代。总结言之，互联网传播平台服务应用普及，使传受关系由"传播者本位"向"用户本位"实现根本性转变，伴随用户中心身份地位得以真正确立，传媒外界经济环境与用户市场结构，均都发生了不可逆转的剧变，并直接作用于传播者的生产经营战略决策制定与具体策略实施。

西方学者针对这种转变历程与结果，据此得出：用户注意力和消费传媒行为变成传媒经济稀缺资源的结论。美国学者研究移动内容与应用的经营策略时，充分体现了笼络用户资源与再度增值开发的明智选择：面对在移动市场从电视、电脑屏幕转向下一个移动手机屏幕的发展阶段实情，大量各种各样的移动内容产品更趋于多样化。他们提出，移动公司推进的明智策略是利用核心长处，一些针对消费者注意跨度缩短的现实提供移动能力，让用户交互交流和控制；运用市场分割技术，捆绑产品来发展价值，使内容作为市场、忠诚度和价值增值的工具，并且在价值链中的内容提供商与其他参与者之间发展一个良好的共赢布局。采用某种方式整合有超越性的移动内容价值，防止免费内容污染网络内容市

---

① ［美］舍基：《认知盈余》，胡泳、哈丽丝译，中国人民大学出版社2012年版，第230—231页。

场；帮助消费者在大量丰富有线无线内容选择中，以有效资源使用建立媒介品牌和致力于多维度竞争，如此或可在日益增长的集成传播媒介环境中，将胜利者与失败者区分开来。① 与学界所见略同的是实践派领军人物——传媒大亨、霸气十足又商业嗅觉灵敏的新闻集团总裁默多克，他及时感知捕捉用户市场需求，顺应传播关系变化，宣称其所做的一切都是给人以选择，由此明确用户中心的经营管理导向。

用户选择和使用决定传媒企业的生死存亡，是以往受众中心论提出受众决定媒体兴衰成败的理念延伸。因为传媒用户本身就是客户产品消费的核心群体资源，最重要的是，他们还带来利益关联的广告客户、企业客户群体，形成一个不同关联人群汇聚的新型资源关系空间，在其中必然蕴含着无穷无尽的经济交往意愿和机会。正是鉴于这样的现实理由，本书作者认为，在互联网时代，将用户资源价值纳入生产经营和管理集成网络板块，采用迥然不同于传统媒体自我从业者为主的传媒集成经济形态发展，其操作主旨不过是因应时代复合需求，再度凝集起传媒发展进程中的核心资源价值，开掘新媒体语境下传媒经济盈利的正确经营方向和有效路径而已。

实际市场发展中，中国传媒经营格局和世界传媒业一样，发生着日新月异的变化，近几年用户群体资源流动加速，"变动不居"成为描绘这种现状的最好形容词。然不幸的是，长期养尊处优地位使一些传统媒体人及管理者骄傲懈怠，守成有余而开拓不足。梅耶2004年评价报纸衰落时对此中肯批评道：传统上由报纸行业所取得的大量利润使报纸行业产生了一种自满的情绪，认为他们可以抵制新技术的威胁，而且认为那些使用了新技术的内容形式是由那些游离在新闻主流文化之外的非专

---

① Sylvia M. Chan-Olmsted University of Florida, USA. Content Development for the Third Screen: The Business and Strategy of Mobile Content and Applications in the United States, The International Journal on Media Management, 2006, pp. 51-59.

业人士所建立起来的。① 传统媒体经营主体的自满心态造成结果是：传统媒体原来拥有的经济实力和社会影响，在新型传媒公司的冲击下，开始不可避免地走向式微。"任何情况下，安逸、骄傲和享乐的思想，对对手的轻视和对市场的傲慢都是导致企业走向衰落的诱因。"②

与此对应，网络传媒新兴公司经多年打拼，熟知用户上网的认知、情感以及其他需求，深度把握网络技术精神，满足民主平等传播要求，在透析用户行为心理基础上，密切关注用户偏好动向和社会心理大势，吸引他们参与到互联网传播链条中，然后利用和聚合网民草根群体无穷无尽的资源能量快速跃进式发展。涌现的第一代我国几大互联网传媒公司，如新浪、搜狐、网易等新闻门户网站，靠复制+剪切+粘贴的内容生产，聚合新闻信息引人关注，让许多网民跟帖发言回复而成为拥趸者，足与传统主流媒体平分秋色；紧跟用户需求新动向而兴起的新型互联网媒介公司，如 BAT 三巨头等反超几大门户网站后来居上，更因服务用户需求的经营导向原则，占据互联网传播和经营收入的多半壁江山，无论从用户占有量、总体收益还是影响力方面，都已经在传媒产业格局中稳居优先位置。

如果综合分析互联网时代的 BAT 经营成功原因，客观上有资本投入与获利的野性追求驱动力，主观上是掌控互联网公司的巨头们，始终保持做强企业然后进一步做大规模的强烈欲望。他们在残酷的竞争压力面前心存危机意识。这种心态逼迫他们不断盯紧市场变化积极进取，再加上他们深晓互联网经济运作精髓，经营过程中始终抓紧人气关系经济命脉，开拓网络传媒时代用户链资源价值，整合稀缺人气经济价值多次性开发，因为在互联网时代，"人气不仅是传媒业的经营对象，也是传

---

① ［英］露西·昆：《媒体战略管理：从理论到实践》，王文渊、高福安译，中国广播电视出版社 2013 年版，第 4 页。

② 秦合舫：《战略，超越不确定性》，机械工业出版社 2005 年版，第 128 页。

递人气的管道，成为广义虚拟经济时代的基础设施。……现代传媒业实际上已成为人气争夺战，成为通向连着诸产业的宏观经济体系神经的传输纤维"。① 经营发展壮大过程中，他们通过产品服务不断精益开发和免费推广战略，竭尽全力满足用户复合需求，吸引大家不断参与到自己的传播平台，构建稳定密切的传播依存关系，然后从中搜集用户创造生产的信息价值和反馈资源价值，跨过传媒企业纯粹自我生产的规模经济和外在扩张的范围经济模式，增加广告客户和其他企业信息需求价值链管理环节，在互联网时代的市场经济新型模式探索中，为所有用户、企业客户等有效连接沟通，迅速超越第一代商业门户网站主要利用流量点击率来吸引广告，再加以变现的典型经济模式，创造出更多实体虚拟经济的交往交易机会，为自己也获得丰富多元的盈利机遇。

深度透视 BAT 经营模式革新经验，主要依靠集成经济发展战略，利用强大的信息、产品、服务板块生产和集成能力，立体性发挥传媒的联通中介桥梁优势，采取内生性价值再造与外延性价值拓展，扩张集成经济多向效益，既符合网络经济内在发展的逻辑要求，又以其符合内外需求的创新性经营，赢得市场竞争优势，因此吸聚网络空间的大量人气资源，将其利用发掘和转化为多重经济效益，最终实力影响日盛。而传统媒体风光日衰，甚至曾经无限红火一时的早期商业门户新闻网站也相形见绌。我国新媒体与传统媒体、新媒体与新媒体之间的竞争成败昭示，传媒集成经济战略成功的根本是：始终抓住用户的人气资源集聚，才能引来更多的经济资源和创造更多的经济效益。因此，"用户资源集成板块"纳入到整个传媒集成板块管理网络，其意义除了开发多个波次的经济价值之外，还有助于传媒生产经营的目标更为明确和富有针对性，以此为传媒产销供应模式升级换代的标准，使之尽快转变到互动创

---

① 喻国明：《传媒影响力》，南方日报出版社 2003 年版，第 358—359 页。

新型的有效信息产品与更高级经济服务层次。

传统媒体业界背靠《中国青年报》的"中青在线"网站自我改造，吸引用户人气资源实践，目前比较而言相对成功，其经营管理革新亮点值得关注。

（一）该网站走出传统报纸时期的单向传播保守模式，以用户至上经营理念，将老读者和新用户资源，整合纳入到网络传媒集成经济板块中，为他们表达情感、共享资讯、呼朋唤友搭建良性交往平台，设立异彩纷呈的互动空间吸引网友彼此交流，提高思想见识，利用微传播的力量汇合社会话题意义，营造共建精神家园气氛，加固网络社群的部落信赖关系。"社群化和部落化特性通过自我满足和实现自尊的机制将用户有效地整合和凝聚起来，形成自我激励和评价系统，推动新媒介平台的迅速发展。"[①]

精品栏目"青年话题"转移到网络阵地，更广泛地传播意见广场思想精华，"青年调查"借网络为社会提供民意，调查报道产生舆论引导和社会干预作用；热点论坛中的青年调查、网友报料、云游天下、网友原创、情感故事、同学论坛、校媒俱乐部等话题开放，参与者都是接受者与传播者合一身份，而且多元化意见互相砥砺激荡，思想包容致力真理传布。金牌读者宣传和"我评中青报"报网互动提升报纸质量，增强网站和报纸双重影响，网友与报人的遥相呼应构建认同归属感，网络虚拟社群与现实关系交融，从而集聚忠诚人群，为人气经济发展奠定基础。由于平台各互动社区专题明朗，用户层次身份极易辨识，关联广告产品可精准投放，因而为网站吸引契合度高的营销业务打下基础。

（二）中青在线网站立足服务青年为本，全方位跟踪满足青年需求，稳固核心和关联的用户资源。"目标受众在哪里、如何发现目标受

---

① 赵曙光：《媒介经济学》，清华大学出版社 2007 年版，第 32 页。

众的需求、如何满足目标受众的需求、如何超越竞争对手为受众提供更好的产品等问题，已经成为媒介产品设计首先需要深入思考的问题。"①为强化互动服务深度、广度、精准度，校媒网、中青汽车、教育、生活·娱乐、中青旅游文化及就业、创业、阅读等板块相互呼应，渗透到青年工作学习和健康成长、阳光生活方方面面，立体服务与青年群体的发展兴奋点融合，辅助青年布好人生大局，走好人生之路，还延伸到家长、教育者、学校等相关群体的需求服务，利用网络技术张力进行跟踪服务，全面满足这些用户的复合需求。

（三）为跟上网络发展步伐，提高用户客户面的覆盖广度，增强双方多方关系深度，中青在线结合团系网站开办各种论坛，开展青春励志、创业活动。与此同时，和报纸、广告客户开展各种社会公益活动，形成牢不可破的共进关系。随着移动网络迅猛发展，网站从事手机报信息增值开发，开通青梅客户端、微博平台、微信平台等传播平台，追求与年轻学子思想交流的互利互惠；利用超链接聚合其共青团系的服务网站资源，与更多新闻门户网站建立伙伴关系而不以邻为壑，与商务伙伴合作进行业务推广，与人方便自己方便，为他人作嫁衣为自己出名。"互联网是由网页之间自发地通过'超链'来实现互联的。链接就是结构。链接指向谁，信息就流向谁。对互联网来说，结构为王。"②

中青在线通过形成一个具有特色又服务广泛的资源网络，建树自身形象地位，拓展影响空间；追求与经济伙伴合作共赢的利人利己举措，赢取更多用户和客户认同，包括关联的其他专业网站；利用积累的数据库开发使用，新兴产品的推介，加上免费提供中青报报道资源，增加用户参与和表达言论自由度，吸引后面的网民跟帖评议，从而拉来人气。

---

① 赵曙光：《媒介经济学》，清华大学出版社 2007 年版，第 40 页。

② 支庭荣等：《电视与新媒体品牌经营》，中国人民大学出版社 2007 年版，第 45 页。

从媒介品牌经营角度，也是集成原有资源优势，即"利用传统媒体的品牌优势，提高新产品的市场认知率，增加母品牌的经济价值"。[①]

中青在线借报纸曾经拥有的权威地位与社会影响力，特别是青年群体的人气资源，借网络传播之跨越时空、成本节省、及时高效、互动沟通等长处，抓住转型发展的良好契机，超脱传受线性单向关系，构建新的用户关系，开发新媒体传播的政治职能与经济价值。尽管还存在精英意识心态的诸多痕迹，如过于追求社会教化功能，一些社会活动与其他经营方面存在介入不够、主导参与程度不足等有待改进的地方，但毕竟通过调整传统媒体产业转型策略，寻求因应时势发展的正确方向，以网络页面架构重组的创新，内容和资源板块合理拓展的经营，大力吸引用户资源，再度聚集其他关系资源，然后进行人财物力的节省与开源价值开发，实现互联网时代的集成经济形态发展。

第二节　用户关系资源的集成经济营销收益

随互联网搜索技术引擎不断朝着智能化方向发展，虚拟社会与真实社会相互交融程度逐步加深，虚拟经济和现实产业融合度增强趋势亦步亦趋。综观中外互联网传媒公司经营成功之处，首先是占有用户资源为中心，对接他们多样化、个性化、情感化宣泄表达的精神需求，提供新闻跟帖评论、舆论围观话语表达平台，博客、微博、微信经营及其他娱乐游戏类产品，以迎合多种交往复合需求，牢牢吸引用户客户，维系双

[①]　张红梅：《传统媒体的品牌延伸路径、特征及风险规避》，《当代传播》2011 年第 5 期。

方稳定关系，并借助他们的关系联结力量，带动更多人成为自己的产品和服务用户，放长眼光储备经济交往资源；其次是不断利用资源大力培养或以其他潜移默化方式，诱引用户从事新颖的网络消费模式，然后联系双方和多方交易活动，通过信息增值、中介服务等多元化的传媒经营介入活动，从中挖掘和创新商业赢利模式，依靠庞大用户资源，实现传媒集成经济增值获益，传播职能有所拓展的双重目标。

一、拓展用户商务交往，增加集成经济平台营销收益

互联网普及过程中，除了政治话语争夺、社会情感心理表达、民众文化创造兴起等积极进步意义外，我国商业经济领域很快就出现了网络购物平台和消费行为，而且迅速在年轻一代群体中成为时尚，逐步养成网络消费和交易习惯。这其中有几大商业网站的推介之功，尤以推行电子商务的新型网站为主要经营方向的阿里巴巴，功劳最大，风头正盛，近两年随着实力雄厚，愈发显得后劲十足。其他几大实力雄厚的公司腾讯、百度包括京东、一号店等纷纷涉足于此。

网络购物消费市场平台即是一个集成经济运营形态，以满足定制化、及时化、便捷化的物质类消费及体验，在合理组合自身资源结构基础上，将用户资源活动信息和消费行为信息集成后加以开发，转化为媒介平台的新经济价值。国外著名的亚马逊公司通过"一键下单"模式，秉承经营管理与服务的"简单、便捷、直观"理念。海量图书价格相比其他最为优惠，购后能够由物流环节最快送达，服务用户方面可谓尽心竭力，其口碑树立吸引更多人气。亚马逊公司有效节约的网络经营模式，成为淘宝网及后来其他网络销售、物流服务行业的效仿对象。

如今，一些新闻信息和娱乐网站，则给用户提供全面周到和丰富多彩的体验，腾讯网络公司不断研发和推出精益求精的游戏、即时性通讯

交往产品服务，以集成网络的有效经营管理，笼络大量忠实用户群体，再千方百计吸引他们进行各种商品和服务消费，借机开发丰厚经济价值。包括今天一些传统主流媒体背景的新闻网站，同样纷纷涉足网络电子商务，或与商家直接联合，或与商业网站携手，延伸扩展对新闻用户信息资讯之外的其他各种消费服务，发展集成经济形态的平台汇聚与服务增值效益。

二、依靠用户社交关系开发集成经济中介营销效益

根植于互联网平台的新兴传媒公司，充分尊重和满足用户精神需求的同时，降低用户沟通联系与合作共享资源成本，以社交平台集体建设、赋予自由使用和共同经营管理，保障用户的传播权、话语权、监督权、发展权，各种各样的"客文化"以及社交虚拟团体随之兴盛发达。在这些网络空间交互平台上，关注现实话题和集体利益的社会身份认同感，改变用户时空、阶层的阻隔与分化，裹挟更多群体成为用户。他们的信息发布、观点生产、舆论集结等成为互联网传媒的重要内容生产资源。用户还因为各种特殊的利益与情感关联，结成或松散或紧密的网络圈子，人的社会关系和经济关系延伸，公共事务参与机遇及范围扩展，营造一种与现实不同的网络社区集体归属感。

在满足用户交互传播与情感融通的过程中，互联网传媒公司通过用户信息发布、娱乐共享、情绪宣泄表达、虚拟交往关系的资源集成聚合，适时将他们转变成用户和消费者的一体化集成经济价值。"网络消费主要是为了满足消费者兴趣的需要、聚集的需要和交流的需要。特性有五方面：消费者的消费个性回归，需求体现差异性，主动性增强，搜集掌握商品信息，减少交易的信息不对称性，在选择商品上更趋于理性化。往往直接参与生产和流通的全过程，减少了市场的不确定性。价格

仍是影响消费者心理的重要因素，消费具有层次性，从初始的精神产品侧重转向日用消费品购买。"[①] 商业化引领创造不同消费的人生体验，用户的网络经济交往行为在反复购买使用产品服务的新型体验中，持续满足人们的物质增长和文化需求，最终使他们成为忠诚用户；企业通过圈子网络的信任关系传播，大增产品和服务的营销效益，减少广告成本和其他形态推销成本，最终使许多社交成员变为忠诚客户。用户与客户及企业经营者资源两大经济板块在此汇聚，构成互利共赢的产消一体化关系。传媒集成经济平台中介服务价值从中实现。

三、挖掘用户评议等数据资源开发集成服务效益

用户买完商品，接受服务和消费之后，可随时随地在网络空间发挥评议舆论监督的作用。这也是因互联网平台供应消费者维权的不可或缺渠道，是市场经济发展的进步性体现。他们的评头论足会因利益关切，社区内熟人或情感认同，迅速在无远弗届的互联网传开，不仅时效性强，传播范围广泛，预警性高，而且人们容易关注和接受其中观点，特别是很难像传统媒体时代，通过各种手段的公关策略来消除企业形象和产品的负面影响。今天，如果有企业的产品与服务经营销售等环节，出现质量问题、不端非法行为和服务态度恶劣现象，遭遇用户在网络中曝光与恶评，基本上等于判其死刑。企业和经销者往往因此丧失市场信誉，经营受挫，效益下滑，几无东山再起机会，除非痛改前非，改善产品质量和营销服务，全力公关和修复企业形象，重建与消费者的良好关系。

---

① 胡春编：《网络经济学》，清华大学出版社、北京交通大学出版社 2010 年版，第 95 页。

　　这种信息公开透明化的强大传播扩散与监督能量，不可否认在某种程度上具有无法预测的负面杀伤力，甚至有时非常之大到令人痛惜的地步。如三鹿奶粉的三聚氰胺事件，食品安全卫生的诸多危害事件，但对企业和经销商却具有不可言喻的监督震慑力，致使他们不敢轻易作奸犯科、以次充好欺骗消费者。从产业以质量争取效益的长远发展看，总体还是利大于弊；而且，在网络平台上，大量商品和服务价格、质量等相比，穿透以往地理区隔、市场区隔等，信息均等化的传布平列于网上，消除以往信息不对等的投机取巧与欺骗，迫使商家与企业健全产品质量和提高服务标准，进行公平公正的市场化交易，赢得更为长期的经济效益，由此形成一个社会交往安全保证的防护墙，避免产消之间的冲突成本，利于社会经济健康运行与稳定发展大局。

　　众所周知，许多坚持自由主义的经济学家认为市场机制是最优选择，是迄今为止人类创立的最高效资源配置方式。然而必须承认的是，市场本身也有诸多不完备之处，特别是市场交易信息不全面充分，信用监管不完善，经常导致市场无序发展中的经济资源配置出现很大浪费，直至形成经济危机、资本危机、金融危机等，使社会整体遭遇重大挫伤和倒退。而今"用户资源"纳入传媒集成经济管理板块关系网络，能够将用户网络监督价值聚拢起来，与自身的监督功能协和共进，既可有力保障消费者用户的合法合理权益，又可利用群众的遍在发现和批评力量，净化网络市场经济交换空间，清除形形色色坑蒙拐骗行为。以群众雪亮眼睛与网络监督功效，彻底摆脱市场经济中劣币驱逐良币的怪圈，有效避免各种经济危机悲剧反复重演。这类信息的集成、传播、共享与预警预防性服务功能，给传媒带来丰厚的人气资源，成为传媒集成经济增值效益的基础。

　　放开眼界看，传媒借重用户资源的集成经济发展，还具有社会成员共识凝聚、利益协同的作用，形成有益社会交往进步的发展价值。西方学者通过研究当代公众群体的碎片化分裂现状得出：曾经展示的明确不变的"公共利益"定义，最近看起来变得脆弱，需要再次概念界定。作为历史性角色的公众，如今也被看成是破裂的或碎片化的实体，因身份、归属和责任之争而分散。……如果媒介交往能够使教育和学习更加有效，商务更方便开展，公共信息更为接收，友谊更易保持，那么它也能让公众以有所作为方式存在于斯。[①] 行文至此，再结合我们从上面的论述回顾，可做更深一层总结：因经济交往中的消费利益、权益维护、情感沟通等一致性，不同群体人们再一次因为这些社会共同性，构建新的庞大公共利益群体，而且已然在互联网时代得到清晰的呈现——传媒集成经济网络板块结构中用户和客户资源，消费者和生产者角色，很大程度上是彼此能够相互转化的，很多时候是属于具有复合体特征的角色。

一是传媒用户为了消费而生产需求性信息，加入实体经济的生产链条，其实成为了生产者与消费者的合一，他们作为群体是传媒免费吸引过来后，用以增值开发的最大客户群体；二是传媒客户经营方面，他们一方面售卖产品和服务，另一方面也需要生产交换信息和其他商品。此时的他们作为用户，同样在使用传媒信息和平台，同时需要其他的物质资料购买和商品消费，因此身份角色随时可能转换消费者群体。所以这些群体成为生产者、消费者、传媒平台用户的身份合一者；三是从消费者与生产者角色看，在传媒产业资源使用交互中，他们的身份随时随地转换道理与用户客户的转换相同。通过梳理身份几方面关系，我们得出，这四个传媒用户客户市场资源和利益关系密切相连，每个角色都可视为一个交叉复合体（见下图3.1）。

---

① Stephen Coleman and Karen Ross：*The Media and the Public*，wiley-blackwell A John Wiley & Sons，Ltd. 2009，pp. 124-133.

自此，传统媒体时代传者和受众界限分明的原有身份变得模糊不清，开始以用户与客户、生产者与消费者合一的合并身份，参与到网络传播与资源交换中，而因共同利益维护与发展，使他们紧密地重新联系在一起，成为利益共同体下的社会成员集合意志一体化群体，重新起到维系社会整体关系一致的重大作用。因此，他们都是传媒集成经济的重要人气资源和经济增值资源，我们通过后面章节加以详述。出于不使表述关系复杂化的精简目标，我们按照约定俗成的原则，在以后章节中仍然只保留用户称呼角色。

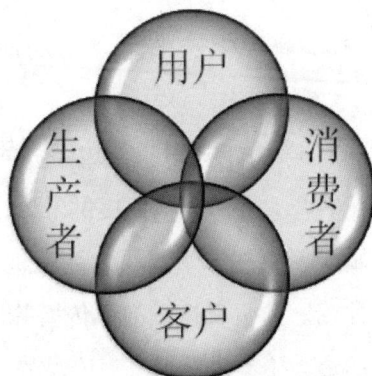

图 3.1　用户、客户、生产者、消费者的角色复合体

第三节　用户交往资源的集成经济效益开发

传媒企业要素资源的集成板块结构优化及其效益获取，因用户资源的纳入，不仅经营链条最大化完善，而且经营功能发生质性改变，即从以我生产经营为主，到吸纳用户融入生产。这需要传媒精心打造产品和服务平台，吸引用户依靠便捷有用平台渠道，生产传播他们的情感态度信息，从事各种经济交往活动；快速接纳用户合理化建议，协商改进经营和服务，邀请他们参与到传媒经营决策与集成化民主管理中。新媒体公司借助用户客户资源和多层级传播扩散力量，集聚大量有消费潜力的用户群，推介给谋求商机的企业和广告公司等客户。眼光远大者也不请自来主动寻找目标群体，用户客户资源经营的中介服务增值收益随之增多，直接有效生产服务作用影响扩大，促进所有交往运作整体成本节省，经济效益均得到提升。其集成经济效益拓展，具体操作举措主要有：

一、集聚人气资源融入传媒平台，增加网络多方交易机遇

"消费的多属与平台的兼容平台召集双边客户的方法之一是，首先获取市场某一方的大量客户，免费为他们提供服务，甚至付费让他们接受服务，因为这样鼓励了受益一方参与平台的积极性。"[①] 而网民和用户的信息搜索、商品评论、监督反馈、推介传播等内容生产力的释放，不仅是传媒内容平台的最大生产供应者，为传媒节省无数的生产成本之余，还生成集成经济形态的传播扩散引领价值，形成网络经济交往中的新信息集成价值，这就是上文已经提及的日渐红火大数据经济价值。新兴的互联网传媒公司，莫不是在新闻信息提供、生活知识提交、评论意见汇聚中，把用户资源当作"生产能力"和"用户经济"新来源，创造大数据的存储、挖掘、分析服务。这种具有预测功能的精确经济行为价值分析，服务增值开发渐成经营主流，平台开发商于其中开掘创新更多盈利模式，各种交易活动主体也皆从中获取较高效益。

---

① 徐晋：《平台经济学——平台竞争的理论与实践》，上海交通大学出版社 2007 年版，第 180 页。

传媒通过对用户信息流和消费潜在需求的整理挖掘分析，有针对性地提供有价值交易信息资讯，传递生活知识经验，提供产销中介服务等，再将广泛分散的多方用户弱关系转向强关系，把生产实体产品的企业产业与需求方的消费者联系起来，集成关联的生产营销等创新要素。得到多边市场用户的信赖之后，传媒中介服务的职能行使与经济作用发挥，超过仅仅以生产内容为中心换取受众注意力、主要依靠广告收入的传统传媒经济方式，为传媒企业赢得可观利润，产生多元资源与交易集成经济效益。

二、开展体验经济活动，改善产消关系，创造持续交往机会

本书开篇绪论中，我们提到传媒经济发展需要对接一个重要经济现象——体验经济。因为互联网时代的市场经济中，更多"生产什么"决定权力开始转移到消费者手中。产品的加工与问世过程中，每个人都可以是生产者或者是"产消合一者"（prosumer），消费行为模式逐渐转向个性化定制。用户与客户协商性的定制化生产，创造精准的生产交换确定效益。用户定制化的过程基本取消中间销售环节控制，允许消费者直接参与介入生产过程，甚至一些设置设计工作的决策行动，生产深度个性需求服务，如用户定制与企业共同决定产品的内在崭新功能、外在形态装饰等交往体验。

这种透明定制与生产消费的确定化，一则创造满足用户新的产业体验经济价值，丰富和提高消费者的精神和物质生活水平；二则提高产品与服务的新经济附加值，用户不再是完全被动的角度来享受产品和服务的消费价值，而是介入生产过程中，享受自我创制的劳动快乐体验；三则规避产消双方的彼此猜忌，交换过程讨价还价交易成本，开创互利互

信交往模式，为生产者也开创新颖市场空间。由是观之，传媒平台联结产消双方的集成经济运营，不仅增进多重经济效益，更增进社会群体信任，藉此上升到互利互信的高层次经济形态。

三、丰富用户自由多元市场活动创新交往盈收模式

倡导自由市场经济的理论学者认为，只有在一个能够完全自由选择的体制中，交易才能使交易双方均得到益处。因为其坚持的核心观点是：各类人群和个体从事市场活动时，都是作为自利动机左右的理性经济人，他们不断追求自身利益的最大化，于各种买卖竞合关系中寻求互利经济效果，从而使整个社会经济资源得到最合理配置，这就是市场机制"看不见的手"所扮演的角色。但中外市场经济发展的历史证明，这种虚拟假设目标多数可望不可即。

但发展到互联网时代，传媒搭建的市场平台因虚拟性特质，用户选择消费时，有充分比较，又多数独自行事，很少受各种外在的现实因素左右，总体能够呈现更多的理性。即使被批评炒作致胜的双 11 光棍节，有评论称其为裹挟式销售，消费者群体在其广告宣传造势中，就会陷入集体迷狂的无理性。然仔细分析，很多人还是出于自身经济利益动机考虑参与其中，否则再精明的营销推广策略，恐怕都不会成功——不要认为消费者都是不动脑筋的群氓。如果经销商和网络新媒体公司总制造商业营销陷阱，根本不可能在透明的网络传播时代，一而再再而三得手。伴随信息公开程度加深，交换自由度加强，传媒平台集成多元广泛市场资源，对整个市场经济健康发展百益无害。而以开放透明市场自由交换机会的平台供应，从中发现各种经济机遇，创新集成信息服务盈利模式，更是顺理成章。

四、利用透明网络平台交叉互补资源开辟服务增值空间

将用户资源纳入传媒企业的集成服务板块，在传媒经济多边中介式的运行服务中，不再是以往销售方或厂家直接建立或通过销售网络，将产品卖给买方的单边单向市场模式，而是更多卖方通过传媒集成经济平台，销售给更多买方的一个多边互动市场模式，买方和买方身份也于其中持续转换，呈现复合体特征（上文已述）。这种模式产生和形成的网络经济效应特征是：如果双边用户的需求互补，就会出现交叉性的网络外部性，市场交互成员的外部性和商品服务使用外部性。

但由于多边用户的多平台与多种服务模式接入，不同的信息汇聚，难免有交易过程中的信息需求与寻求成本存在。传媒集成经济中的各个板块密切合作，正好利用自身掌握多边市场的信息资源，迅速快捷与用户沟通，充分发挥中介服务的润滑剂作用，以精准的信息服务质量，提高交易信息透明化效率，从中获取信息增值服务的多元化经济收益。

由上可知，互联网时代，必须重视用户在传播交往中的"三主"角色和地位，满足他们的复合需求。"受众和媒体用户是媒体组织和产业生存环境的一部分，他们通过使用媒体来寻求对自身需求的满足。"[1]他们还是传媒内容生产传播主体，将他们视作互联网时代的传媒经济基础资源板块，纳入新资源并建立双向休戚与共关系及其巩固维护，是传媒集成经济的发展模式有力有效拓张的坚强后盾——用户决定传媒经济未来持续性发展壮大的命运。

---

① ［美］约翰·W. 迪米克：《媒介竞争与共存——生态位理论》，王春枝译，清华大学出版社 2013 年版，第 135 页。

第四节　用户资源集聚路径与集成经济持续发展

鉴于人气经济在今天虚实结合网络社会中的决定性价值，互联网时代的传媒经营成功与否的标志，主要取决于传媒生产满足用户需求的广度和效度，集聚和动员人气资源的能力水平，利用人气经济增值拓展的能量大小，以及由此带来的市场化经营认同度高低。可以预见，未来传媒市场竞争，不单是传媒产品内容精致化生产的竞争，传输渠道落点营销控制的竞争（这两点仍在传媒经济发展占据极其重要位置），更是拥有用户资源的竞争，谁能够整合集成自身资源优势，以竞长性思维加上集成经济管理，与其他经济体合作共赢，笼络最大量的用户客户资源——不管这些群体生产消费什么合理合法的内容产品和服务，传媒企业都能从中寻求无穷盈利收益机会，从而立于不败之地。因此，传媒依照集成经济做强与做大，前提是创新发展路径，有效聚合最大多数用户资源，纳入企业资源板块网络，进行精细化集成管理，具体运行方式为以下三种。

一、供应与满足用户发展的机遇，增加传媒无形资本效益

对用户客户复合需求而言，媒体首先能够供应满足的各种机会。"满足和满足机会是所有媒体机构和行业都依赖的资源，因为它们代表着媒体提供的需求，也是用户挑选媒介的基础。换言之，消费者对传媒产品和服务的需求主要取决于满足和满足机会。消费者在媒体上花费时间和金钱，原因是希望从媒体获得的满足或满足机会。"[1] 传统媒体接

---

① ［美］约翰·W. 迪米克：《媒介竞争与共存——生态位理论》，王春枝译，清华大学出版社 2013 年版，第 49 页。

触时间、地点和内容等接受和流通使用的选择限制，其实失去了今天用户时空扩展和内容碎片化消费的许多触媒机会。"在生态位的空间模型中，重叠是两个相邻的生态位空间共有的区域。如果资源是有限的，重叠就意味着竞争，并且重叠度越高，竞争程度也就越激烈。"① PC 机替代了传统媒体很大一部分信息服务功能，移动互联网又再次逐渐胜过PC 机，主要原因也是后来的优胜者，能够为用户提供更方便、更多元、更有效的"选择与满足"机会，取得市场认同和用户及广告客户投放者的支持。

其次是物质和精神方面予以充分满足外，为用户多方发展提供更多机遇。传媒集成经济结构要素优化与产业链集聚收缩，提高了信息和服务的双向性与多向性供给能力，客观上为用户客户与生产销售等各方面有机沟通合作带来机遇。因此，融入用户消费和客户资源，增加消费者与广告客户信息和行为资源管理服务集成板块，使以往生产与消费相对分割的过程得到一体化融合，传媒集成经济形态的企业经营管理结构也变得更为优化完善，即聚合用户资源的互动交往经济满足中，整个企业长远发展关键是不断借助用户众智创造新兴需求，全部附着于社会生产、消费、反馈和再生产、消费、反馈的生活循环诸细节之中（见图3.2），促进多方信息共享的集成经济创新持续实现效益；大力提高多方参与主体满意程度，促进交往和谐关系发展。用户客户资源板块接入融合到传媒生产经营环节，与传媒其他板块资源互动交往中，增进互信互利，提升体验质量，从而持续拥有和保持用户忠诚度，凝聚当今有价值的注意力资源，并择机转变为传媒经济持续增值的无形资本。

---

① ［美］约翰·W. 迪米克：《媒介竞争与共存——生态位理论》，王春枝译，清华大学出版社 2013 年版，第 62 页。

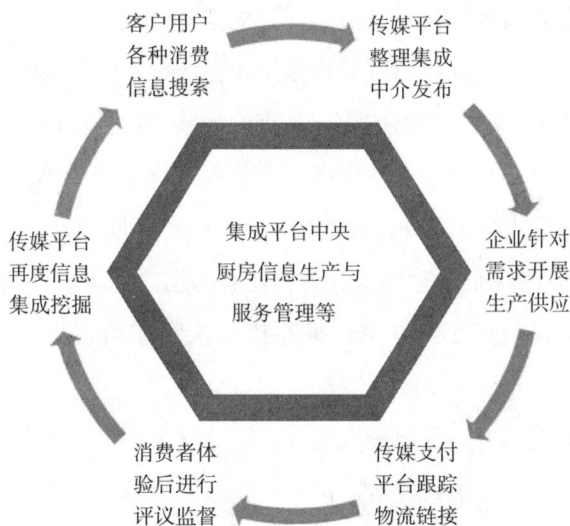

图 3.2 用户客户产消闭合链与传媒集成经济价值开发

二、创造用户及社会共享的福利，增进传媒经济多元效益

根据梅特卡夫法则，网络价值与其规模的平方成正比，信息产品在网络中使用越多，每个消费者可享受到超过产品本身的价值，但总体效用不减反增。网络外部性产生需求方的规模经济，使用网络人数越多、范围越大，使用者所获效益越大，人们在更大网络中拥有更多信息，共享更多资源。传媒集成经济发展形态具有与此相通优势，促进供应方和需求方规模经济的集成结合，还形成互联网经济中"赢者通吃"的常见垄断结局："规模的增长降低了供应方的平均成本，提高了顾客的效用，从而刺激需求，驱使供给者以更低的成本提高供给量，规模进一步扩大，成本进一步降低，形成正反馈，从而形成垄断。"① 但这种新形

---

① 胡春编：《网络经济学》，清华大学出版社、北京交通大学出版社 2010 年版，第191 页。

式的网络化垄断，终归起来与用户的推动和拥护息息相关，信息与服务不管价格还是质量，都对交往双方或多方更加有利，对传媒企业经济长远发展有利，对社会总体有利，可谓互联网经济中的"三者共赢"新颖垄断经济。

互联网时代，传媒产品的价格竞争对消费者的捕获作用，因免费模式出现而失去其意义，价格垄断更失去以往竞争优势，而"制约经济增长的主要矛盾是需求创造，这受制于消费者的消费欲望，只有不断创造出适合市场需求导向的新产品，才能刺激消费者的潜在消费欲望，增加需求量。而这种创造需要的是敏锐的洞察力和不断的创造力，只有适应市场需求，才能形成经济垄断力量。这种经济垄断是凭借新技术、新工艺、新产品形成的，是在满足消费者潜在欲望，即效用最大化的基础上实现的，其本身意味着市场的高效率和技术的不断进步。另外，企业在取得垄断地位的过程中，为了尽快达到临界容量会采取很多优惠的条件来吸引消费者，不会有限产提价的动机，也不可能实现价格垄断。因为企业经营活动的目的不是短期的利润最大化，而是获得市场，如果不能获得市场，企业将无法生存。因此，在企业经营决策过程中，质量竞争和销售努力更加重要。这种垄断不仅没有造成消费者利益的损失，反而大大增加了消费者剩余。"① 从这个意义上讲，互联网时代的传媒企业争取更大市场，根本是对用户和客户资源的一种垄断。由于该垄断有利于市场经济总量的壮大，各种参与产业的成本节省，有助于消费者福利和社会福利的共同提高。传媒集成经济发展模式，突破依靠垄断攫取不合理剩余价值的社会负外部效应，因应和满足时代的复合需求，实现有利参与多方的积极经济价值，再以此优势吸引更多用户和客户资源，

---

① 胡春编：《网络经济学》，清华大学出版社、北京交通大学出版社2010年版，第194页。

从而成为我国传媒做强然后做大的最佳经营路径取向。

三、嵌入生活网络深度服务用户，提高互为信任经济效益

传媒集成经济接入用户资源板块，纳入企业集成网络管理后，必须重新规整内容产品和服务经营之道：一方面授权于用户介入集成管理的网络环节中，跟进用户需求及其变动，优化传媒产品与迅捷反馈互动服务链条，加固与广告商、其他产业之间的信任关系；另一方面，尊重用户客户的利益，积极采纳用户和客户的监督评议，推进传媒企业提升内容产品质量、服务价值和维护信誉形象，强化彼此的信任依赖关系，不断进行传媒技术创新提高管理水平。因为"企业的技术、市场、管理能力集成，形成可持续成长能力，并使之持续下去，从而不断促使企业成长。反过来，企业持续存在对企业可持续成长能力提出更高要求，这需要企业根据新的目标要求对企业能力进行进一步集成，进而促使企业不断加强组织学习，更新技术知识、市场知识和管理知识等，依次循环下去，形成螺旋上升态势"。①

这需要传媒机构具有开门办媒体企业的开明胸怀，创新组织管理形态和模式的开放意识，使用户资源在与媒体交互关系螺旋上升中，起到主动、主导和主体性作用。一则可省却大量市场调查和用户调查研究成本；二则优化结构板块网络与管理模块，根据用户需求的明确性和变动性，辅助消费购物之前获得充分信息，购后使用体验评论形成口碑力量，集成内外经济资源互动，持久在网络化闭环和开放性空间中吐故纳新，获得传媒经营管理的稳定长远成效。总之，传媒企业经营生产与服务的契合型满足，牢牢嵌入到社会生活系统的方方面面，构成一个健全

---

① 饶扬德等：《创新协同与企业可持续成长》，科学出版社 2011 年版，第 123 页。

完整的传媒产业集成经济链，通过不断的用户价值提炼、挖掘、可持续生成与转化（见下图 3.3），成就人类孜孜以求的社会化大生产信任经济新境界，市场达到经济活动多方协作谐振的最佳状态。

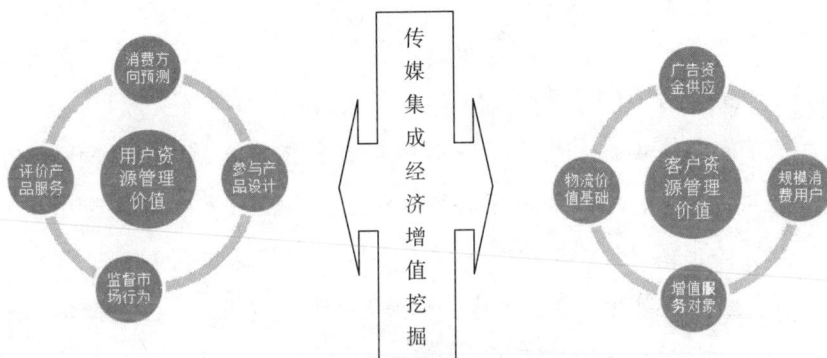

图 3.3 用户客户资源多重价值及挖掘

注重实干、步步为营的马化腾，始终将用户利益放在心中，不断警醒团队成员。"真正的危机从来不会从外部袭来。只有当我们漠视用户体验时，才会遇到真正的危机。只有当有一天腾讯丢掉了兢兢业业、勤勤恳恳为用户服务的文化的时候，这才是真正的灾难。"腾讯公司开发的多种产品，以其面对市场脚踏实地的实干作风与行动，凭仗让用户获得极致体验满足感，得到越来越多网友的支持和喜爱，在急功近利的互联网市场征战中获得成功。有网友如此评价 QQ 道：选择腾讯很简单，因为可以和同学在 QQ 农场里找到快乐，还可以在 QQ 里找到大学同学、小学同学。QQ 已然不仅仅是一个单纯的聊天工具，他维系着人与人之间的情感和沟通，他背负着中国一代人的回忆和成长旅程。虽有言过其词的情感夸张，但观察 80 后为主曾迷恋 QQ 工具的群体也能理解。下面一则案例，再次体现拉住用户、服务用户体验加以发展集成经济形态的功效。

2013 年 6 月，国内第一个"文艺电影频道"在土豆上线，并与豆瓣网合作提供"线上观影、在线互动、快捷购票、线下活动"的跨平台、一站式服务。文艺电影频道储备百部高质量院线文艺片，还收录百部文艺地下电影及大学生优秀文艺电影作品。10 月，深圳卫视共同策划、出资制作并由双方团队联合执行的"青春的选择 2013 年度盛典"在京举办。11 月宣布与东京电视台续约，自 2014 年起，包括火影在内的 900 集动漫新番、3000 余集优质片库将在土豆独家零时差同步播出，为土豆稳坐"中国第一动漫平台"奠定了坚实基础。12 月，土豆纪实频道正式上线，标志着土豆网的内容产品正式全面进入纪录片领域，将以更广阔的视角、更创新的手法为亿万年轻人提供全新内容服务。2014 年 3 月，在第 86 届奥斯卡颁奖典礼举办前日，土豆宣布独家获得了六项大奖提名的《达拉斯买家俱乐部》网络版权，并在北京举办国内首次观影活动。2014 年 3 月，土豆"韩娱频道"启动上线发布会举办。经过一系列内容、产品和市场经营集成运营，根据第三方调研公司艾瑞的数据，优酷土豆集团在 PC 端和移动端全平台各项数据持续占据视频行业绝对的领先优势，截止 2014 年 3 月，土豆每月独立访问用户数量增长到 2.43 亿。受益于移动端的优异表现和对青年文化品牌市场的深耕，2013 年土豆在移动端的增长也非常迅猛，2013 年三季度，土豆移动端获得了高速增长，月均覆盖用户较当年 3 月增长 11 倍，平均增长率超过 40%；月均视频播放量增长 23 倍，月平均增幅达 60%。

为了征占移动互联网视频用户，土豆移动端 APP 升级。本着"个性、有趣"的产品理念不仅为年轻人提供了更好看的内容，也为年轻人提供了惊喜不断的视频玩法。在 2013 年

陆续推出多代典型版本：9 月份推出的 APP3.4 版本，强化
"碰撞穿越"功能外，全新升级多版本的滤镜功能，文艺范儿
十足；11 月推出的 APP3.5 版本，则侧重 UGC 内容的"消
费"和体验，被誉为"移动时代的 UGC 样本"。2014 年 1 月
到 3 月，土豆大首页和旗下 19 个一级频道新一轮的改版顺利
完成。此次改版淋漓尽致展现出最新的互联网前沿的自适应屏
幕技术及扁平化的设计元素。新版土豆首页加强了"频道"
概念的体现，凸显了土豆频道化战略方向，进一步巩固了土豆
作为中国版 YouTube 难以撼动的地位和决心。从内容结构上，
进一步强化年轻人的品牌定位，在动漫、时尚、音乐、韩娱等
领域全力出击，各类独家重磅内容成为主打，为网友提供最佳
观看体验。

本章小结

市场变动的逻辑实质是用户的需求变动与经济资源流动。应该承
认，我国传统媒体数字信息化技术改进层面，占领移动传播终端市场的
策略实施方面，步子迈得大而快，而新型产业经济形态开创与适应性盈
利模式开发方面，步子走得却小而慢。传媒集成经济从机构组织革新板
块结构网络优化入手，紧抓用户资源维系与开发，双头并进、两手并
举，从而发挥新媒体技术应用与管理优势，又满足用户参与体验等复合
需求。

传媒集成经济外在形式利用技术进步催化动力，通过生产、经营、
管理到关系的整体一致性达到集成经济节流开源效益；内在主题通过革

新经营理念和转变管理思维适应时代变化，在机构富余、渠道富余、产品富余状况下，以节省成本、增加产出的经济思想，以开掘产消一体化经济价值的开放心态，将用户资源纳入管理，尊重他们的主体地位供应消费交往、监督评议、自我实现机会，减少他们选择交易费用，节约他们宝贵的时间、物质财富，提高生活丰富性和便宜性，增加社会总体福利，这种进步运营管理形态，也将顺理成章有机延续到中观层次产业联结与宏观层次资源整合拓张之中。

第四章　联结核心关联产业与
传媒集成规模经济

　　传媒企业资源结构板块优化与管理关系完善，从做强然后做大的经营微观层面，打下集成经济发展的坚实基础。站在传媒产业集群协同发展与拓展的中观层面，则需要因应互联网技术联结无限市场资源的能力与要求，把握网络经济多边规模增长的特质与优长，构建纵向、横向产业资源的联结平台，有机聚合核心与关联产业资源，以集群系统一体共生共进为价值纽带，推促超大产业集群与快速增长，从而提高传媒产业总体集成规模经济的协同效益。

　　但与工业化时代传媒规模经济不同，集成规模经济做大做强模式，依托共建网络平台联结传媒核心资源，发挥集成经济形态诸多优势，克服规模经济扩张中，因沟通联系与管理成本加大导致的规模不经济；同时作为传媒经济运营战略转型选择，通过产业资源崭新结构与科学高效管理治理，适应社会化大规模生产要求，适应网络经济交叉互补发展需求，达到产业整体规模扩张、用户客户交往范围扩大，但总体营销成本降低、开源能力提升的集成规模经济新境界。

第一节　核心产业联结的传媒集成规模经济

　　传媒产业融合指相互关联的纵向或横向传媒机构部门，在技术创新、市场创新、集合创新等共同生存发展目标左右下，进行资源整体化的系统集成，建构规模经济联结平台，节约原来各个产业链的成本投入，取得产业集群经营多元利润，赢得市场竞争的综合优势。我国传媒产业融合不仅是国家顶层设计，而且传媒技术发展与市场实践要求已然如此。"三网融合"到今天移动接收终端的多屏融合，尽管有既得利益集团和部门争权夺利的阻挠，融合过程一波三折、山重水复，但市场发展大势难挡，总体趋势难违。现实问题是融合后的经济运作模式。我们认为，按照传媒核心产业、关联产业、非关联产业的远近关系，分步构建满足产业各取所需、各有所得的传媒集成联结平台（见下图 4.1），各个层次与各个层面的产业在同一平台之上，共享共用有价值的信息、资本、物质、管理经验等，形成整体扩张的集成规模经济协同效益，联结平台的网络经济生态效益，是媒介融合发展取向。出于结构安排相对均衡性，本章阐述核心关联产业资源聚合与传媒集成规模经济效益，下一章阐述非关联产业资源聚合与传媒集成范围经济效益。

一、传媒产业规模化发展历史与形态

　　按照媒介历史发展与物理传播载体等界限，约定俗成的传统媒体核心产业，一般指报纸、杂志、出版、广播、电视、电影等几大媒体产业

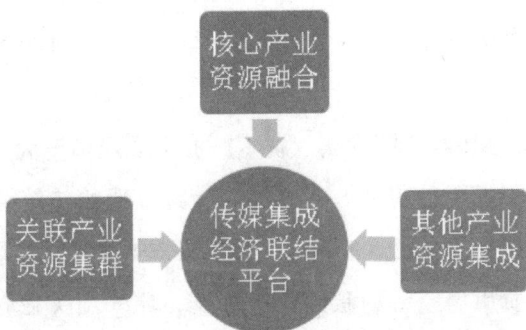

图 4.1　传媒集成经济联结平台及其产业资源组成

形态。传媒市场化运行与社会化大生产，集中人力、资本、生产资料、技术、信息等资源达到规模经济，才能形成市场竞争优势和提高抵御风险能力。传统媒体追求集成规模经济收益的扩张经历，在西方国家为主的传媒史上有如下三种重要形态：

（一）报纸、杂志、广播、电视等传媒产业形态的市场自由竞争发展，应合生产规模效益提升与经营优势垄断地位占领的内在需求，出现单一媒介体系的跨地域资源集成组合，形态以报系报团或广播网为主。

传媒市场化程度发展最高的美国，较早成立产业高集中度的报系和报团，1910 年全国已出现 13 个报团，总共掌握 63 家日报。老大是曾经辉煌一时"赫斯特报团"，1927 年该报团在 7 个城市拥有 25 家日报、17 家周报、24 种杂志及著名的"国际新闻社"，还有一个特稿辛迪加和一家电影公司。美国报业巨头甘乃特集团公司、奈特—里德报业集团等，都在全国拥有多家报纸，实力雄厚，名噪世界。广播电视产业相继发展后，广播台由地方割据发展成全国广播网，地方电视台整合为全国电视网等，如美国广播公司（ABC）、美国全国广播公司（NBC）、美国福克斯广播公司（FOX）、美国有线电视新闻网（CNN）等，大都拥有几十乃至几百座电台电视台。其他市场化较成熟的国家，传媒系统资源规模化路径大同小异。相对当时传媒集团资源总体看，其特点是全国性的单一媒介机构整合，虽有个别跨媒体收购并组，但媒体介质产业载体形态单一。

（二）世界性传媒帝国成立，旗下产业资源规模庞大，媒体形态多样，机构遍布，主要以跨地域、跨媒介、跨行业的传统媒体集团化组建，拥有交叉互补的产业运营网络，传媒集成规模经济发展方向明确。

由于"随着市场经济的激烈竞争加剧，原来山头独立的单个企业或产业很难生存，众多研究文献表明，企业集团形成与发展的动力在于可以创造出比单个企业行动时更多的合作盈余，合作性和网络性是企业集团的内在属性"。[①] 大工业时代的一些传媒集团如新闻集团、迪斯尼公司、维亚康姆公司等，都是迎和市场配置资源的经济规律，在竞争中大肆兼并联合重组，主要是依靠累积的资本实力纵横开拓，将传统媒体的几大产业资源纳入集团统一旗帜之下，而且在全世界范围内开疆拓土，还将规模延展到金融、矿山、铁路等社会各行各业，乃至国家高科技、军火武器、航空航天等行业中，完全超脱了传媒专注于新闻、娱乐等信息服务业为主的经营管理范围，成为大工业时代既能左右社会舆论和文化走向，又能在政治决策与经济层面呼风唤雨的重要集团势力。

（三）互联网进步技术支持推动下，传媒内容生产制作的数字化、传输渠道的信息化改造、用户接收终端的一体化融合，新兴传媒核心产业资源与关联产业资源开始超大规模聚合，以集成经济发展形态再度扩张。

在互联网技术、数字化发展和其他传播设备强大集成能力支持下，新兴的互联网传媒巨头，早已摆脱介质分工明确的几个核心产业壁垒，

---

① 潘爱玲等：《合作网络范式下企业集团管理控制研究》，中国人民大学出版社2014年版，第154页。

跨媒介兼并重组为新媒体帝国的同时，跨国界、跨产业的资源聚合风起云涌，渗透到经济生活与精神文化的各个层面，再次以更高层次、更大范围的社会资源聚集，以超大化规模的集成经济发展，成为人类交往与进化的解放力量、革新力量和推动力量，走出大工业时代规模经济、范围经济的天花板限制。在国民经济升级换代与社会生活进化演进中作用非同凡响，社会影响力超过以往任何机构，甚至上升到国家经济战略性发展层面。今天以搜索引擎为基础但多元经营的美国谷歌公司、我国的百度公司，以社交空间为主要服务的马克·扎克伯格"脸书"（Facebook）公司、我国的腾讯公司等，包括我国的互联网阿里与京东电商大公司，莫不如此。

中外传媒核心产业联合，不约而同地走向集团化运作或集群化经营，将不同媒介形态的多元经营对象、经营主体和经营市场范围，进行资源结构与管理的集成优化，然后以强大的内容生产经营能力、资本投资能力、社会融资吸纳能力、市场反应能力及技术研发能力，大为扩张传媒集成经济的规模效益，深化诸多方面的传播功能，扩增媒体经济的营收回报。

二、我国传媒集团化运作历程与存在问题

受特殊历史条件和国情影响，我国 20 世纪初在上海等繁华城市，民国时期报业一度采用集团化（托拉斯模式）模式运营，但因后来政治原因和国内外战争而终结。直到 20 世纪 90 年代，市场经济热潮再度兴起，我国开始传媒产业的集团化改革。1996 年 1 月，国家新闻出版署批准广州日报为报业集团第一试点单位，之后报业集团数量逐年增加，南方日报报业集团、羊城晚报报业集团、光明日报报业集团等纷纷成立，再向内陆省份推进。报业集团多拥有数份相当影响的报纸，但往

往在一个行政区内独占山头或共拥市场，后来的广电集团发展路径模式大同小异，因与预期成效相去甚远，后来叫停。

因受条块分割格局和双重管理框架体制决定，各地不同传统媒体核心产业横向融合集成方式，主要靠行政手段撮合，按照行政区组建诸多广播电视产业集团、报业集团、出版产业集团等，集团化取得一定程度进展，产业规模化水平有所提高，但行政力量左右的传媒产业合并过程，资源要素聚合多数情况属于"拉郎配"，市场配置资源主导作用未得到充分重视，求取规模经济目标意愿良好，可惜迄今为止还少有非常成功者。从用户市场占有率、广告收益特别是传媒集团经济总体竞争实力来看，与新兴互联网传媒大公司比肩而立者几乎没有。"集而不团，大而不强"，外在规模变大而经营收益却不理想，经营范围拓展而产出经济效益低，集成规模运营无论从社会功能效益，还是产业规模经济发展自身，与国外赫赫有名的传媒集团巨头整体实力相比，更不可同日而语。

究其根源，井田制式的传媒行政属地与垂直系统双重管理制度原则，人为地分割全国性用户客户市场、传媒产业资源和其他社会关联的经济资源，产生诸多有形与无形的资源流动壁垒，始终难以得到消解破除：一方面，各地传媒管控者仍然抱着以邻为壑、互为对手的区域性竞争博弈心态，各怀守土有责、泾渭分明的地盘意识，彼此封闭、画地为牢，限制不同区域传媒资源有效流动，限定发展空间，导致产业规模难以达到一定程度，产业链结构受行政区域禁锢，"跨地区"资源流动壁垒高筑，不能深度挖掘核心产业集群协同效益；传媒产业上下游市场有机拓展，产业价值链的全国性延伸发展等，遭遇诸多行政力量干预的"红灯"被迫禁止，传媒核心产业资源的"跨地区"融合共进举步维艰。另一方面，传媒产业垂直管理的僵化体制，造成产业领域"竖井理论"批评的资源互不沟通、井水不犯河水，介质形态壁垒高筑，限制资源价值横向延伸，导致产业规模经济扩展裹足不前。"跨媒介"障碍重重，传媒产业集成规模经济协同效应难以发挥。

通过综合比较，我国传媒集团化改革在产业规模经济的决定性进展方面，尚未有较大的成功突破和创举。西方发达资本主义国家市场经济主导的大规模传媒集团组建，除顾及《反垄断法》规定的资源过于集中之外，没有地方行政区域和媒介壁垒等限制，依靠市场力量和资本并购、收购及产业联合等集聚资源方式，大肆扩张集团平台规模，集成多样资源扩展再生性经济增值活动。如美国的一些传媒集团航母之所以富可敌国，经济实力雄厚到能够横扫全球，在于市场化资源配置合理性，伴随产业多元化经营，打通传媒产业之间的"竖井"，追求规模经济与范围经济结合的超大集成经济效益，而今又有互联网平台联结渗透能量支持，国际化竞争发展战略如虎添翼，咄咄逼人，对其他后发国家的传媒产业造成极大压力；对我国传媒产业盘子巨大、潜在利润丰厚的市场同样觊觎已久。

反观我国现状，不可否认的是，各种各样、凌乱不堪、大而全小而全的传媒集团化业态，实力总体仍显弱小，若非有相关政策"金钟罩"保护，还真是难能抵御西方国家的媒体集团"外侵"。所幸的是，由于互联网技术推广普及使用的后发优势，中国的百度、阿里巴巴及腾讯等互联网新媒体公司，正在超越我国传统大众媒体的诸多管理局限，面向互联网集成的新兴市场，秉持用户中心的经营原则，与今天的西方传媒规模化发展齐头并进，甚至还有自身独特的经营竞争长处，不仅在潜力巨大的国内市场纵横开拓，而且还逐步将产品服务平台延伸到海外，也开始被中外媒体界称为传媒帝国。

三、传媒核心产业联结与集成经济规模效益

鉴于我国传统媒体集团化建设过程中的"夹生饭"现象，兼有对

其运营的规模经济效益和社会传播效益不太理想的审视反思，作者认为：打造互联网时代的传媒集成经济联结平台，追求传媒核心产业资源的协同经济效益，是今后我国传媒集团化改革的一个务实性选择方向。哈肯在1984年指出，协同一般指协同作用，这种作用所产生的结果就是协同效应，这种效应是指开放系统中大量子系统相互作用而产生的整体效应或集体效应。我国传媒核心产业资源联结与集成经济协同效应获取，现实稳健可行的操作步骤为：

（一）**不同媒介形态产业集群化，有机聚合资金、技术、场地、设备等同类项资源，扩大传媒集成规模经济协同发展的物质基础。**

通过行政区域空间的跨媒介要素资源聚合，组建统一性的客户平台、用户市场平台、运营网络平台、沟通协调平台，形成多功能集于一体的传媒网络集成联结平台。采用微观层面的网络结构板块优化管理与资源重新集成配置，构建不同部门内部互相支持、共同因应市场需求的关系规范，发挥产业集群功能的整体协同性，消除原来竞争共同用户和广告市场等，减除不同媒体之间摩擦的不经济现象，还可去除各自重复投入的内容生产链资源，降低其他多环节、多层面基础设施方面反复建设，以及关联投入的人财物力浪费。

传媒产业集群与集成经济规模经济适应性形态运作，将带来集体运营成本节省与集体共同拓展市场等多重好处。"从供应商提供给消费者产品与服务的角度来讲，一些融合已经导致了非常重要的机会：一是获得商业跨地区的规模经济和范围经济（如生产与配送）；二是因其技术能力日益成为可互换性的，使其部门从一个媒体向另一个媒体延伸，从而获得价值；三是通过战略联盟、合并及重大投资，扩展其战略机会。"[1]

---

① 周振华：《信息化与产业融合》，上海人民出版社2003年版，第75页。

　　（二）**有效集成原来各个形态媒体人力资源，达到板块结构功能组合最佳状态，奠定传媒集成规模经济协同共进发展的主观条件。**

　　人力资源是传媒产业的主体资源，此处用"最佳状态"一词，是因国内一些地方集团化组合过程后，不同媒体机构人事安排与搭配矛盾问题最为突出。纵然有高端技术设备基础和先进办公场所，外在组织形态扩大，但出现人与人的内讧、对抗和消耗等不良现象，人心不齐、组织不顺、规范不当、争权夺利，最终没有形成协同干事业的合力，合并后的集团整体实力不升反降。中国状况如此，被称为世纪联姻的"时代华纳在线"，后来破产各奔东西，同样存在类似问题。看来这是社会组织中的人性管理和治理的一大话题！

　　因此，要以传媒机构集成经济网络结构优化为模板，集群系统平台构建"最佳状态"人力资源组合，有助不同媒体形态从业者相互学习彼此业务优势，共同进行产品创意思维能力、经营运作等专长知识经验的互补，有助大家生产经营和管理治理一体化中，充分发挥各个传媒机构的整体行动步调一致，实现互联网时代的传媒集成平台协同经济效益，应对产业内外市场的快速复杂变化，从而在经营主体的主观因素条件方面，保障传媒产业经济的持续稳定发展。

　　（三）**构建传媒产业集群平台聚合人财物资源，从事协同性生产、营销与改进，提高集成规模经济的产业整体运营能力。**

　　不同传媒资源配置和结构优化与集成协同合作生产，生成的总效益大于各单元单独创造的效益总和。例如，内容产品制作，通过传媒产业之间的各种资源集成协作，一次性受市场欢迎的质量精佳产品协同生产，多个渠道终端发送与落地，则能获取多个营销节点的综合经济收益。世界著名迪斯尼公司产品的经营策略通常如此：集中力量开发设计和生产一个或几个拳头性的娱乐产品，调动整个集成联结平台渠道资源，多种营销模式联合推广转化，使价值回报达到最大化。西方大传媒集团的新闻组合出品皆同此道：世界各地一旦发生重大新闻，数个传媒机构板块协同联动传播，从不同角度、不同渠道、不同落点呈现立体性的真实客观传布效果，使公众不得不信任和依赖其集成平台信息资源，如庞大广泛的广播电视及互联网网络，覆盖各个层面的用户客户。而从资讯发布和增值服务角度，整体协同的质量标准意识和传播成效要求，则有利于巩固不同传媒与用户客户的长期信任合作关系，维系和增加集团的总体收入效益。

协同性的产品生产、营销推广、关系维护、形象建树、市场巩固等，通过横向配置不同传媒形态资源，创新经营管理方法模式，发挥系统整体的集成经济平台运作效率，达成产业集群的最优化规模经济和协同经济成效。百度公司探索平台资源有效集成经营与治理方式，赢得了规模经济扩张与协同营销优势。"2004年成立的百度联盟意在通过与各层级网站进行联合，把百度搜索引擎克隆到星星般密布的网站上，从而形成覆盖全国的横向产业链，把搜索营销业务渗透到各个角落。我们可以把它看成是那种自上而下式渠道建设的一个补充。"①

传统媒体各产业介质形态在数字化、智能化的互联网技术平台上，原来物理性边界壁垒由互相竞争排斥的固化状态，按照集成经济发展要求逐渐走向融合。如上海的东方传媒集团，在传媒数字化技术改造支持下，各种媒体专属特征的内容信息生产，发布传播与反馈传输营销通道，依靠互联网技术兼容能力实现互联互通的便利转化；多媒体资源汇合、产品供应和多功能服务集成化发展，将为新媒体联结平台开辟多元化的用户客户市场。

不同媒体形态的核心产业资源，依靠集成平台建构横向融合，还会

---

① 章晓明：《百度：互联网时代的搜索神话》，中国工人出版社2010年版，第91页。

产生传媒产品生产与服务经营的溢出效应等经济价值，而且使传媒产品价值不是在一次性消费、一个人消费中就消失，往往是一次性生产供给，经过多群体的多次消费，获得反复的营销收益；传媒产品价值的实现，在不同层次消费、不同链条环节、不同时空的用户客户消费过程中，再次通过多元广告置入与异质化针对性服务，获得多样化的第三方补偿和增殖性收入，信息产品和服务相关性产业在同一集成经济平台上，达到集体规模协同化发展的经济收益最大化目标。

四、传媒核心产业集成联结平台建构

互联网时代，面对传媒产业经济发展的内在需求，意识形态宣传阵地维护的外在要求，解决我国传媒产业面临的体制性与结构性矛盾实属当务之急。积极推动国家大市场范围的传媒集团组建，调整新战略布局与升级产业结构，有学者从我国传媒产业价值链构建和拓展上提出相应对策："一是要在广度与深度上同时开拓，不可偏废，即不仅要搭建好横向的产业价值链，做好价值链的横向延伸工作，长远看还要在价值链的每一个'接点'上下功夫，实现价值链的纵向深度挖掘。二是在广度普及方面，具体可以包括核心业务链的横向价值链延伸，还离不开相关产业和产品以及不相关产业和产品的纵向延伸；在深度推进方面，即以上二者都离不开'链接点'的深度价值挖掘。"[1]

作者据此进一步认为，问题解决重点在于：尽快适应互联网时代的世界大市场与网络经济特征，以传媒集成经济发展模式，迅速打通我国传媒介质形态之间的障碍，真正出市场配置传媒资源为主、政府手段为

---

[1]　樊士德、许成安：《基于深度推进和广度普及理念下的中国传媒产业链构建路径研究》，《未来与发展》2007年第1期。

辅，通过资本运作等手段，跨越地域限制、核心产业壁垒、传媒阶层等级及其他无益产业发展的鸿沟，构建发挥集成规模经济协同效应的大传媒集团平台，做强质量然后做大我国的传媒产业经济总量，应对国际化传媒兵临城下的严峻挑战。因为只有以极大勇气面对外在大市场环境开放，才符合传媒集团规模化发展本质。"企业集团的规范性理解应该是：以资本为主要链接纽带，以市场为导向，以母子公司为主体（或核心），建立跨地区、跨行业的，由多个法人组成的大公司联合体。"①

理论毕竟有超前性、纯正性、客观性甚至理想化色彩，真正实施还需依据我国国情，众所周知，现实社会复杂关系的交错力量决定传媒集成经济运营方向与实践成效。当前我国的基本情势是：媒体产业首先确保政治方向正确再考虑市场效益，其次是尽快改变地方党政领导与垂直系统领导双重管理不合时宜之处，因条块分割与传媒产业规模经济、范围经济发展取向背道而驰。然鉴于国情状况，传媒核心产业横向融合的集成平台建构之路是：在政府监管和引导下，先从区域性传媒集团的集成联合平台建构做起。各地广播电视、报业、出版和电影、广告产业等传媒运营的活跃经济细胞，作为产业生产经营主体，拥有相对完整法人财产权，传媒集成经济平台发展可模仿"产业园"建设，在区域空间集聚传媒人财物力资源，穿透媒体机构"竖井"隔阂，跨媒体组合成传媒集团联合机构，其内部资源进行必要调整，构建高级层次的五大集成板块网络结构。②

经过此番脱胎换骨的庞大规模组织结构板块优化，共享信息生产、加工、传输的网络渠道和公共联结平台资源，形成传媒集成规模经济协

---

① 王桂科：《媒介产业经济分析》，广东人民出版社 2006 年版，第 213 页。
② 亦即企业内部资源结构集成五个网络型板块模式：管理把关外联集成板块、产品业务生产集成板块、外部销售推广集成板块、沟通协调评测集成板块、用户客户服务集成板块。只是资源要素的内容集成层面由企业扩大到产业集群层级而已。

同发展多方效益：（1）传媒集团减少更多科层级设置与管理活动的人为损耗，降低不同传媒形态和传媒机构的娱乐生活等硬件建筑（如内部健身娱乐设施、职工食堂等）重复投入，整合共用物资设备投入，形成集成经济协同化建设与使用的资本节约效益。（2）不同传媒形态横向融合，协同性生产和服务流程完善，消除区域同质化产品重复生产，避免区域性恶化竞争耗费，促使原有媒体形态内容产品相互取长补短，提高整体质量水平，应对外界变化总体能力随之大为增强。（3）最有价值的是用户客户市场集成经济增值效益。原来各媒体形态用户客户群体，其实属于不同传媒市场复合主体身份，因传媒融合一体而生成复合经济效应，省却各个传媒自寻更多用户客户而耗用各自人财物力，从而赢取区域性集成经济的协同效益，其经营效应与企业集群协同模式相似。"企业不再是单个的企业而是一个在生产技术、商务往来上有紧密相关性的企业集群，置身于企业集群中的单个企业能够获得 1+1>2 的协同效应。"① （4）一旦环境宽松、制度改进条件成熟，则利用区域内的集成平台，借用互联网链接能量，开展大区域的传媒核心产业资源横向集成，直至有能力打造全国性的产业横向联合集成平台。彼时，各地方传媒产业集群依靠地缘优势发挥接近性信息服务优势，并且与全国传媒集成经济联结平台对接，成为大规模传媒集团重要支持资源，在互为互利协同运营中，获得全国市场乃至全世界市场经营的集成经济规模经济效益。

相关视频网站的横向联合并组案例，再次证明：新媒体公司在应对市场竞争发展上，其集成平台共建与协同发展，是为扩大市场空间的明智取向——首先，便于用户登录到集成网站平台，即可使用原来各自网站供应的不同视频功能，便利内容选择与范围增加，减少下载不同网站

---

① 王永、刘建一、张坚：《浅析规模经济、范围经济与集成经济》，《江苏商论》2004 年第 3 期。

视频软件的烦恼，增进总体应用的时间节省与接触便捷等福利，因而得到用户支持；其次，从视频网站公司企业方面，合并重组降低重复投入平台建设与维护费用，免除互相攻击对方和抄袭引发官司等有害彼此的斗争消耗，节约分别购买视频内容的花费且提高广告议价能力，最重要的集成平台规模扩大，带来用户心理认同的市场造势有利影响，提高整体开发广告资源和用户客户资源的水平能力；其三，兼并重组后赢取一举多得效益，对其他传媒产业集成经济发展起到引领示范效应。网络视频网站直面市场大势，理性追求经济原则和方便用户原则，同类传媒资源要素规模经济与协同经济效益，给其他形态媒体产业摆脱自我小天地，积极主动联结聚合产业，建构集成经济共同发展平台带来深刻启示，因为它符合产业经济集中进化、彼此合作共赢规律的要求，能够充分满足用户客户的复合需求。

2005 年 4 月我国第一个主要包括网友自行制作或分享的视频节目网站"土豆网"，也包括内容提供商的视频节目与自身投资制作节目，主要依靠广告收入。随着后来优酷、六间房、我乐酷六等视频分享网站得到风投资本纷纷接踵上线，P2P 软件企业相继介入，门户网站如新浪播客、搜狐视频、网易视频、腾讯视频等参与其中，再有广电企业上海电视台和央视视频客户端等一拥而上，整个视频网站的竞争很快进入白热化，在不断的版权大战和上市大戏背后，是烧钱游戏的资本比拼，很快进入到春秋五霸、战国七雄的状态，随着版权官司的耗神费力，竞争的生存压力剧增，为了改变这种胶着互相折损的状态，2012 年 3 月 12 日，优酷股份有限公司（NYSE：YOKU）（"优酷"）和土豆股份有限公司（NASDAQ：TUDO）（"土豆"）共同宣布，优酷和土豆将以 100% 换股的方式合并。

2012 年 8 月 20 日，优酷土豆合并方案获双方股东大会高票批准通过，优酷土豆集团公司正式诞生。2013 年 4 月，优酷土豆集团宣布进入"集团 BU 化"运营阶段，提出"优酷更优酷，土豆更土豆"的发展战略。这种联合不仅去除两个公司之间的争斗损耗，化干戈为玉帛，而且以集成经济的板块优化组合双方资源，联合双方实力，增强市场影响，将其他对手拉在后面，突破行业竞争你死我活的零和博弈，走向一个新的经营合并收购双赢局面。

2013 年 5 月爱奇艺与 PPS 完成合并，苏宁投资 PPTV，网络视频行业又一波并购重组。依照作者的观察，未来还会有新一轮的视频网站兼并组合或其他形式的集成经济运作举动，现在的优酷土豆，爱奇艺 PPS 与百度，搜狐视频，腾讯视频，乐视网五家争霸，虽已形成寡头竞争格局，但仍然存在着合并与创建更大规模视频网站的合作可能性。竞争尤其是视频软件与客户端互不兼容、彼此抗衡的现象，不仅为互联网技术精神所不容，而且与用户客户的使用体验满足等需求相违背，同时对几家视频网站都百害无一利。

有学者也对当前热门的移动多屏战略竞争提出看法，从中管窥视频网站平台的集成化趋势以及规模经济发展的路径。"对于视频网站来说，硬实力是以资本、技术、独播版权为代表的物质势力，软实力则是以服务、平台、运营、文化为代表的品牌。……可以预见，互联网电视大屏收视体验会促使用户回归客厅，第四屏幕将成为未来视频网站竞争的新战场。"[1]

---

① 田维钢、顾洁、杨蒙：《中国网络视频行业竞争现状与战略分析》，《当代传播》2015 年第 1 期。

五、传统媒体与新媒体集成联结平台建构

核心产业集群形态，还包括传统媒体与互联网新媒体公司产业融合，形成产业集群协同经济的新型集成联结平台。互联网技术突破了人们的时空限制，现代化物流仓储服务模式、网络支付技术、电子商务迅猛发展，改变传统生产营销方式也转变人们的消费行为和生活习惯，"新媒体平台经济"随之产生并不断扩张势力范围。但我们必须看到，传统媒体一直是网络新传媒公司的推介者，且不说起初有关我国网络传媒经济的新闻报道、新媒体事件与先锋人物等，不断通过传统媒体宣传介绍推广才家喻户晓，传统媒体还为互联网技术、网络经济大举挺进和新媒体飞速发展等进行舆论造势，单就30多年来互联网新媒体公司和网站平台从传统媒体合法或非法利用的内容资源，成就自身免费经济基础而言，互联网新媒体公司也有责任反哺传统媒体产业。

除去市场经营尚存的道义要求，网络新媒体公司持续性发展，同样需要借重传统媒体积累的有价值经营理念，特别是宝贵内容产品资源——不能总是依靠投机取巧和窃取传统媒体的劳动成果，甚至侵犯传统媒体内容版权等赢得未来，而应与扎实经营的传统媒体产业融合，相辅相成共同发展。因此，探索传统媒体转型与互联网传媒公司优势结合，发展新时期的有效混合集成媒体集团，建构优势互补的传媒集成经济联结平台，我国传媒产业经济结构布局与经营管理水平将得到优化，传媒经济效益与社会效益才能长足提升。

传媒产业本身即是虚拟与实体经济的结合体，虚拟是知识精神内容和文化价值观念生产，实体是人、财、物力资源的消费生产与再生产，传媒集成经济发展取二者之长，虚实一体化过程从新旧媒体竞争和资源交换关系可见端倪。有学者认为："新媒体技术的颠覆性革命，并不意

味着本能拒斥传统媒体，传统媒体也不能与新媒体技术绝缘。两者之间暂时的排异和不适，不能说明没有联姻的可能性。只要有这种可能性，传统媒体人就有作为的空间，就应拿出'攀岩'的勇毅。过早宣判传统媒体的死刑，有点唯心主义。技术决定论者不能轻忽传统媒体人的能动性。"①

而以信息、知识、资本与新兴技术等为支撑的互联网新媒体产业经济，当前成就不过是相对经济优势而已。要想防止 2000 互联网产业经济泡沫危机重演，必须明白始作俑者主要是互联网新经济的主导者太过自负狂妄，不注重短长期回报的辩证关系，未与传统媒体产业经济有机整合，未与其他有生命力传统资源整合，在兼容并蓄相互转化提升中，以开放互济协同共赢路径前行。其他暂且不说，仅与传统媒体经济整合角度，就具有双重互补互进效益与优势协同效应。"新旧媒体产业的互动合作，形成了多维度的媒介汇流'立交桥'，使传播媒介由比较单一的媒介结构发展成多种媒体的大联合，各种媒介汲取、借鉴其他媒介的优势，提升影响力和竞争力。……可以说，新旧媒介的互动合作，使媒介无论是在影响的深度、广度，还是在影响的形式上都远远超过历史上任何时期，并在更深层的意义上建构媒介化社会的社会意义和个体意识，推动着媒介化社会的形成。"② 统观现实，我国互联网大公司与传统媒体集成联结平台建设，常见方式主要有：

（一）以新型网络传媒公司为主，利用其平台联通全国和全世界的优长和特殊的渠道入口专有优势，集纳和借用对方资源的集成平台模式。满足一些地方传媒产业希冀通过其平台传播更广更及时的需求，这些平台或与各地的传统媒体进行战略性合作，或廉价购买甚至免费使用

---

① 张涛甫：《传统媒体：走出"雾霾"》，《青年记者》2014 年第 4 期。
② 殷俊等：《新媒体产业导论：基于数字时代的媒体产业》，四川大学出版社 2009 年版，第 70—71 页。

他们的内容产品，借用地方传媒信息接近性和灵活性优势以及其他实体产业资源，充实自己传媒平台的内容和人气，如同"韩信将兵，多多益善"的道理一样。

（二）联合传统媒体产业，建立集成门户网站平台，选择性的内容展示、友好性的超链接，多地汇流、多彩信息、广为联络的平台，拉住全国和世界各地用户，赢得人气换来集成平台经济效益。百度公司一大批传统知名媒体并列展示，他们的内容用户客户就具有双重身份，对百度与各个媒体来说，互相借用彼此长处，共享优势协同经济，是皆大欢喜的好事。腾讯也与各地有影响的网站进行战略合作，互相借重对方优势资源协同发展。

（三）我国传统主流媒体机构，除了自己建立网站平台，进行一定程度市场化独立运作，如人民网、新华网等，还面对生存竞争压力与现实经济效益诱惑，积极与网络新媒体公司进行合作，互补优势资源，进行协同发展。如央视与百度公司的大数据挖掘合作，各种传统主流媒体借重新浪微博平台、腾讯微信平台等传播终端，创新管理模式，拓展经营范围，延伸自身的影响力。反过来，对互联网新媒体平台也好处多多，吸纳和依靠传统媒体人脉资源、信息资源、产品资源，为自己拉来更多人气，赚取更多经济开发和增值营收机会。

（四）新媒体公司凭借自己积攒的财大气粗实力，入股或收购曾经有影响但目前经营陷入困难的传统报纸或网站，既保住传统媒体阵地，又扩大新媒体公司传播渠道。阿里巴巴公司为弥补市场短板，2014年进行36起总计为60—70亿美元投资或并购，其中竟然超过38亿美元投资放在文化和传媒方面，占投资总额一半还多。投资第一财经成为阿里巴巴继此前入股《商业评论》、文化中国、新浪微博、光线传媒、华数传媒、华谊兄弟、优酷土豆、虎嗅网、北青社区报等媒体后的又一大手笔，报道称之为马云和阿里巴巴的"文化传媒梦"，但他们明显是通过媒体投资，规避商业起家没有媒体资源支持的严重不足，完善阿里产业生态体系，健全资源布局，拓展市场领域，与搜索引擎独占鳌头的百度媒体，社交占据优势的腾讯公司两家巨头，在更广泛意义上竞长发展。

传统媒体与新媒体两大体系之间由不知不觉的市场化默契合作，开始主动互相伸出橄榄枝，消除前些年争斗掐架、彼此征伐的乌鸡眼竞争态势，以相互联结的集成经济平台协同合作获得共赢，这是传媒产业经济发展最佳选择，也是技术、资本、市场等合力作用的结果。新旧传媒形态资源机构兼并、联合结成企业集团和产业集团更大组织体系，适应产业规模经济要求和外在市场压力，也是顺应经济全球化必然趋势的突破性作为。

2014年8月18日，中央全面深化改革领导小组第四次会议审议通过《关于推动传统媒体和新兴媒体融合发展的指导意见》。习近平在会议上强调，推动传统媒体和新兴媒体融合发展，要遵循新闻传播规律和新兴媒体发展规律，强化互联网思维，坚持传统媒体和新兴媒体优势互补、一体发展，坚持先进技术为支撑、内容建设为根本，推动传统媒体和新兴媒体在内容、渠道、平台、经营、管理等方面的深度融合，着力打造一批形态多样、手段先进、具有竞争力的新型主流媒体，建成几家拥有强大实力和传播力、公信力、影响力的新型媒体集团，形成立体多样、融合发展的现代传播体系。① 国家倡导传统媒体与新媒体融合，以政治牵引力督促我国媒体适应传媒产业发展趋势，巩固意识形态阵地，合作完成舆论引导重任，获得传媒集成规模经济回报，给我国新旧媒体聚合彼此资源构建新平台，迈向新发展指明了战略方向。

---

① 《总书记的媒体观：那些年习近平对媒体的寄语》2016年2月20日，http://www.ce.cn/xwzx/gnsz/szyw/201602/20/t20160220_8966028.shtml。

我们通过研判一些新旧媒体成功合作案例，用户客户与资本市场反应，得出如下预见：在互联网技术平台支持与网络经济效益原则统领下，不合时宜的政策规制也将改革松动调整，特别是在中央顶层设计大手笔的导引下，未来肯定会有新旧传媒体系组合、并购或其他联合方式，产生具有类似 BAT 几大寡头或更为超大规模的传媒集团，建构超大规模的传媒集成联结平台，形成超大规模与超大范围的传媒集成经济协同效益。

第二节　关联产业联结的传媒集成规模经济

传媒关联产业包括纵向产业链的资源供应与产品营销等产业，如报业的新闻纸和印刷设备、印刷材料、外办发行等，广播电视的摄录机器、发射转播技术设备以及移动传输等高端装备；也包括横向扩张的传媒增值服务等产业，如传媒投资举办新闻教育或培训，获取多元经营回报，其中有凤凰传媒集团主办的新闻等教育机构"苏州大学凤凰传媒学院"，天津日报报业集团与天津财经学院共建"经报进修学院"，腾讯公司设立服务自我发展的"传媒研究院"，阿里集团的"阿里研究院"，南方报业传媒集团的"南方传媒学院"……传媒开办物资产品交流的会展经济、影视剧文化产业交流促进活动、专业信息咨询有偿服务、各种经济促进联谊会、旅游文化及地方产品推广等，俗称传媒搭台、经济唱戏，都是关联产业共同发展的集群经济形态。传媒关联产业纵向组建集成联结平台，以新的组织网络管理结构，有机衔接到传媒核心产业联结平台之上，形成超大规模的产业集群集成联结平台，产生更高层次的传媒集成经济效益。

一、关联产业集群与传媒集成经济外溢效益

美国战略管理学家迈克·波特认为：产业是由相关产业集群所组成，这些产业集群形成链式结构叫做产业链。任何形态和任何层次的产业链本质都是以价值为纽带，由连接决定和影响节点产业产品主要价值部分所构成。如今，大工业时代的产业链思维，需要转换成互联网时代的产业网络思维，并积极融入网络经济大框架，构建高级别的虚实结合产业集群。传媒关联产业资源集成主要以集群经济发展为中心利益价值，以整体竞争实力共同增长理念为主，延伸拓展集成联结平台网络链，形成纵向与横向联结平台的传媒产业集群资源网络共享优势。"在提升核心竞争力的同时，沿着文化产业的核心集群、外围集群、边缘集群，通过竞争合作、收购兼并、投资、融资等渠道加快产业链相关多元化延伸，在根本上实现产业集群效应，在纵横两方面实现产业集聚和产业链延伸、产业多元化发展以及产业规模化发展。"①

我国经济较为发达的城市和区域，一些传媒关联产业纵向融合的集群网络经济初具规模证明：传媒产业发展素有与区域经济发展水涨船高的特殊关系，即使联结广阔的互联网时代依然明显。如传媒产业目前最集中的政治经济文化中心首都北京，呼家楼地带传媒产业集群名声在外，高端、大气、上档次的各种各样传媒及关联产业资源汇聚，传媒市场资源交换、流动、共发活跃。经济最发达的直辖市上海，卢湾区广告业集群全国有名，该产业群体特征是产品的专业化、服务的市场化和客户的精确化。九省通衢之称的副省级武汉市，开辟黄鹂路传媒产业集

---

① 张茂伟：《文化产业集群发展视域下中国报业发展探究》，《吉林工程技术师范学院学报》2011 年第 6 期。

群，凭借武汉独有的地理位置和经济优势，成为中部传媒产业产品生产与资源交换的重要集聚扩散地。还有一些相对发达省市地区纷纷成立传媒产业园区。我国实体产业集群经济发展非常成熟的区域，如广东"珠三角"等地，相继出现在区域经济中的传媒产业集群。这些集群将传媒核心业务资源平台化联结，而且延伸渗透几乎所有创意产业、地方文化产业和相关教育培训、中介等产业，在信息、资源、服务等共享互补的集群平台上组织创新，使关联产业集群整体得到网络经济协同效益，形成知识、技术、经验、管理等方面的外溢效应。

传媒本身是文化产业的重要组成部分，文化产业集群的一个重要特点是，有利于促进知识和技术的集合创新与扩散，实现产业孵化和产品创新的酵化，产生总体报酬上的递增效应。文化产业集群的另一个特点是，能够提高群落内企业持续创新能力，成为创新中心、学习中心。"发生在文化产业集群内的竞争压力、潜在压力和持续的比较交往既加剧了竞争，又成为企业竞争优势的重要来源，构成了产业集群的创新动力，实现了群体知识的创造过程。产业集群内的企业或组织之间，相互竞争又通过联结平台，进行非正式交流和相互合作学习，加强了新知识的传播，并通过在集群内各企业、各机构、各部门的流动和扩散实现了螺旋式的上升，有利于技术创新和扩散。"① 我国传媒产业集群是集成经济高效发展的外在资源聚联形式，是核心产业与关联产业互补互利共同兴发的基础，同时也有助于相关资源从事大规模集成经济创新。

研究国外企业组织的经济学学者发现，发达国家企业生产组织环节变化，企业原有价值链延长，则其优势资源如先进生产技术、高效营销手段和科学管理方式等，可形成顺应性的扩散共享外溢效应。在此过程

---

① 史征、刘小丹：《文化产业集群与文化产业竞争力影响研究》，《经济论坛》2008 年第 5 期。

中，原来多余及重复产业环节被剔除和精简，各项价值生成的经济性活动愈发相互协调，整体集成经济效益明显。我国传媒集团要善借关系资源优势，在微观集成经济环节建设与中观层面的综合集成联结平台上，延展对接传媒产业关联市场，扩散集成经济管理和经营优势，调整开发产品和服务等，在产业集群生态中把传媒产业网络拓宽深入，追求关联传媒资源纵横融合的集成规模经济效益。此外，密切结合与之关联的文化经济产业、知识经济行业、科学技术开发机构、市场研究分析公司、高等院校产业等各种组织，延伸传媒产业资源网络链条，扩大产业集成协同范围，有效加强产业市场行为配合，构筑更为广阔厚实的产业信息、知识和创意资源交互平台，集聚信息流、人才流、资金流和物资流，以大规模集成生产服务供应能力与集成经济联结平台桥接阵地，融入互联网经济与技术市场环境之中。

"集群之所以在要素可以自由流动的时代还如此普遍地存在，正是因为它表现出的诸如耗散结构、分形以及涌现特征是个体企业无法依靠自身力量来完成的，集群这种特殊组织形式适应了目前生产力发展的要求，从而导致了集群的蓬勃发展。"[①] 按照产业网络链条及价值链关联分析，传媒产业集群的突破发展首先立足于特定区域，以分工协作、竞争互补、互为支持的网络化关联组合，凝聚传媒各个形态资源，围绕生产产品和服务增值的创意、互动、交换、学习、传播、营销，与关联产业资源结合链接，构筑起集成经济联结大平台。

而产业集群在学界和业界眼里，一般指地理邻近的关联性企业机构以共同性和互补性相连接，形成竞合关联的产业网络组织体系。黄升民教授研究认为：为什么要提区域化经营？首先是整体经济发展的大背

---

① 何铮：《实体集群与虚拟集群：聚合模式及其可持续性》，电子科技大学出版社2013年版，第23页。

景。在回顾30年的开放改革历程，许多海内外经济学家不约而同地把视点聚焦在地方经济，这是中国经济最普遍、最活跃、最敏感的领域。在经济转型的今天，从地方经济转向区域经济成为一个不可忽略的潮流。媒体常有言及的"泛珠江经济圈"、"长三角经济圈"、"环渤海经济圈"以及"东盟经济圈"等就是其中的代表，它摆脱了旧有行政地域的束缚，依循资源合理配置原则和人文地理文脉，进行产业规划布局，调整产业链条分工，重新设计安排生产流通服务等要素以达到市场空间的最大化。①

由此可知，国情现状与经济形势外在作用下，将传媒产业经济融入区域经济体系，吸纳和链接区域内各产业资源，以集成经济发展引领示范效应，促成各地产业重新整合延伸拓展产业链，汇聚区域产业有利要素协调一体化前进。传媒核心产业横向集成经济平台，结合关联产业纵向集成经济平台，更多区位与不同层次的产业资源集聚、合作、共享，减少距离导致运输网络等空间成本，减少其他产业生产交易内耗和外损，有效促进产业实体技术合作、生产合作及营销合作，集成创新中介服务等具备接近性和适用性价值。企业、用户客户能够享受比以往更多权利和好处，持续提高区域内传媒产业集群规模经济协同效益。

二、关联产业联结与传媒集成规模经济效益

"联结经济是知识经济、网络社会中出现的新名词，是一种超越工业经济时代的规模经济和范围经济的新的经济效应。所谓联结经济（economies of connection），是指复数主体相互联结，通过共有要素的多重

---

① 黄升民：《媒体区域化经营纵横论》，2009年11月18日，人民网传媒频道 http：//media. people. com. cn/GB/10405078. html。

使用所创造的经济性。联结经济同范围经济的区别在于：范围经济着眼于单个主体或组织的复合生产或联合生产。而联结经济则强调复数主体的相互联结。联结经济的重要特征就是不仅包括投入方面的共通生产要素转用的无成本或低成本，而且包括产出方面的多个组织、主体相结合所创造的乘数效应。联结经济优势产生于具有高度的相互依赖性（interdependency）的数个主体之间的互动活动中。……范围经济优势则主要产生于具有不同角色的知识共享过程中，而联结经济优势则主要产生于具有互赖关系角色的知识共享过程中。"①

产业集群组织之间因网络化的相互交织，联系纷繁复杂，只能依靠更为高效的资源集成网络板块结构，联结成系统整体，通过集成信息串联和并联网络，在相互协调与相互联结中，优化集群内的产业资源配置，进行传媒产品或服务的规模化经济生产营销，带来更高市场经营效率，获得市场竞争综合优势。这是互联网时代的联结经济的价值体现，是壮大我国传媒产业集成经济总体实力的重要途径。而联结经济效益的长期稳定取得，更多源于传媒集成经济联结平台中的关联产业集群，能够开展合理的分工协作与有效交易协同，例如制造业集群内部企业间大都存在相应的分工协作关系，不仅有原材料、半成品供应商、最终产品生产商，还有销售企业以及提供辅助性产品和服务的相关机构，哪一环节的资源都不可或缺。"对于处在产业链上不同环节的企业，这种弹性专精可以促进它们之间更加有效地组织生产活动，从而表现为协同效应；而对于产业链相同位置的企业，则会呈现出竞合关系。"②

因此，需要传媒产业集成经济联结平台，全力以赴发挥交往关系中

---

① 任志安：《知识共享与规模经济、范围经济和联结经济》，《经济管理》2005年第10期。

② 何铮：《实体集群与虚拟集群：聚合模式及其可持续性》，电子科技大学出版社2013年版，第12页。

的重要协调规范作用，进行立体服务经营运作。按照由小到大、步步为营的集成经济扩张运行路径，首先，立足于地缘产业集群经济，依靠行政与市场综合作用力，做强和做大传媒综合集成平台，容纳更多产业和向外扩展雄厚资本后，采用战略性合作伙伴关系等模式，跨越区域链接关联产业，乃至大陆之外传媒集团公司、国际教育培训及中介服务公司、文化艺术创意研发机构等，构建更广的资源优势互补、协同合作、互利共进联盟；其次，在跨越区域限制的扩张过程中，与其他关联产业交融渗透，形成集成经济平台效益。组合跨地域规模的资源集成平台，扩大系统整体影响力。这只是条件，而出色经营管理，才能使产业集群集成协同经济效益提高到新层次，取得最佳经济拓展目标。

我国"十二五"规划纲要中明确指出，要加强文化产业基地和区域性特色文化产业群建设。十七届六中全会决定强调发展文化产业集群，提高文化产业规模化、集约化、专业化水平。在经济全球化和产业竞争激烈化背景之下，文化产业集群化发展是适应现实经济环境趋势的必然，是增强我国文化产业整体实力的必然。传媒产业作为我国文化产业的重要分支，还具有经济系统、政治系统与社会系统角色功能合一的关联广泛产业身份。通过集成核心产业融合的横向联结平台，关联产业融合的纵向平台，联结不同关联企业或机构产业链因共同的利益关系，组合集群产业间的资源互补网络。在同一区域内集聚，集群内核心与关联企业产业共享公共基础设施硬资源，有益软资源，协同性生产与交往降低总成本，带来横向与垂直一体化产业利润，吸引更多产业经济体加入，集成集群规模经济、范围经济效应则更加明显。

传媒集成平台联结的集群经济效应，使所有产业获得人才、成本、技术、信息等共享资源，促使关联产业集群整体合作，不同产业实体保持有序和有限度的良性竞争，释放更多的生产能量和营销交易优势，从而保持市场经济的生机与活力，整个产业集群市场经济效益随之提高。

"任何外因都要通过内因的转化才能真正实现价值，集群可持续发展的内部流程首先是要强化竞争优势，而优化网络结构正是强化集群整体优势的重要方式和途径。……网络结构的优化体现在集群企业之间更加紧密的联系以及单个企业的规模扩大，这些都使得集群通过不断寻找新的联系来实现柔性生产，从而快速满足市场需要。"① 但传媒集成经济联结平台拥有者，要善于利用自己的特殊地位，把握主业和副业关系，规范不同产业、企业间的适度竞合关系，避免内部资源结构重叠与恶性竞争，导致集群规模和范围不经济及其他风险爆发，使总体优势变为劣势，造成产业集群共赢形态瓦解，导致整体集成规模经济效益的良善愿望与追求目标落空。

三、关联产业联结与传媒集成经济集群效益

"集群成功的首要因素归因为生产模式不但激励企业协作分工，获得成本优势，而且使得集群企业互通信息，知识溢出，激发创新。文化产业集群内大量产业相关企业的高度空间聚集，形成协作分工，也具有一般集群弹性专精的生产模式特征，更重要的是集群内形成密切的社会网络。"② 集群经济通过产生知识、经验、技术发展的孵化效应，以集成经济行为活动效率与效益的快速扩散辐射力，有效嵌入特定地区的社会生活和文化空间，与区域关系网络和经济环境进行充分互动，巩固彼此共同发展的网络经济关系。在共享更多知识、经验、技术等资源进程中，吸引地方多元产业资源融入，获得特定地区网络正外部

① 何铮：《实体集群与虚拟集群：聚合模式及其可持续性》，电子科技大学出版社2013年版，第161页。
② 方永恒、李文静：《文化产业集群的社会网络嵌入性研究》，《科技管理研究》2013年第3期。

经济性效益。

　　传媒集成平台则在其中扮演有效的中间组织联络角色，替代原生经济组织，维持各方实体经济关系，其经济价值主要体现在：（1）平台集成的企业群体越多，集中供应有价值的经济交易信息就越多，加上集群信任经济效应存在，减少企业和实体产业各自在茫茫市场中寻找和甄别选择伙伴的成本，节约交易实际操作流程时间和减少费用，实现集群内部交易的无缝对接，满足产业市场经营低成本、高效率、大回报需求，帮助产业集群形成交易规模上的正外部经济效益，产生范围上的正外部经济效益；（2）在关联产业与核心产业集群中，针对群落内部企业实体交易活动，传媒联结平台起到监督契约关系、保障互利合作机制运行的中间角色作用，降低交易过程冲突的成本费用。有效有力的传媒监督作为，增加网络协调效益的服务正外部经济性；（3）利用自身权威信息服务身份，防止内外交易网络中的企业过度竞争，发挥传媒及时预警职能，防止产业经济运行的黑天鹅事件发生，减少参与者的有形无形风险，剔除经济危机突发的危害毒瘤。即使突然出现局部危机，要通过尽快发现与传播扩散，促使其他产业汲取教训和经验，获得网络产业集群化危为机的正外部性经济效益；（4）以传媒综合集成平台为主导，降低产业成本同时也从事集成创新服务，树立服务全面周到的机构形象，如开展有声有色的企业主体联谊交往活动，推进集群产业之间建立相互信任和支持合作网络关系，减少交易摩擦费用，转化为产业盈利创新的正外部效应。

　　传媒集成联结平台构建与关联产业集群聚合，产生各种交往边界弱化或去除的网络正外部性经济效益，"将企业内部无边界组织的概念扩展到马歇尔式集群内部，可以将该集群内部的组织结构视为一个无边界组织。无边界组织在集群内部的极限形式就是网络组织结构。面对日益复杂多变的外部环境，无法预料风险会出现在产品链上的哪个环节，加之不同企业甄别信息的能力差异，因此，群体内的每个企业都有可能成为创新的领导者，其余企业成为支持者和配合者。当然，这种无边界组织的实践前提是信息的有效配置和传递，具备较高的信息对称性。"①正是传媒利用信息搜集、整合、加工、判断等专长核心优势，以综合集成联结平台公开透明及时发布，从中大有可为，实现信息针对性服务增值。

此外，传媒集成经济联结平台的网络结构，链接关联产业集群面向社会和市场，服务大众复合需求开发产品、投入生产，依靠广泛关系结构嵌入，最大程度发挥网络经济作用机制，使各种资源在社会化大生产经济发展中得到更大范围优化配置，扩大再生产规模，赢取传媒集成联结平台网络的正外部经济效益最大化。这就是关联产业集群通过集体优良经济活动带来的社会效益。

"在山东"电子商务平台就是一个成功实践典范，它"依托大众报业集团优势资源，充分整合传统媒体的公信力和电子商务的便利性，搭建的一个以山东名优特产品及老字号为主，集企业建站、网上招商、在线交易、现代物流等为一体的综合性电子商务门户。立足山东，服务全国，建立行业联盟，推动企业电子商务应用，促进区域间、行业间、企业间的商务互动，形成较为完善的电子商务发展基础和支撑体系，以推动山东省电子商务应用水平、交易规模等进入全国前列。"② 其关联实体经济与传媒集群联结平台的生产经营活动，缘于对区域性社会资源的开发整合利用，但对当地产业经济整体环境产生积极影响，在直接整体经济效益提高与无形声望资本提升中，传媒集成经济发展对地方经济创

---

① 何铮：《实体集群与虚拟集群：聚合模式及其可持续性》，电子科技大学出版社2013年版，第59页。
② 林忠礼等：《媒体平台经济的实践及转型——兼谈大众网的电商尝试》，《青年记者》2013年第3期下。

新意识、生活消费方式、市场制度环境等方面，起到正向推动、促发变革与行为导引作用，因而产生网络经济的另一种外部延伸效应。

本章小结

传媒核心关联产业的综合集成联结平台，具有如下集成规模经济协同作用：（1）信息生产传播营销流程缩短，加速集成经济效益转化。传媒针对性供应全方位专业内容信息产品，如各个产业发展政策方针、资源供需价格、新兴服务理念等，经过推广将迅速产生集成经济效益；（2）平台中介服务功能增强，加速商业经济活动价值转换。集成平台金融市场资讯推送、数据库查阅搜索、进步科技研发、在线交易洽谈、企业信息发布与在线支付等功能，自动匹配和撮合联系买卖双方多种共享信息中介服务功能，增进联结平台经济效益；（3）集成经济联结平台管理创新，促进传媒核心产业和关联产业升级换代。集成平台生产经营科学管理、集群成员自我治理，丰富、延长、拓宽产品线，满足市场变化需求与产业进化的复合需求。

特别是传媒集成平台充分发挥信息、交易、创新等综合服务功能，优化发展内外管理环境的集成功能，大大降低运营成本并提升服务质量，使整体个体经济效益最大化和最佳化，同时扩大规模扩张的边际收益，实现集体迅速积累财富的正外部性增值。而且其联结产业资源的规模经济发展，是在传媒组织综合联结平台的监督完善下，以内涵式拓张与外延式拓展的有机结合完成，促进所有产业抗击市场风险的能力大为增强，增多产业经济效益和社会效益的机会，从而超越传统大工业模式，形成新兴的产业集成规模经济。

第五章 联结非关联产业与
传媒集成范围经济

"集成经济是一种复合经济。……复合经济的多样化和集成化功能具有高效、合理、节约、方便和更专业等特点，……顾客能从复合经济中获得更多的消费者剩余是集成经济极具竞争力，并得到快速发展的市场支持因素。复合经济的效用几何函数式可以表示为 TU（Q_1+Q_2+…Qn）>TU（Q_1）+TU（Q_2）+…+TU（Qn）。"[①] 复合经济系列特性决定了传媒集成经济发展遵循的核心原则：为用户客户创造更多福利剩余，换得长期情感交往与互动稳定关系，追求复合产业总体经济共同利益，其所蕴含的这些特质，决定了传媒集成经济属于一种扩张性的、可持续性的、互利共赢的新型范围经济。

实现传媒集成经济的复合经济效益，首先在构建的核心与关联产业

---

① 王永、刘建一、张坚：《浅析规模经济、范围经济与集成经济》，《江苏商论》2004 年第 3 期。

纵横联结集成网络平台上。拓宽产业资源的内外联结界面、联结层次和联结范围，超越传统媒体仅仅联通企业广告商和受众用户双边市场的平台经济模式，扩展平台属性功能身份，开辟多边性新型网络市场，融汇多元实体产业经济资源，加强传媒及不同产业资源的联结效率和信息集成传播管理效率，延伸集成经济的协同效益和范围经济效益，以互联网时代协调、有序、精准的大生产集成管理科学流程，供应深广满足用户客户及时代复合需求的产品服务序列，促进传媒集成平台联结汇聚的所有产业获取复合经济整体良性收益。

第一节　联结平台功能拓展传媒集成范围经济

　　平台经济是近年走红新媒体业界学界的一个重要概念，定义不一而足，但一般指"在平台运营者、平台参与者以及平台运行规则三大要素构成的基础上，依托新一代信息技术，由平台运营者遵循'一方投入多方获益'的运行规则，系统地开发、集聚要素资源，让平台参与者获益的同时，也开发出让自身可持续增值商业模式的经济形态。这种经济形态通过移动互联、云计算、大数据、物联网等新一代信息技术的广泛使用，有效实现多业务综合集成、产业链整合并购、业务流程变更、新业态成长，充分实现工业化和信息化的深度融合，从而加快生产要素整合、增强资源配置能力、创新商业模式，最终提升社会整体生产效率。"① 我国传媒集成经济复合联结平台建设，不只从单个传媒企业

---

　　① 史健勇：《优化产业结构的新经济形态——平台经济的微观运营机制研究》，《上海经济研究》2013 年第 8 期。

占据市场出发，而是以联结平台为阵地，依靠传媒供应的服务成本低廉相对优势和信息内容丰富绝对优势，开展多边市场资源交换的平台联结等增值性服务，精简各个实体产业的商业营销环节管理费用，缩短平台资金交易的周转周期，降低所有参与产业经济实体的成本花费，稳定用户客户资源，拉来更多产业资源，创新和实现传媒大平台联结的新经济价值。这是决定其在未来社会主导地位的发展方向。

一、发挥传媒独特平台交往协同作用形成长期互利关系

我国互联网新媒体公司由初期自由市场中不讲规则的野蛮拼争、朝兴夕衰，经过沧海横流、大浪淘沙，最终几家独大的垄断竞争格局呈现。总结它们的成功基本方式（包括国外著名网络传媒公司），都是全力打造自己具有核心竞争力的平台，粘附和拥有大量用户客户资源，吸引、连接、容纳多元产业资源，以平台经济的商业模式创新，扩张传媒经营服务的网络市场版图，为别人创造广阔市场发展空间，也为自己带来互联网时代的无边无际市场盈利报偿机遇。

因为"网络平台型商业模式使得网络产品和服务的特殊经济属性显现无疑，并提供无限供给的'零价格'产品和服务。'用户量'正是衡量网络企业是否强大的重要标志，庞大的用户资源是企业利润的最大来源。网络平台这一崭新的商业模式将充分利用双边市场相互作用的外部性特征，通过实施商业策略将极大拓展企业盈利空间，并从中实现自身价值的最大化"。① 建构联结多元产业的传媒集成平台之后，更要通过资源互补、合作互利、互为成就的信息与服务供应，创新复合产业一体化的复

---

① 李允尧、刘海运、黄少坚：《平台经济理论研究动态》，《经济学动态》2013 年第 7 期。

合经济交易活动，使不同产业都能够依托集成管理服务，在低成本、高效益运行状态中成功经营，传媒自身和其他关联产业由此得以大规模集成化开拓，创新营收获益模式，在复合经济形态发展中共同进步。

传媒以此功能发挥拓展，促进集成联结平台产业内部适当竞争性的合作发展，使之具有复合经济结构关系的因时制宜与灵活机动性调整特征，保证所有平台中的企业集团等经济参与体，适合这个更高层次、更大规模、更广范围的经济联合体交往关系要求，及相关网络经济要求规则，正如企业集团中的高级复合系统，"在企业集团这种更高级的复合系统中，其成员也具备更高的自由度和灵活性，能够根据环境变化及时调整内部关系，这就使得成员间的关系并不是严格的寄生、附生或者共生，而是随着环境的变化不断调整的，即混合型。"①

像优酷与土豆的换股方式合并后，二者同一平台复合发展，不是传统兼并方式的一方吃掉另一方，而是保持一定程度的灵活竞争与协同共进。BAT三大网络传媒集团中的各种服务平台，大都抱持该运营模式，腾讯的微信平台作为后起之秀，在公司战略中地位超过原来的新闻信息平台、微博平台、游戏平台和QQ平台，但它们之间的关系是遵循市场变化，不断地进行内部资源调整转化。从这些企业集团的成功经验总结基础上，延伸拓展到传媒大规模集成经济平台运营，道理是相通的，只不过平台上的经济体量更大，产业资源成分更多，交往交易行为更复杂多样罢了。

二、凭借传媒信息集成经营专长优势服务有序交往

相比传统市场，平台其实就是我们常见的交易空间或场所，吸引集

---

① 潘爱玲等：《合作网络范式下企业集团管理控制研究》，中国人民大学出版社2014年版，第74页。

聚交换各种资源，帮助和促成多方交易，从中收取相应的场所供应费用、市场中介服务管理费用，从而获得商业平台收益。市场平台经济收益优势如今发展到虚拟网络世界，借助互联网联通无限疆域能力和集纳资源能量，被精明的创建者搞得如火如荼，如阿里巴巴公司的淘宝网站、百度公司的各种服务推广网页、腾讯公司的实体经济延伸服务等。其平台功能与获益方式虽与传统市场平台相似，但经营的范围之广，联结的产业资源之多，产生的经济效益之大，创新的转化速度之快，以及商业的交往模式之巧，社会的促进功能之深，则远非以往拘囿于某一狭隘地区和空间的传统商业平台可相提并论。

作为中介场所和联结促成交易的新渠道平台，帮助多方企业找到更多新的顾客和供应商，扩大市场经济交往范围、程度和机遇，强化生产和消费的交易稳定关系，在完成供应方与需求方精准对接中，实现各个产业集成的复合经济效益。传媒进一步的传播沟通作为是，在多边性、多层次、大规模的联结平台经济公开透明服务中，开发创新中介信息供给模式和服务增值模式，取得第三方市场信任的有形营利报偿，获得基于高级集成服务的权威地位无形资本报偿。此外，传媒也要继续发挥专业性监督沟通等作为，拓展传播的功能，使平台经济效益与影响力持续增进提升。

当前和未来的传媒联结平台设置与功能供应形态，早已超脱传统媒体经济二次售卖获得广告利润的单一方式，而是便利多元产业直接间接商业活动，提高盈利水平和市场运作效率，起着网络经济的催化剂功效。如我国网络传媒公司创新中介性质的平台支点，发展 B2B、B2C、C2C、O2O、P2P 等电子商务模式，适应用户需求变迁和商家精准营销要求，聚拢开发社交中的关系资源，扩散平等信任的传播价值，创造新型体验经济等价值，带来多头人气经济开发、快捷支付平台开发、精准广告推介营销等收益，尤其电子平台业务体系带来的可观经济效益。

"电子平台商务活动多部门能够通力协作，全过程一气呵成，高效便捷安全，改变传统商务买卖双方面对面的交流方式，通过网络使企业直接面对用户，从根本上精简商业环节、缩短周转周期，降低运营成本，找到新的顾客或供应商，开发销售现所有产品的新渠道。"①

三、联结平台共享传媒有效信息提高多元产业收益

传媒平台的集成信息与高效互动交流沟通，减少不必要的产业生产、存储，避免无效流通的物耗、人耗、财耗，增加社会化大生产节约的共享经济资源利润率。沃尔玛经营模式适应网络经济的要求，搭建双体系网络平台。"沃尔玛一个网络是仓储物流体系，一个就是通过卫星传递的信息体系。依靠高效的信息系统，沃尔玛可以及时地把世界各地的销售情况汇总起来，沃尔玛复杂的信息网络不但为它自己提供关键的信息，还同时和供应商分享有关的信息，比如宝洁公司通过沃尔玛提供的同步销售信息可以确定是否需要补货甚至有没有市场空缺产品的机会可以利用，分享销售信息还帮助供销双方的公司共同降低了库存，从而节省费用。"② 其信息网络与共享联结集成平台的运营模式，以其有力的信息服务为执行保障，成为节省成本、有利可图的经营典范。无疑也可作为传媒集成经济联结平台建构，发展复合经济，引领多元化产业经济共同发展之参考。

我国一些对市场反应敏捷、对互联网经济规则把握较好的传统媒体集团，通过集成化平台统一建设，开始实施复合经济运营，并取得不俗成绩。如山东大众日报报业集团的大众网，包括房产、汽车、购物、休

---

① 徐晋：《平台经济学——平台竞争的理论与实践》，上海交通大学出版社 2007 年版，第 253 页。

② 秦合舫：《战略，超越不确定性》，机械工业出版社 2005 年版，第 62 页。

闲、交友等生活服务类资讯为主的专业服务类网站，成为名副其实的"山东网友生活圈"，服务各地网民。"2013 年，网站各项事业继续保持高速发展势头，……全年共计营收 1.12 亿，利润 1921 万元，分别同比增长 46% 和 50.2%，网站综合实力居全国省级重点新闻网站前三位，利润第一位。"2013 年底搭建起"两网（大众网、掌上大众网）一报（齐鲁晚报手机版）三刊（齐鲁手机杂志、手机语文、大众舆情参考）一社（大众音像出版社）一屏（城市大屏联播网）一平台（'在山东'电子商务平台）"的发展格局，形成上下联动、固定移动结合、纸质网络互补、室内户外并行的多层次全方位立体式传播体系。新创刊《大众舆情参考》涵盖监测、分析、引导的全舆情服务链，成为省内第一份面向党政机关、事业单位、高等院校、大型国企的高端网络舆情专业刊物。2014 年，大众网将以"文化建设深化年"为统领，继续全面推进"四个转型突破"，用体制创新激发企业活动，用内容创新扩大品牌影响，用运营创新保持收入增长，用技术创新支撑项目建设，培育企业的核心竞争力，实现网站事业新的跨越。

第二节　联结复合产业共同发展集成范围经济

许多非关联产业资源与经济功能角色，虽与传媒很大程度风马牛不相及，但"不把鸡蛋放在同一个筐子"市场经营风险规避原则，资本多方逐利本性，诱使传媒管理者把结余资本不是放在银行，而是投向有稳定收入或利润丰厚的非关联产业，实施多元化的范围经济经营战略。"多元化的动因主要有两个方面：第一是资源共享，如果企业的一些资源如技术、管理、品牌、渠道、设备具备多个业务的共享并能带来更大的利用效率，足以抵消由此带来的管理成本的上升，就可以多元化；第二是核心能力转移，如果企业在某一领域积累的管理、知识、经验、技术可以转移到另一个业务领域，并且这种综合能力和其他竞争对手相比具有优势，就可以向另外一个领域扩展。"① 多元化经营在西方大传媒集团中普遍存在，他们以人力成员参与、产业资源联合、集团资本渗透、金融介入控制、直接进行投资等方式，延伸到银行、工业、农业乃至国家航空航天等高精尖科技产业领域，做到主副产业结合，既能降低整个传媒集团营收结构单一的潜在风险，又能创造交叉互补的完善盈利结构。互联网时代的传媒经营范围扩张，需要以平台汇聚多元化产业，以复合产业集成经济联结平台获得中介性服务收益，又要以平台为支撑，大胆而适度介入到其他产业发展范围经济，获得集成经济多元化增值收益。

一、发挥信息中介服务等优势促进多元产业获取集成范围经济效益

横向融合的传媒核心产业、纵向融合的传媒关联产业，再与非关联复合产业集成平台有机融合，扩张传媒平台经济的界面、延伸线和渗透触角，联结吸引、聚合融汇各种产业，形成一个四通八达、包罗万千的内部混合集成经济协同平台。与外部大的市场经济环境、社会环境相互交融对接，再构成一个立交桥式的大中介平台。全面延伸传媒集成平台自身信息产品经营半径与智能服务范围，充分利用传媒能够促进经济交互的信息市场综合力量，以其多元化的信息指导、监督规范、联结联合等中介性功能，发挥集成平台在产业范围经济战略协同运营的核心地位

---

① 秦合舫：《战略，超越不确定性》，机械工业出版社 2005 年版，第 30—31 页。

作用，促使更大范围的不同产业分工协作、资源共享、优势互补，提高发展范围经济的产业合作效益。

二、发挥平台联合预警等职能，保障复合产业，赢取集成范围经济效益

传媒集成经济平台促进多元化产业集群中，不同经济板块形成大规模的经济联合体。此时的集成联结平台类似核动力航母战舰群，行驶在茫茫市场经济蓝海之中，依托公共战舰平台的集体力量和信息预警体系，协同应对市场各种风险威胁和竞争挑战。共同的产业范围经济利益交叉性扩展就是前行核动力，而传媒集成经济平台则发挥航母指挥平台功能角色作用，引领平台上所有产业资源相互交流与相互作用，通过有效的复合经济活动过程，联合各个产业集成创新生产技术，推动所有产业与市场环境、消费者需求、社会要求相耦合，并且利用科学的经营治理知识体系和集成创新服务体系，生产适合不同人群需求和不同个性化发展的新产品，整合营销与物流配送资源，达到产销精准定向的集成经济节省高效目标，集体协力开拓蓝海经济空间。

三、发挥平台联结虚实产业功能，开辟互利合作集成范围经济效益

"在信息网络化社会中，分属于不同经营领域的复数市场主体通过信息网络、协同合作，开发新产品，可以更迅速地满足不断变动的多方面的消费需求，获得更大的经济效果。"① 作为虚拟经济与实体经济相

---

① 周振华：《信息化与产业融合》，上海人民出版社 2003 年版，第 211 页。

互结合共生的传媒综合集成平台，这方面可谓万事具备，不同类型、不同领域和不同层次的虚拟与实体产业衔接，加上传媒产业依靠自己有机联合市场与聚合产业交互的能力，通过有价值的经营创意孵化、经济沟通衔接、信息头脑风暴等智慧性知识传递扩散交互外溢，必然能够繁殖出更多元的创新经济体，丰富传媒集成经济成分与其他产业经济的资源结构，集体收获新兴复合经济市场的交叉收益。

四、审慎选择实体产业，扩大精确投资，开拓传媒集成经营范围经济

互联网具有高度时空压缩能量，使跨部门、跨行业、跨专业、跨领域的范围经济联合创新或协同创新成为可能，为不相关联产业融合发展提供技术支持和社会关系基础。因此，传媒集成联结平台的协同经济效益，不仅能在传媒产业资源体系内产生与循环，而且以更加开放兼容的姿态与合作共赢理念，聚合联结更多产业资源，包括供应商、用户群体、政府和其他公共服务机构，构建新的纵横交错网络状传媒综合集成联结平台，以产业经济共同利益为驱动力，从事超大范围的产业资源优化整合，分散和降低市场经营不确定性风险。传媒集团于其中不断抓住转型提升良机，有眼光地选择战略伙伴、进行资本多元投放等渗透，与平台其他产业结成同生死、共命运的经济联合体，积极探索产业范围经济路径，创造新市场机会，共享剩余价值收益空间。我国读者传媒集团有限公司就是如此步步为营，抓好主业并开拓副业，规模与范围经营业绩良好，最后通过有关部门严格审查，在 2015 年 12 月成功上市，成为出版行业转企改制的一颗耀眼明星。

综上所论，传媒利用复合产业集成联结平台从事多元化经营，不仅可以更好地抵御经济周期性的危机衰退，还通过网络交叉补贴的收益与

互补资源关系解难济困，使多种产业的多种业务相互支撑，共享范围经济的各种经营效益。因为范围经济的主旨意义是共享产业资源，降低集体成本，依靠集成化管理和研发创新，达到一次性投入或一项创意，从不同层次和经济领域获得收入的最佳经济目标。对传媒产业而言，范围经济优势还缘于生产大众媒体产品积累的经验可能会与另一种相关媒体产品的生产相关。新闻集团宣称："我们的基本理念是所有媒体本质都是一样的，报纸、电视、杂志、电影和图书，无论何种形式的媒体，其发现和培养创意人才资源的原则和技巧都是相通的。"① 迪士尼、维亚康姆、时代华纳国际传媒集团巨头，无不适应和顺从这些经营规律，依靠规模经济、范围经济的跨国多元混合产业经营，以集成化管理和产业协作，多层次、多角度、立体性挖掘各种有利可图的范围经济价值，开发交叉互补网络的集成经济效益，获得总体丰厚利润回报，从而稳定了它们在国际传媒市场中的优势地位。

相反，我国传统媒体产业发展实践中，作为范围经济的产业拓延，许多传媒集团近年来纷纷投资房地产、开发餐饮公司、涉足旅游产业等多元化经营服务，范围经济拓展方向无错，然而由于一些决策者拍脑袋及受腐败无能因素左右，不顾市场规律乱加涉足，导致多元投资的跨行业经营不善，投资其他产业要么回报不佳，要么全部打了水漂，有的还因此负债，拖累整个集团长远发展。诸如此类盲目无效或负收益的范围性扩张后果，既分散传媒经营管理精力，又浪费传媒产业宝贵的资源，必须有力予以规制和防范。有上述前车之鉴，互联网时代的传媒产业集团集群，选择集成经济路径做大做强，首先建构联结资源的运行平台，使之成为非关联多元产业共享资源的纽带和中心，然后拓展产业复合经

① ［美］约翰·W. 迪米克：《媒介竞争与共存——生态位理论》，王春枝译，清华大学出版社 2013 年版，第 125 页。

济协同价值，提高所有参与体循环利用资源的复合增值效率，传统媒体将于其中赢取范围经济的更多共同发展空间。

第三节　联结复合产业开创传媒集成生态经济

互联网时代的多元产业聚合于传媒集成联结平台，因不同产业实体互联互通的集成组织利益关系，形成彼此互为需求、互为支持、互为供应、相互依赖的复合经济效益。通过不同参与产业单元的交叉融合，以整体集成创新赢取最大化的经营利润，构建起健康、和谐、共兴的大生态产业经济。"生态产业链是企业集群的一种体现，其整体优势、整体作用十分明显，这就是所谓的聚集经济效应。具体体现在交易成本的降低、信息和基础设施的共享、生态链接的吸引和辐射效应、知识和技术溢出效应、人才聚集效应等。"[1] 传媒集成经济规则下建设的联结综合平台，身在其上、相互独立、密切关系的各个经济主体与传媒产业一道，共享有价值的生产管理和经营资源，集体默契协同合作应对市场各种风险，降低参与各方交易成本，解决经济节约与开源的两大根本问题。这种具有生态效应的共兴共荣复合产业范围经济，及其生成的多重创新价值，大大提高产业群体的总体经济绩效。

一、复合产业联结平台与传媒集成经济生态效益

"集成经济作为一个动态演变体系，必然伴随传媒市场和用户环境

---

① 王秀丽：《生态产业链运作机制研究》，经济科学出版社 2011 年版，第 48 页。

变迁、时间推移和技术进步、根据产业要素资源相对优势的此消彼长等，对产业的组织结构、服务产品、社会功能进行与时俱进的转换提升。"① 因此，建构传媒集成联结平台，要实现生态经济的复合多元功能价值：一是着力强化技术、产业、市场、用户等不同层次资源的有机交互，简化多方交易过程，降低经济交换成本，提高双方和多方信息活动和资源互为活动的效率；二是努力促进复合产业资源与平台之间的优化配置，形成产业生态经济的网络循环流转最佳效益，提升生态经济应对外部环境变迁的集体共生共赢效益；三要全力利用传媒集成经济联结平台，促进产业生态经济效益扩张，延伸彼此分工合作产业网络；各种产业资源依托平台互相渗透，增强多方互依互补关系；垂直整合、横向整合到网络化立体整合，体现产业经济生态的整体化特质，达到荣辱与共的集成经济协同运营效果。

　　生态位理论总结生态经济内涵特点，明确指出其具备的市场竞争优势："相对于专业化种群或行业而言，综合性种群或行业的宽生态位能使其更好地适应环境的不利变化。"② 传媒集成经济依靠强大平台聚合力，借助网络无时不在无处不在的触角，有机对接用户客户群体的复合需求，建立各个经济实体的关联，内部打通各要素板块之间的关系隔阂，外部消除与消费者的冲突隔阂，内外交易摩擦和交往相处接近零成本，节约资源降低耗费，而且提高市场环境应对能力，使每个产业集群板块都各有所取，在复合产业的健康生态经济中，超越大工业时代的外表简单规模和范围扩张，赢得经济最优效益和最大化发展。

---

　　① 王孝斌、王学军：《创新集群的演化机理》，科学出版社 2011 年版，第 10—11 页。

　　② ［美］约翰·W.迪米克：《媒介竞争与共存——生态位理论》，王春枝译，清华大学出版社 2013 年版，第 96 页。

二、复合产业联结与传媒集成经济共同治理效益

传媒联结平台的综合复合生态经济功能发挥，需要传媒倡导引领与传播推进，促使传统供求市场的"双方规模经济"，逐步转变成生产、营销、服务等各群体交叉交往的"多边网络规模经济"；范围经济效益开辟更多关联产业、边缘产业以及外围产业链的对接界面，由原来生产经营"产业经济链式"发展，逐步转变成互联网时代的"产业网络经济模式"发展，以此实现传媒集成平台经济多重范围经济市场，产生超大规模生态经济共兴价值。传媒还要依靠自身影响地位，在传媒集成平台上相互监督、相互合作，树立产业之间的互为服务契约关系，约束经济行为中的败德现象，提高参与各方的经济理性程度，维系所有参与者的协作共赢规则，创造整体生态经济的共生新增收益。

正因如此宏大目标，健全传媒集成联结平台的复合产业生态经济效益，需要及时防止结构松散与关系脆弱危险出现，不断增进各产业与平台之间的相互依赖，完善生态经济的自我发展、自我进化、自我创新等内生机制；增强集成平台产业集群生态互为的共进关系、密不可分的利益关系、整体系统的合作关系，自我调整与自我修复的市场进化能力，彻底消除生态经济衰退的潜在危害因素。

我们清楚地看到，在世界经济一体化，产业规模化扩展、范围化扩大内在发展要求下，横向核心产业整合、纵向关联产业集聚、多元产业集中的复合产业集群发展，成为我国传媒适应经济全球化和国际竞争激烈化的必然趋势。"集群本质节约降低交易费用，提高经济效率与抗风险能力。未来文化产业的竞争，必将是区域对区域、集群对集群的竞争。"[①]

---

① 詹成大：《文化产业集群及其发展模式》，《浙江经济》2009 年第 9 期。

这是互联网时代我国传媒产业壮大经济竞争能力的必然之路，打造复合产业集群得以协同发展的必然之路，采纳集成经济规模范围化扩张的必由之路，组建联结平台获得丰厚经济效益的必由之路。

图 5.1 传媒集成经济三大联结平台及综合平台效益

总结上述，互联网时代，传媒系统要善于联合所有经济体，建构产业联结平台，设置完善的协作治理机制和整体危机预警体系，促进集成经济目标顺利实现、市场竞争优势保持、社会关系交往和谐，摆脱市场经济中的双重失灵困境，防止内外矛盾问题衍生影响整个产业集群发展。由此出发，作者结合大量实践观察与理论学习，认为传媒集成经济联结平台功能框架及作用发挥应包括：（1）经济性交往信息发布功能平台，包括各种有价值交易促进信息、交易动态与物流发送反馈信息、人财物力资源市场信息、经验管理学习信息等；（2）中介性增值服务功能平台，包括各种深度咨询、企业产业资源链接、市场风险评估预测等中介性增值服务；（3）用户舆论监测评议功能平台，包括传递客户用户的评比信息，相关交易契约实施效果的规范，非法败德行为的曝光批评等市场透明化信息服务；（4）基本技术维护功能平台，主要是联结平台上各项功能的技术性后勤保障、信息发布传递及其他网络页面链接等。这四个集成功能平台再组合联结一起（参见图5.2），构成实时的、定期的、动态的四叶轮循环流转结构，以持续不断信息更新、完善运作和监控管理优化，服务和规范传媒联结的综合平台上所有复合产业集群活动，保证传媒平台的平稳高效运转，保障传媒集成经济发展的循环收益源源不断。

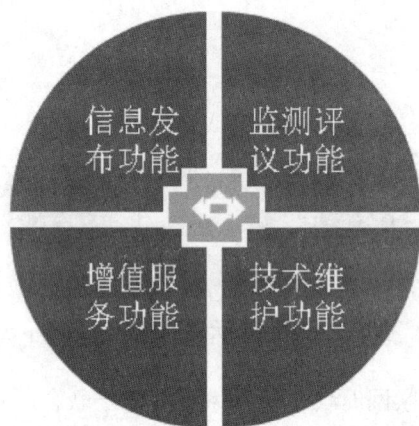

图 5.2　传媒集成经济的复合产业平台功能示意图

第四节　BAT 联结平台打造与集成范围经济发展

对于生产与消费的辩证关系，马克思深刻论述道："生产不仅直接是消费，消费也不仅直接是生产；而且生产不仅是消费的手段，消费不仅是生产的目的，也就是说，每一方都为对方提供对象，生产为消费提供外在的对象，消费为生产提供想象的对象；两者的每一方不仅直接就是对方，不仅媒介着对方，而且，两者的每一方当自己实现时也就创造对方，把自己当作对方创造出来。"① 互联网技术从冷战时期的美国出于军事战略对抗与防范对手目的，从实验室研究产品再逐步市场化、国际化发展，一路走到今天，其嫁接、颠覆、改造、提升传统经济模式的作用非同凡响。互联网平台建设在我国蓬勃发展，商业经济形态持续创新进步，不仅生产出睥睨一切、不可一世的 IT 高精端产业和大量相关产品经济链，而且生产出电子商务、网络支付、物流体系、网络金融等新兴产业，裹挟传统产业经济和市场关系与之对接，最有力量的是形成了庞大无比的新型传媒网络用户客户群体，在生产、消费与创造的一体化社会交往中，推动我国新型产业经济大规模、高质量增长，拓张新型网络经济市场空间。

我国网络传媒公司三巨头百度、阿里巴巴和腾讯（BAT），从技术服务的小公司发展到今天与世界知名网络传媒公司比肩而立，其通过因应互联网时代的技术和服务赢得用户，然后建构和壮大联结平台，聚合多元经济成分，斩获多重经营效益，作为互联网时代的传媒集成经济发展案例证据，足可说明马克思生产和消费彼此创造对方的经济道理。

梳理我国互联网产业经济的历史，是百转千回、幻灭沉浮、失望希望等交织成的万象丛生景观。1996 年互联网技术在我国大陆渐入市场，仅 4 年后，即 2000 年就爆发世界性互联网经济危机，打破之前 IT 产业界数年炒作制造的经济神话传说泡沫，无数投机、吹捧者的致富幻梦瞬间破灭，刚刚兴起的中国网络产业经济遭受重创，一度热火朝天的成百上千新媒体网站纷纷倒闭关门。幸存的网络传媒公司熬到 2002 年，情人节短信交往及其他类型增值服务开发收益，加上风投公司、国内外有眼光的长远投资者出手，才挽救了后来几个大红大紫者——包括百度、阿里巴巴和腾讯，它们也同样正面临资金捉襟见肘乃至差点关门之困！

2003 年，由我国爆发了"非典"，社会经济生活遭遇变故，反成了

---

① 《马克思恩格斯选集》第 2 卷，人民出版社 1972 年版，第 96 页。

中国网络传媒公司及产业经济兴盛机遇。被"非典"逼仄在家和分割压缩在单位空间的许多中国民众,仿佛突然之间找到了联通外部无限世界的新窗口和平台,这就是互联网!处在风雨飘摇中的几家网络公司抓住机遇,以其技术服务的提升跟进和大力宣传,吸引用户客户对其关注和依赖。就在"非典"这一年及随后的 2004 年,互联网用户的数量、网络宽带的建设发展、新兴网站的数量,完全可用"暴增"一词形容,其具体增长数据和快速发展态势,参见下面一些研究机构图例资料即可见一斑①。

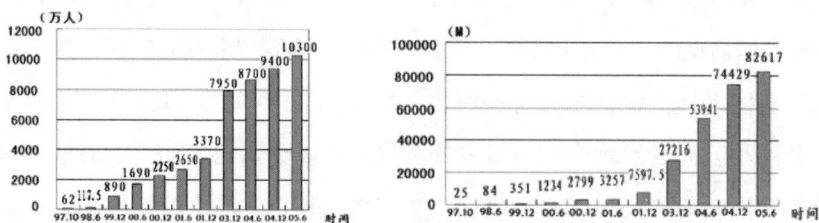

图 5.3　1997—2005 年我国网民数量增长图与网络宽带增长图

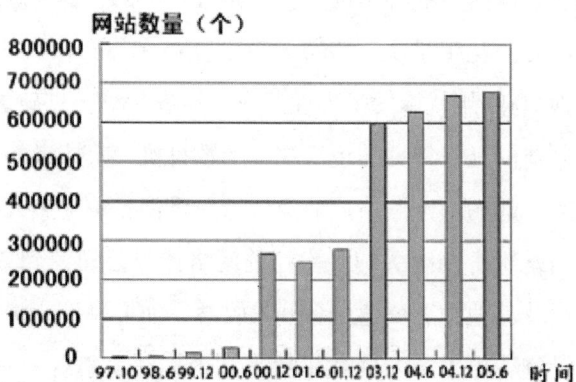

图 5.4　1997—2005 年我国网站数量增长图

_____

① 《应用繁荣催生互联网第三次浪潮》,2008 年 12 月 3 日,http://www.cnii.com.cn.

大批用户聚集在互联网平台空间，人气经济交往价值和社会价值与之俱来。传播学界因孙志刚等影响深远的事件，称2003年为"网络舆论监督元年"，政治学界有人称之为"网络问政元年"，但尚未显山露水或未成气候的中国传媒经济学界，仍将极大的研究精力和兴趣集中于传统媒体产业，没有发出太多声音——但互联网时代的新兴传媒经济，正是从这一年逐步走出大量烧钱却不赚钱的经营窘迫。我国第一代商业新闻门户网站如新浪、网易、搜狐和腾讯等迅速崛起，以丰富多彩的新闻信息内容供应、网络游戏、娱乐产品等互动传播服务满足，培养用户的上网依赖性，并以网民点击率、上网流量等延续传统新闻传媒的广告经营收益模式而红火，成就后来数年辉煌发展的骄人业绩，国民尤其是年轻群体，使用互联网交往的习惯逐渐形成。后来居上的第二代精明网络传媒商业三大公司BAT，同样也在"非典"这一年，抓住巨大商机和发展契机，迎头而上，大力创新，打造新型传媒联结平台经济的广阔市场天地。

2003年，百度公司以应对瘟疫的"非常搜索"，抓住特殊环境中的特殊机遇，"百度流量年"名声鹊起，自此开始占据我国搜索引擎发展与营销的市场先机。互联网泡沫超量信息海洋中，迅捷、精准、有效、有价值的生活产品等信息获得，对广大普通网民用户来说，就是最大的实用性价值。这是接触使用传统媒体的硬道理，也是互联网时代新媒体平台凝聚用户的道理。百度因实用性极强、适合本土文化的搜索功能服务，吸引大批网民用户，拥有了人气资源继而拥有了招徕广告商重视的资本。而对于我国广大中小企业主居多，但却无力支付传统媒体平台巨额广告费用的经济实体来说，不花大钱也能迅速准确地找到顾客和消费者，将企业产品有效转化为商品和利润，且营销成本大量节省，是不用拨拉算盘都知道非常合算的好事。

为了让生产者和消费者都皆大欢喜，百度公司搜索技术产品力争做到精益求精，搜索引擎的速度与精准度不断提高，商业平台进行精细化管理，从跨越时空障碍的大撒网广告传播到一对一精确定位式推广营销，以企业形象与产品推广效果为招牌，吸引大批中小企业客户来此平台投放广告。从此，百度公司一发不可收，竞价排名商业模式的成功创造与推出，伴随着"冬猎行动"、"后羿计划"实施，2007年12月设立SEM（Search Engine Marketing）部试水"品牌专区"，从原来服务中小企业对象到开发为知名品牌量身定制咨询发布平台，作为竞价排名搜索营销高级模式。而且后来将竞价排名、品牌专区、精准广告等平台服务有效整合，把搜索引擎营销的技术功能和市场价值发挥到极致：大公司大企业的品牌建设和搜索并不遵循"零和法则"，二者完全可以相得益彰，因此也成为许多大公司企业的广告投放平台。

百度品牌专区的平台价值体现，主要通过线下推广传播，引导网民查询线上的相关商业信息；通过品牌专区平台，提升每天潜在的巨大网民流量价值，构建顺畅的线上线下信息链条，促进网上门面与实体门面的良性循环。2008年百度公司再次正式敲定"阿拉丁"与"凤巢计划"，其寓意为"只要作出好产品，用户自然就会到来"，表现出百度筑巢引凤、浴火重生的雄心。① 百度公司基于搜索引擎的互联网精准广告服务，是一种创新发展，改变早期的传统媒体广告营销形式，使广告商感到不太公平的广告投放效益与回报收获关系得到改善（著名的一句话就是：我知道自己的广告费浪费许多，但不知道浪费在哪里?），也改变了互联网第一代门户网站开创的点击流量广告经营模式不足，因为流量大并不代表网民对广告的关注度就大，毕竟人们有选择性注意的能力。"广告投放的依据则经历了分析网民自然属性、网民行为属性和

---

① 章晓明：《百度：互联网时代的搜索神话》，中国工人出版社2010年版，第151—186页（有整理加工）。

网民兴趣标签三个阶段。而百度以独到的优势，可以针对兴趣人群不同的关注点，不需要通过自然属性对受众兴趣进行加工，直达用户兴趣诉求。百度精准广告可以在百度几乎所有频道跟踪展现，持续影响，抢夺潜在客户注意力。"①

但这仅是百度公司服务广告客户战略的关键第一步，其因应互联网时代传媒经济发展和满足用户与网民多元要求的策略，一环紧接一环。"网站建设、搜索推广到后期销售管理，为了取得整体效应，推出增值服务计划三大举措：产品增值、服务转型、平台升级。"② 百度公司还从理财产品开发入手，创新百度钱包支付服务模式，近期联合、渗透、融合传统旅游产业及其他更多实体行业，集成经济网络化的联结平台发展战略路线清晰。经过多年发展，以搜索技术为根基发展起来的百度公司，最终将国际搜索引擎公司巨头谷歌挤出中国，并稳坐全球中文搜索引擎的头把交椅，还以其联结平台打造、集成经济经营、复合产业经济效益。

百度公司是提供集成平台开放共赢与协同发展的成功典范。首先，公司下功夫作出符合国民习惯、本土色彩更强的搜索技术产品，让人们便捷高效地搜索获取信息，独领世界中文搜索鳌头后的战略发展方向转为多元信息服务产品开发，利用搜索引擎平台的地位联合链接海量优质网站，建立世界上最大的网络联盟，在联盟大家庭关系互助互联规则下，各网站共同获得最大生存与发展机会。2012 年 9 月，百度再次显示与他人合作诚意，全面开放开发的核心云能力，加快推动移动云生态的系统建设，为更多开发者提供更强大的技术运营支持，保障企业或其他创业者推广变现，帮助他们获得收益。公司搜索推广平台以积极合作

____

① 章晓明：《百度：互联网时代的搜索神话》，中国工人出版社 2010 年版，第163 页。

② 同上书，第 191 页。

态度，强化相关行业、人与人之间交往合作的紧密性，产生集成复合经济效应，身体力行推广集成生态经济的互利共赢理念，其做法也使自己成为大赢家。

2003 年，对阿里巴巴公司同样是至关重要，以电子商务服务平台为主要发展方向的淘宝网平台趁机创建。阿里巴巴公司早期并不以盈利为目标，而是不惜低价甚至免费的方式吸引中小企业客户，帮助他们降低经营成本在网络上进行推广销售，以其适合非常时期的非常营销商业模式创举，迅速笼络了我国各种中小型企业、中低端商业经济中的大批经销商实体力量。在此基本的网络交易平台逐渐牢固之后，马云等决策者很快以其最大的经营手笔，投入淘宝网 20 亿元巨资，允诺凡是在淘宝网网站进行交易的购物者，可额外返还 1.5%—50% 现金，再创互联网时代的一种全新商业模式，培养消费者网络购买消费习惯，转变更多网民的消费方式与观念。淘宝网平台由此短短时间内，集结了大量中小企业、海量商品、交易信息、大批消费者用户等商业资源，精明的公司决策者这时候才利用这些资源整合开发，进行网络平台新经济利润的收割：依靠自身地位成为规则制定者，创建独立第三方支付平台，"支付宝"等网络金融产品出世，中国从此也正式进入电子支付时代。

而且"阿里巴巴为其企业和个人用户推出了一系列的服务，赢得了用户好评和利润的回报"[①]。支付宝模式便利了消费者放心购物，很大程度规范了商业客户的产品服务，为公司积累了无数的流动资金，整合这些资本进行其他多元化投资获取收益。阿里巴巴公司巧妙集成各种资源，挖掘利润的中介整合与新经济利润开发模式，包括后来的余额宝等产品推出，"通过搭建网络贸易平台很好地解决了信息流问题，通过

---

① 姜晓梅：《阿里巴巴关键成功因素分析及对策建议》，《经济论坛》2012 年第9期上。

开发支付宝、提供第三方存管的形式解决了资金流问题，通过与不断增长的现代物流企业合作解决了物流问题……'阿里贷款'与金融机构联手……'淘宝天下'与传统媒体联姻"。[①]

但马云等人的经营头脑清醒之处在于，中小型商家客户的资源聚合集成，不过是前期发展与影响累积，更大规模长远发展是利用与日俱增的平台实力，集成整合广泛的社会资源，为了这种战略目标，近年来与百度公司捐弃彼此征伐、零和博弈的前嫌，利用百度搜索优势开始新一轮的商业经营合作；始终与传统主流媒体保持一种良好合作关系，借重其权威声望传播自身平台，而且还收购曾经颇有地位的报纸传媒，尤其联手实体产业巨头格力电器公司等不断补缺短板；出资购买高盛等公司，主掌足球俱乐部等，扩展社会渗透面；特别是在美国上市，募集到令人艳羡的巨量资金，为公司大发展提供强大资本支持……阿里巴巴利用各个联结平台集成的综合平台，衔接贯通虚拟经济和实体经济，金融经济与文化经济兼容，大企业与中小企业笼络整合，资源综合集成网络平台战略布局健全完善，集成复合产业经济发展举措多管齐下。阿里巴巴公司走到现在，经济利润收益与社会影响力早已今非昔比。

2003 年，对腾讯公司而言，也是至关重要一年。腾讯虽有与前面二者不同的发展历程，但后来反超新浪等新闻网站，同样很大程度仰仗"非典"时期带来的机遇。有关数据明确显示，2002 年 3 月的 QQ 在线用户才刚刚突破 300 万大关；而到 2003 年 9 月，QQ 的用户注册数就上升到 2 亿；仅到 2004 年 4 月，QQ 注册用户数再创高峰，突破 3 亿大关，不得不说这里有"非典"造成的外部交往环境带来的重要影响。至此而后，腾讯公司依靠 QQ 聊天、游戏、邮箱、社交网络等产品系统

---

① 郑国洪：《阿里巴巴的战略与经营模式分析》，《中国集体经济》2010 年第 2 期上。

平台，发展到后来的微博、微信产品，得到大量社交用户群体依赖，由最初模糊不清的盈利模式，转变为基于人气经济的开发，进行多元化多层次经济增值收益挖掘，最终超越第一代商业新闻门户网站主要依靠流量+广告投放经营模式。2015年腾讯联合大批企业，以新年微信"红包"发放等成功之举，更是一举巩固原有微信社交平台人气资源，再以人气带动人气，开发复合经济效益。

腾讯公司具体运行的集成平台策略是：从社交信息流出发，以精准偏好掌握和即时高效资讯服务，利用优惠券、微信卡等引发用户购物消费行为，通过便捷支付产品使其用户消费者随时随地支付，然后利用公司综合集成服务平台，加强物流服务的持续性跟踪保障，及时对消费者和客户的评价反馈。腾讯公司从用户信息搜集促成购物消费、从支付到售后评价全过程进行集成化管理，整合电子商务、电子支付、物流、信息服务等经济网络，开拓集成网络平台的更多效益。腾讯还与传统出租车等行业合作，如腾讯应用宝平台支付的滴滴打车，足以显示其并吞多元化产业之心，因为全国各地旅游、市内出行的出租车行业资源丰厚，一旦这个支付平台网络形成，将会给公司带来不可估量的收入回报，所以引起竞争对手的高度警觉。

腾讯公司做大后，过于吞噬性的开疆拓土，引发整个互联网新媒体业界的愤怒，成为众口皆非的网络生态之公敌，长此以往，必定埋下帝国崩塌的危险因素。尤其3Q之争后，掌门人马化腾很快意识到威胁，迅速转型到适应互联网技术精神要求的开放合作内涵，积极展开社会化的形象重塑公关活动，和我国其他互联网公司巨头一起，在不同的场合进行公开对话交往，而且反复明确表态，强调互联网平台、大数据等开放合作的重要性，还采取一些卓有成效的行动，在倡导用户为中心的资源、平台共享等价值之上，走向与其他更多伙伴合作互利共进的新生态经济发展时期。

通过多年模仿+富有竞争力的创新，商业头脑和长远眼光兼备的马化腾等人，近两年凭仗自身的新经济平台，与传统经济资源进行战略整合联通，大举渗透、联营、收购其他关联的传统产业，使腾讯的集成平台经济营收结构更趋合理，近几年同百度和阿里并称网络公司的三大巨头，BAT 三国鼎立局面构成。而今为与阿里巴巴公司竞争，腾讯亦步亦趋模仿开发支付类产品，联合易迅网共同打造实体交易的"微信卖场"平台，构建三种依托微信传播的在线支付方式，即扫码支付、APP内支付以及公众号支付平台。新近开发的腾讯地图等免费服务产品，更多包含经济生活消费指导资讯，与餐饮、百货、住宿等实体行业共同盈利。

伴随百度、阿里巴巴和腾讯的经营发展成功与声名显赫，传统媒体因用户量和广告商的快速流失而渐不景气，以内容集聚赢得网民光顾、以点击流量获取广告收益的第一代三大门户商业网站"新浪、网易、搜狐"亦风光不再，处于要么转型，要么持续落魄地步。透视 BAT 发展兴盛历程可以看到：满足全球化市场范围的客户群需求和大规模定制，实现成本领先与差异化两种战略"共赢"，打破波特的关于二者不可兼得论断。他们没有传统媒体的权威稀缺资源，不去与之争夺大型企业和产业客户，而是依靠联结平台和互联网力量进行差异化竞争，吸引中小企业客户和草根网民群体用户，号称"得草根者得天下"，在探索创新网络市场经营模式与经济发展路径中，成为最有活力、前景远大的经济力量。

时势造英雄，英雄造时势。国外的互联网公司谷歌、亚马逊、脸书网等，国内的三大网络公司巨头 BAT，无不是因应当今互联网时代的社会复合需求，群体需求和个体需求，生产者需求和消费者需求，及各种产业经济共同发展壮大需求等，以资讯内容、搜索服务、商品购物、游戏娱乐网络支付等集成化的产品生产与免费供应，立体性信息平台、全方位服务平台、多元化功能平台的综合集成平台，一站式解决用户消费问题，吸引大量人气流，带来信息流、物流、广告流、资本流，汇聚集成各种产业和多元化资源。平台上的信息技术扩展和经济优化能力，网络经济外部性效应，促使拘囿于地方的无数产业经济，将交易范围扩展到全国乃至全球市场；促进受限于商业盈利模式单一化困扰的传统产业，拓展广阔的经营空间，整体获得经济新生与活力。

BAT 三大公司的战略化经营，均从公司产业链内生性要素资源的改造整合，到产业平台外扩性资源的延展整合，再到产业网络相互渗透到对方战略竞争长项，通过多元化虚实经济集成网络经营平台，于战略性整合实体产业的拓展中，以更加深度的集成管理与优质服务，更为强大的广泛链接和兼容能力，裹挟更多的产业经济资源融入同行共进。随着移动互联网技术的持续创新进化，平台用户量不断增长与传统产业经济的融入支撑，云计算与云存储平台创立，仍以免费使用方式先聚合大数据资源，然后是大数据分析挖掘技术跟进，为互联网商业公司赢取大数据经济价值带来新的契机。互联网大数据资源一般从各种数字媒体智能终端、网民生活日志、社会化组织、传媒、私人公司企业和公共部门机构等获取信息，据国外专门机构麦肯锡研究估算结果，大数据撬动的产业规模极为庞大：美国健康行业每年可从大数据中获益 3000 亿美元，欧洲公共部门每年获益 2500 亿欧元，全球个人定位信息价值可达 7000 亿美元。① 大数据平台服务用户、企业和产业行业，使他们无须担心各种有用信息的丢失或损耗，而平台可以通过大数据分析计算，更精准预测和把握人们的需求，为其他产业实体经营大大消除市场的不确定性，使生产者和消费者共享成本降低的福利，是具有经济意义的双赢服务。

---

① McKinsey Global Institute Bid data：The next frontier for innovation，competition，and productivity，2011，8.

所以 BAT 三家公司又不约而同地盯上大数据产业经济。这也是传媒集成经济的内在本质，因为它属于复合经济，追求与用户共利的永续发展，与产业合作制胜的最高境界。

BAT 发展历程及运营效益证明，联结平台建构是集成经济完成多个层次功能的保障：自我产业链、价值链与外在关联产业群体关系链联结之后，再延伸接入社会经济大系统链接，完成基于互联网技术和精神的资源大联结功能；交互平台、物流平台、商务平台、支付平台加上社会化管理平台构建，加上其原先架构的上下游产业垂直线性链条，以及内部机构之间平行链，不仅纵向拓展，而且横向扩张，形成一个网状交错、立体通达、层次错综的资源综合集成空间平台，产业从上到下、从左到右等共享各种资源信息；传媒制定交往游戏规则，开展收费、评价、支付及其他监督活动，促成参与各方公平公正交易行为，协调内外产业链功能互补，集成消费者和生产者之间的充分信息，引导合理化的生产分工，巩固多方互利互惠合作关系，在集成经济网络服务模式节约与开源并举思想主导下，正确发展战略和策略选择，节省所有产业成本，共同增加更多收益，形成前景更广阔的社会化大市场经济，服务国家宏观经济系统层面的集成经济联结平台发展，促进社会生态经济共进。

过去十多年，依靠技术、用户及流量优势，BAT 构建起三个庞大的互联网商业帝国。而与最初的野蛮生长期不同，如今 BAT 之间的争斗，已由明转暗，除了核心业务的内功修炼，频繁的投资和并购成为 BAT 扩充同盟阵营、构筑护城河的核心手段。

"商业帝国"正在转变成"资本帝国"。没人知道，这三个"资本帝国"的边界在哪里。人们只看到，频繁的资本运

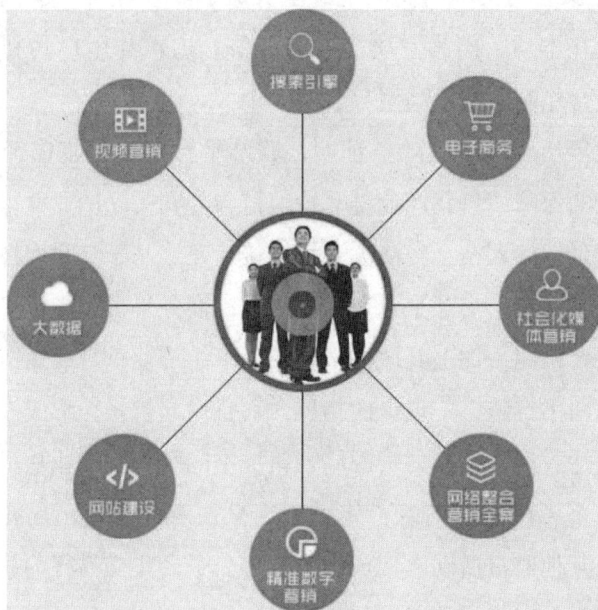

作、卫星式的生态布局下，三个"资本帝国"不断扩张，再扩张。从传统互联网，到新兴的"互联网+"，从搜索、电商、社交，到金融、物流、健康、制造、文化……越来越大，也越来越错综复杂。

"大胃王"阿里巴巴

阿里巴巴的胃口越来越大，大到让人有些看不懂。以2014年为例，据不完全统计，阿里巴巴动用了60亿—70亿美元，投资或并购了36家公司，平均下来，每家公司能从阿里巴巴拿到10亿元人民币。

从范围上看，这36家公司的分布广阔到几无"章法"：新浪微博、陌陌、UC浏览器、友盟、美团、穷游网、在路上、丁丁网、快的打车、高德地图、优酷土豆……几乎涵盖了互联网和移动互联网的各个领域。

你或许会用大手笔或大布局来形容，而一位媒体人用了一句更形象的话来概括："东一榔头西一棒槌，不是指哪打哪，而是打哪指哪。"

更为"障眼"的是阿里巴巴和马云的操盘方式。36家公司当中，很大一部分来自阿里巴巴或马云参与的"云"字系投资机构——云锋基金、云溪基金以及云煌投资，等等。

比如，2014年1月13.2亿元收购中信21世纪54.3%股权，2014年4月12.2亿美元注资优酷土豆，两起投资案例中，云锋基金都参与其中。而云锋基金内部的股权结构中，又与马云本人有着错综复杂的联系。

马云对此的解释，犹如他热衷的禅学一样让一般人有些捉摸不透："以前阿里巴巴是从无做到有，现在是从有做到无，无处不在的无。阿里巴巴许多投资让人看不懂，看得懂就奇怪了，10年前也没人看懂过阿里巴巴。"

如果从时间线上来归纳，阿里巴巴的"什么都买型"投资，就显得有规律得多。最有趣的时间节点，是2014年9月19日，阿里巴巴美国上市日。

阿里巴巴2014年对36家公司的投资或并购，超过30起是在10月份之前完成，而9月19日成功上市后，阿里巴巴的投资密度明显下降。

这不能不让一些人怀疑，诸多广撒网大手笔投资，有侧面推高上市股价之嫌。

除了与高股价的千丝万缕联系，阿里巴巴"什么都买型"投资之外，实际上还有另外一个特点——投资文化传媒。

作为以电商起家，如今在金融、物流、健康、文化领域均有涉猎的商业集团，阿里巴巴的投资布局已经吸附了难以想象的海量用户、资源、信息、数据，阿里巴巴生态体系甚至已经成为维系社会运转的基础。

好处自然是企业和企业家个人的地位与利益的快速集聚，但风险是，一旦整个生态系统超载而崩溃，其带来的危害将不只是企业和企业家层面，甚至是整个社会。而除了金钱与枪炮，舆论与思想，是把控风险的最好利器之一。

只不过，阿里巴巴盘根错节的投资体系，加上以文化传媒为重的投资布局，一方面或许是回避未来风险的重要保险，但另一面，四面出击与日益庞大的控制企图本身，恰有可能成为最大的风险源。

马云和阿里巴巴可能要开始考虑这个问题。

腾讯：从"公敌"到"大树"

腾讯的扩张故事至少要从 5 年前开始说起。2010 年 7 月，《计算机世界》刊登了一篇封面文章，名叫《"狗日的"腾讯》，文字"恶毒"，言辞辛辣，但却描述了一个当时甚至连腾讯都无法全部反驳的事实——抄袭。QQ 团购、QQ 游戏、QQ 医生、QQ 影音，乃至 QQ 本身，这些经典产品的思路总结起来，就是一条："别人做一个，我们也砸钱做一个，我们更有钱，然后，别人死了"。但这一切正在成为历史。

一位腾讯的中层说，现在腾讯的思路是另外一条："别人做一个，我们不做，等别人的那个最终从市场竞争胜出，我们再介入，当然不是再做一个，而是投资别人，帮他做大。"简而言之，做一棵庇护树苗的大树。

对腾讯而言，成为大树好处有两点。一方面，从为人所不齿的互联网"公敌"，转变成"别人"的庇护所；另一方面，则是依靠这些苗壮成长的树苗，构建腾讯的防护林。于是，最近几年，腾讯的投资并购动作，几乎都遵循这一中心思想。

比如，腾讯投资入股的大众点评、京东、58同城、滴滴打车、饿了么等等，都已经是所在细分领域规模或份额数一数二的公司。从总量上看，2014年腾讯的投资案例和金额其实比"土豪"阿里巴巴还要大，2014年BAT投资的94家公司中，与腾讯发生过资本关系的有44家，腾讯为此投入的资金总额超过406亿元。

不过，相比阿里巴巴，腾讯的投资并购布局有两条明显的主线，一条是O2O（线上线下融合业务），另一条是游戏。而两条主线背后，则是腾讯"大树"的两大主干——微信、手机QQ。

先看O2O。2014年，腾讯在O2O领域投资并购了超过10家相关的公司，而除了现金，腾讯付出的还包括被不少人神化的微信入口。

对于腾讯而言，微信虽然不能直接产生价值，但生于移动互联网时代，微信离线下生活场景更近的优势，让它成为一个连接线上与线下的最佳连接器。

最典型的是京东。2014年，京东全年完成订单量达到6.89亿元，同比增长113%。而腾讯注资，接入微信平台后，京东移动端的订单增长迅速，四季度移动订单同比增幅达到惊人的372%，微信引入的流量贡献巨大。

所以，腾讯的投资，与其说是围绕微信布局，倒不如说是众多互联网公司追逐腾讯，希望获得"微信入口"这一腾讯的"战略投资"。

另一条主线游戏，则与腾讯当下的业务收入有莫大（博客，微博）的关联。2014年腾讯全年营收789.32亿元，其中网络游戏收入 447.56 亿元，超过半壁江山，以此称腾讯是个游戏公司都不为过。

这就不难理解，为什么 2014 年 BAT 投资并购的 11 家游戏公司中，8 家的交易皆由腾讯完成。相对于阿里巴巴和百度更为直接的商业模式，腾讯的营收必须依靠从社交到游戏的转化，这使得它不得不竭力维持在游戏研发、代理、运营方面的投入和占比。

但正如阿里巴巴，腾讯最大的依仗，也最有可能成为最大的风险。

2013 年 11 月，腾讯董事局主席马化腾在中国企业家俱乐部内部沙龙上说，移动互联网时代的运行规则与 PC 互联网时代完全不同，腾讯如果没有微信，可能是一场灾难。

微信也被业界称为第一张移动互联网船票，帮助腾讯顺利出海。但令人担忧的是，微信正在超出船票的概念，被腾讯打造成一艘超级战舰，公众平台、游戏、支付、O2O……微信承载的内容已经越来越重。

"慢半拍"的百度

和阿里巴巴、腾讯相比，百度似乎总是慢半拍。

2014 年，BAT 投资并购的 94 家公司中，只有 15 家与百度有关，总资金预计 20 亿—30 亿美元，而这其中公开投资金额的最大手笔——50 亿元投资万达电商，还有腾讯参与。

这似乎不是百度以往的投资风格，就在 2013 年，百度还曾创下过移动互联网领域的投资并购资金规模记录——豪掷 19 亿美元收购移动应用分发平台 91 助手。

而在 2014 年启幕的，人人都是天使投资、个个都是创业者的疯狂年代，项目少、钱不算多的百度，也多少显得有些格格不入。

不过，在百度董事长兼 CEO 李彦宏看来，却未必如此。2015 年 5 月 29 日，美丽的西南边陲城市腾冲，百度第十届联盟峰会在这里举行。李彦宏在会上讲解最新的产业思考，并宣布百度的"三不政策"：

百度要坚决做工具，不谋求控股，更偏重培养生态而不是控股；不划分阵营、不贴标签，大多数公司都是独立人格的公司，是平等、开放的合作关系；每个行业都有做得好的地方，百度是 3600 行的通用平台，要在未来更多地连接起 3600 行中的佼佼者，不怕被洗掉用户。

这被一些业界人士解读为"李彦宏对过去百度全资或控股投资风格的矫正"。

正如曾经负责百度投资业务、于 2014 年 8 月离职的百度原副总裁汤和松所言，百度不再单纯追逐概念，像撒胡椒粉一样地投资，只有美丽的概念还不够，还要关注收购所带来的实际价值。

李彦宏也直言，相比于外界更多着眼于投资的部分，真正让他兴奋的，是战略合作。2014 年 12 月投资打车软件鼻祖 Uber 时，李彦宏也以此来解释，为什么出席 Uber 媒体活动，而没有参加 2013 年收购 91 助手的发布会。

这可能意味着，李彦宏在两年前就已经有所考虑。

在更前沿的领域，百度也已有所行动，比如，在人工智能、深度学习、无人汽车等领域开始作为，甚至专门挖来"谷歌大脑之父"吴恩达。

2014 年 6 月，百度还开始举办"The Big Talk"线下活动，在北京太庙、硅谷计算机博物馆等多地，先后请来《数字化生存》作者尼古拉斯·尼葛洛庞帝，世界虚拟现实技术领军人物杰里米·拜伦森，麻省理工大学人类动力实验室主任艾利克斯·本特兰等重磅嘉宾分享最新研究心得。

而在投资方面，过去一年多来，百度对国外的技术型创新公司情有独钟，分别投资过来自以色列的视频捕捉技术开发商 Pixellot、芬兰室内导航技术服务公司 IndoorAtlas。这些动作，让百度看上去最像 BAT 当中超凡脱俗、仰望星空的那家，李彦宏看上去也似乎是三位大佬中"野心"最大的那位。当然，换种角度，也可以认为，李彦宏和百度更像在赌一个更长远的未来。

这一豪赌的代价并不小。2014 年，百度总收入 490.52 亿元，利润 131.87 亿元，而 BAT 另外两巨头，阿里巴巴收入 525.04 亿元，利润 234.03 亿元，腾讯收入 789.32 亿元，利润 238.16 亿元。数字上，百度已经掉队。

市值更明显，BAT 中，2014 年成功上市的阿里巴巴最高，在 2014 年年底达到 2583.6 亿美元，腾讯以 1358.9 亿美元位列第二，而百度为 799.6 亿美元，不到阿里巴巴的 1/3 刚过腾讯的一半。

不过，现实远比数字复杂。有人认为，慢半拍的百度，错过了这个移动互联网的黄金时代。但亦有人认为，百度避开了这个充斥着泡沫的移动互联网大坑。

或许，只有时过境迁，才见分晓。①

---

① 摘自《BAT 投资图谱》，新华网，http://news.xinhuanet.com/finance/2015-07/27/c_128062819_3.html。

本章小结

喻国明教授指出："传统意义上我们都认为媒介仅仅是一个会聚分享内容的平台和中介，但事实上，媒介的本来意义在于它不仅是内容会聚的平台，也应该成为便利各种社会资源和商业资源会聚组合链接的平台。"[①] 传媒集成经济因应时代需求，依托互联网联结平台，扩展服务广度深度，发挥纵横捭阖的开放精神和进取行动，调动巨量产业资源聚沙成塔，提高复合产业经济质量和服务标准，依赖广大用户信任形成高黏度性，获取集成范围经济的可持续发展效益。传媒集成平台针对我国市场经济诸多不规范现象，新兴经济各种失范行为，拓展传播功能，大树特树市场契约、公平交易、透明运作等合作共赢进步理念；发挥督促监督服务的鲶鱼效应，防止产业集群关系与整体经济僵化、失去合作竞争与共同上进的韧性弹性；预防集群交往结构自闭化积累的功能性锁定、关系路径依赖的认知性锁定等、导致集群经济生态的锁定现象，最后集体裹步不前而走向衰亡；发挥集成经济预警职能优势，避免集群产业内部资源恶性争夺、重叠生产、价值链雷同内耗等非经济现象，预防超稳定集群结构形成后，经济交往创新度与活跃度不足，生产和服务标准下降而失去消费者信任。

传统媒体产业转型发展，需要顺应互联网平台经济多属性和外部效应特质，以集成经济平台的架构设置与新服务经济模式的开发，创新传媒经济新增长点，开辟产业经济新形态，壮大新业态实力，应对全球化

---

① 喻国明：《传媒新视界——中国传媒发展前沿探索》，新华出版社 2011 年版，第24页。

的传媒市场竞争。这需要传媒系统突破原有结构布局与落后管理，新旧媒体联合共建集成平台，发展协同化意愿基础的循环生态经济，深化经济利益共享，促进人们信任和谐关系发展。而建构规模庞大的传媒集成综合联结平台，所有权虽为传媒公司机构的开发组织者，但主要依靠用户与客户的长期依赖使用，激发他们的高效丰富创新主体价值，以平台优质服务供应维系他们的忠诚度，不失时机地寻求战略合作伙伴支持，确保传媒集成经济的永续性发展。恰如腾讯公司总裁马化腾在《认知盈余》一书序言中宣称："如何铸造一个供更多合作伙伴共同创造、供用户自由选择的平台，才是互联网新时代从业者需要思考的问题。"①

---

① ［美］舍基：《认知盈余》，胡泳、哈丽丝译，中国人民大学出版社 2012 年版，第 3 页。

第六章 整合社会硬资源与
传媒集成经济拓张

　　"集成经济是一种整合经济。……带有整合属性的集成经济不仅可以获得经营上的范围优势，而且更重要的是能打造出更强的竞争优势，为企业不断发展奠定坚实的基础。"[①] 互联网时代的传媒集成经济发展，从内部资源板块结构优化，到核心、关联和非关联产业综合平台建构，主要依靠产业资源联结追求复合经济多重效益，提升产业集群经济整体实力，扩大集成规模经济和范围经济，达到我国传媒产业做强、做大、做活的终极发展目标。

　　网络经济跃进式极速变化态势，要求传媒集成经济发展不能止于此，应以"风物长宜放眼量"的战略大气，利用信息服务快捷、网络平台联结无限等优势，整合传统优质产业与各种有价值资本硬资源，拓

---

　　① 王永、刘建一、张坚：《浅析规模经济、范围经济与集成经济》，《江苏商论》2004 年第 3 期。

展集成管理创新功能，促使虚实产业对接新经济规则协作共进，合力发展透明、高效、绿色、共享的集成生态经济，推动产业结构革新与水平全面提升，达到发展生产力和改善生产关系的双重功效，促进我国传媒产业壮大，不辱宣传舆论阵地使命，迎接全球激烈竞争。

第一节　整合传统产业资源的集成经济拓张

西方学术界和新兴产业界联合高举 ICT（信息、传播和技术产业）融合理论，视三大产业为解放现代生产力与激发经济进步的强大引擎。作为提升国民经济竞争力、赢取更大市场和更多战略利益的策略，ICT 理论具有实践应用的指导价值。但深度透析之，源于西方发达国家的 ICT 战略取向，核心倚重的是新兴通讯、技术产业和传媒产业高端，对传统产业经济基础和改进革新能量存在一定程度的忽略和漠视，某种意义属于历史教训的健忘症表现：2000 年的世界互联网经济泡沫危机破裂，殷鉴其实并不远之时，该理论就鼓吹流行，有"好了伤疤忘了疼"意味。对互联网虚拟经济的发展历史教训缺乏正确认知与反思，对我国经济总体情况的把握偏颇，于产业经济发展理论健全及实践无益。毕竟我国工业化革命还未完成，传媒产业经济还远不如发达国家进步，业界操作者应对 ICT 审慎检视和加以洞察，采取保留性的拿来主义。鉴于此，本书从集成经济整合特征及其优势出发，探索适合国情实际的传媒经济可持续拓张路径。

一、"传媒+"整合路径与集成经济拓张

我国新媒体三大巨头 BAT 的崛起路径，经营成功共性经验，对

传统媒体转型具有多方面镜鉴价值，而最重要的是互联网时代传媒产业经济发展壮大，必须牢牢根植于传统产业经济的沃土之中，整合新兴虚拟经济与传统实体经济资源，汲取二者市场优势与经营长处，以集成经济运作形态嵌入国民生活的各个层面，才能更好地互促互为长远发展。因为"传统产业是网络经济的物质基础，关联性强的网络经济行业，具有较好的传统产业支撑，因此，其发展基础好，发展速度也较快。……传统产业是网络经济重要的资金来源、产品市场和需求动力，传统产业的发展决定信息产业发展的速度：社会信息的需求量是与国民经济及各产业的发展水平紧密相关的，信息需求水平的提高在很大程度上要依赖于传统产业的发展"。[①] 统观发达国家及我国互联网经济壮大历程：经营者利用开放自由技术优势，市场无限扩大兼容能力，吸纳传统产业及多元社会性资源，清楚显示集成经济的整合性特征。中国互联网协会理事长黄澄清也指出："互联网发展到今天，不仅仅是产业自身的发展需要走向开放，更重要的是向传统的产业、服务渗透，集成传统产业服务业的价值，也需要互联网走向开放。"[②]

回顾人类历史上的新兴产业发展规律，绝非空中建楼阁，往往亦非后来者把先前产业全部拍在沙滩上，而是积极依赖整合过去产业资源，去除不合时宜的经营管理要素，汲取以往成败经验教训，依靠新兴技术联系沟通传播能量与市场经济力量，对传统产业资源集成、整合与再造，对市场和商业模式革新改进，从而成就新型产业经济壮大，这才是人类社会经济前行的继承性创新发展常态。国外学者 Osaka 对一些地区

[①]　胡春编：《网络经济学》，清华大学出版社，北京交通大学出版社 2010 年版，第257 页。

[②]　我邢我宿、欧俊：《马化腾内部讲话：关键时，马化腾说了什么》，新世界出版社 2013 年版，第 149 页。

产业发展经过实证调查分析后也得出，"传统产业与新兴产业在彼此交融中共同发展"。① 所以无论中西，不过如此，绝不像一些学者研究的草率结论，只见新兴产业迅猛势头，就一叶障目不见泰山，发表顾此失彼之见，于实践无益，于社会无益，于研究者声望同样无益。

植根于传统经济交往与社会关系基础，整合互联网技术平台价值、用户客户资源经济价值，拓张传媒网络交往范围，是传媒集成经济做强与做大的取向。我国新媒体经营者经多年苦打苦拼，马化腾等提出"互联网+"模式，亦即互联网加传统产业；我国产业适应世界经济转型升级大趋势，新一届政府在 2015 年全国两会推出"互联网+"战略的国民经济振兴方向，但核心仍放在实体产业经济质量和数量上，供给侧改革与中国制造等相关探讨实践因此热火朝天。

2015 年 10 月 12 日，中国制造实体产业出色代表、世界五百强企业的格力电器总裁董明珠，在北京大学国家发展研究院 BiMBA 商学院和凤凰创投共同举办的"中国制造 2025 新思维·董明珠公开课"中，直言不讳表明互联网经济对实体经济的依赖性："没有售后服务是最好的服务。作为制造业来讲，要强调的是消费者内心真正的需求就是你企业要做的事情，而不是要将消费者需求作为你利用的一个概念来放大和欺骗消费者。互联网就是一个工具，没有实体经济，你工具干什么用？我说马云，没有实体经济，马云就是死路一条。我们可能没有互联网，跟不上这个时代，因为互联网是工具。我们作为 1400 亿元，甚至以后越来越多的时候，我们没有互联网工具我们依然能活下来。但是互联网没有实体经济你能活下去吗？美国把互联网用到科技里去了，德国把互联网用到实体经济里去，用到制造业里去了。我们中国把互联网用到运

---

① Osaka, T. Regional economic development: Comparative case studies in the US and Finland, IEEE, International Engineering Management Conference IEMC 2002, Cambridge, UK. 2002.

输领域，都是网上买东西。"①

总结业界、政界与学界观点，我们认为，互联网是整合传统有价值资源共进的大平台。传统农业、交通、医疗、能源、教育等纷纷投向互联网，新经济生态正向第一和第二产业渗透，本身属于第三产业的传媒系统难能例外。

（一）传媒经济本身是虚拟与实体经济的结合体：虚拟通过网络进行信息、精神文化内容和价值观念等生产交往，实体是人、财、物力的消费生产与再生产交易。传媒集成经济取用二者之长，网络平台联结多层次、多样化、多领域的虚实资源，整合多方经济成分交叉支持共进。在社会化大生产过程中，把握用户客户利益为本、采用新兴技术、遵循市场需求导向三大原则，提供广泛互学交流与关系流畅有机互动空间，共享信息池与共用资源网便利资讯，形成迅捷交易、信任协作与经济增值盈利活动，生成新型传媒经济资本和社会关系资本，示范引领所有参与经济共同体协作发展，总体获得长久剩余福利与生命力，提高我国传统产业经济总量与质量。

（二）互联网新技术强大解构重构能力，模糊了传统经济成分，拓展了传统产业边界。然而，尽管互联网新媒体产业经济在当前取得的不凡成就，不过是相对经济优势而已，决不可过于自负狂妄，不注重短期与长期回报辩证关系，不与传统产业经济有机兼容并蓄，不与其他有价值传统资源整合，在资源相互渗透转化提升中互济共赢，则难能持久维系。仅与传统媒体资源整合角度，新旧媒体因技术基础、信息资源、经营管理、人才互动等内在关联性，并非互相排斥彼此对立关系，也没有新旧经济水平的高低等级之分，而是具有经济和社会双重效益的互补互

① 邓新华：《董明珠：没有实体经济马云死路一条！！！》，搜狐财经，http://business. sohu. com/20151012/n423040940. shtml。

185

进功效。只有健全传媒产业结构，整合多种媒体平台与社会影响力，才能共同提升发展。

（三）未来我国传媒集成经济发展，除联合新旧媒体产业网络、传统文化产业网络、其他实体产业经济网络，还要整合新崛起的物流网络资源、快速简便顺畅的中介性质电子支付网络资源等，架构传统经济和新兴经济的集成服务网络，利用集约化生产管理优长，最大程度节省社会和自然生态资源，驱使传统产业创新，由存量型增长的规模经济模式，转向内涵型增长的集成规模经济形态；由外延式兼并、收购、重组的范围经济扩张，转向集约型拓展的集成范围经济形态。这需要突破传统产业规模与范围经济的局限，聚集最大当量产业资源，开展社会系统化高效再生产，又要在虚实联通市场空间中，推进所有产业以集成经济形态共同快速稳健拓张。

精明的新型媒体公司依照"互联网+"整合路径，实现与传统产业结合战略，从事集成经济拓张，BAT三家均布局拼车行业或可见一斑：

> 腾讯依靠滴滴推出顺风车，阿里依靠快的推出一号快车，百度去年年底投资了 Uber 之后，又在本月相继投资了 51 用车和天天用车。拼车软件的最大价值便是能够在出行场景中与用户构成连接，而这种"连接"的状态，正是百度、腾讯和阿里最想掌控在手的潜在流量资源，也是他们真正在争抢的。数年前，互联网行业竞争，流量成为了重要的生存资本。数年后的今天，流量依然是必需的生存物资，只不过现在的流量不仅仅出现在电脑前，它可能在手机的一端，智能穿戴的一端，甚至就在拼车服务的车辆中。流量变得更加游离和分散，互联网企业服务的触角必须要更长才能够抵达终端流量。所以拼车软件的最大价值便是能够在出行场景中与用户构成连接，而这种

"连接"的状态，正是百度、腾讯和阿里最想掌控在手的潜在流量资源，也是他们真正在争抢的。①

他们凭借信息采集优势、传播技术优势、集成管理优势、品牌资本优势和资金拥有优势，转化为联结传统产业资源与集成服务优势，为更多产业供应发展空间和合作机会，辅助他们合理定位配套对应，充分发挥各自特殊领域的生产专精长处，构筑协同发展和合作共赢的产业生态新格局。

二、嵌入式服务整合路径与集成经济拓张

传媒机构的社会属性特征，决定了其整合资源从事集成经济形态发展拓张，要全方位嵌入现实生活网络之中，发挥嵌入式服务的渗透作用，广为链接各种资源，达至利己利人的共赢目标。

（一）嵌入地方社会经济网络，引领服务区域资源有效整合拓张

这种运营目标旨在促进区域层面各经济主体有效合作，形成区域集群资源竞争优势，做大地方上的总体经济盘子并提升整体活力，力争成为带动区域经济、社会、文化发展的新经济增长极，给地方创造大量就业机会和税收。作为服务行业枢纽系统，传媒嵌入社会网络各个方面，如毛细血管般的汲取整合资源拓张，创新集成经济价值与社会价值。我国新兴的网络传媒产业集群平台，整合信息和商品、旅游、餐饮等服务资源，带动周边与产业前后关联系列行业发展，如58同城网、赶集网等整合各地城市为主的社会资源，融入各个城市生产生活细节，便利人

---

① 汪继勇：《BAT 争相入局拼车市场，他们要的是什么？》2015 年 4 月 4 日，http://www.tmtpost.com/224039.html。

们衣食住行等，提高生活工作水平质量，生成服务经济增值的牵引效益，创造无数新型经济就业岗位，服务社会稳定发展大局。

（二）整合各地独有经济优势资源，嵌入巨大网络空间进行拓张

整合地方稀缺文化生活资源特长价值之后，凭借纵横交错的传媒集成平台进行外向性扩展，与其他地方资源互为取长补短、互相交换中，推动更大区域经济资源整合，将地方经济体的交往空间进行全国化延伸。伴随社交网络兴起与大量用户参与传播，传媒借助互联网无远弗届的扩展渗透，将产业集群经济发展空间随之延伸。即使是百度、淘宝、腾讯等大型网络传媒公司，在城市各项服务平台资源网络整合建构日臻完善后，近期都开始大规模向农村进军，大面积延展拓张网络，促进更广大地区范围的资源整合交流，取得集成经济大有所为的拓张效益。

（三）嵌入生活网络整合信任关系资源，拓张集成经济社会资本

传媒既要调动产业信息服务等资源，承担传媒守望监督传承等职责，尽其所能与社会服务行业资源整合，共同搞好社会服务工作，使更多成员共享优质服务福利，又要整合多向友好关系资源，促使多方提升共同进步理念和市场契约精神，嵌入式服务社会民主治理，整合社交网络大量用户知识、经验、信息、文化、智慧等资源，发扬传媒集成经济的民主平等协同合作精神，联手发展公共公益事业，共同解决社会难题。这些嵌入式服务，不仅能够建树传媒良好形象，而且积淀更多传媒社会资本。1985年格兰诺维特提出"嵌入理论"，认为经济行为嵌入于社会结构，而核心的社会结构就是人们生活中的社会关系网络，嵌入的网络机制是信任。因此，信任是用户和客户群体产生依赖和保持忠诚度的前提，传媒企业必须通过高质量标准和内容、服务及有效的互动措施，维持、巩固和发展信任关系。

"梅特卡夫定律"表明网络用户的数量越多越经济，整合硬资源的传媒集成经济拓张道理与之相同：越多的产业资源融入网络，整合运营机制能量则越能够充分发挥，越有效改变传统产业陈旧的生产服务方式和交易途径，促使资源结构升级换代，管理组织经营变革发展，推进信息化、网络化、集成化转型，大幅度提高社会生活网络的交互循环经济质量总量：1. 传媒集成经济节省与开源拓张效益，推促传统虚实经济体资源整合中升级，升级中整合，快速生成互补性资源联盟协同协作效益；2. 联结整合资源创造大批有前途的杂交型新兴产业，提高所有生产力资源要素的转化效率与效益，降低社会化生产交易总成本；3. 跨越传统工业时代大规模无序盲目经营，避免周期性经济危机的资源浪费，累积丰厚的社会生态资源福利，引领"新计划经济时代"的到来。

"所有的生产都会按照消费需求进行，未来的每一件产品，在生产之前都知道它的消费者是谁，并且知道这件产品的标准是怎么样的。而生产商之间比拼的不再是价格，而是谁能最先对接到消费者的需求，并且完成消费者需求的精准程度。此时，不会有库存，也不会有恶性竞争，行业更进一步细分化，新的供应关系正在形成！"① 而实现这幅美丽的集约发展图景，必须完善传媒集成经济的整合资源拓张模式，既要依靠市场经营战略、策略、模式、行动力等系列内功的修炼提升，又要关切政治制度、法律规制、技术发展、社会文化等外部环境因素影响，消除市场经济外在障碍，主动契合社会政治文化环境需求，全面融通生产生活之中。依靠传媒嵌入式服务优势，依照集成经济发展内涵，发挥"管理把关外联集成板块"的沟通协调作用，进行社会化关系资源的整合，减少外在的无益摩擦与冲突，及时处置各种关系危机，消除非预期的经济损失后果，稳固与其他系统的互相依存关系，为传媒集成经济发展赢取长远持续效益。

---

① 水木然：《一个"新计划经济时代"正在到来》，http：//www.wyzxwk.com/Article/shidai/2015/12/356553.html。

因为在互联网时代的中国传媒产业升级换代进程中，与国民经济总体依然是水涨船高关系。而"企业是社会的一分子，和社会的关系对一个企业的成长特别是持续发展非常重要，当企业遭遇危机的时候，和社会关系好的企业，可能会得到社会各方面的帮助，而社会关系比较差的企业，就可能产生'墙倒众人推'的后果。由于 IBM 对国家、社会的良好形象，美国上下包括总统都想办法如何让 IBM 脱离困境，而安然公司快速膨胀，一旦出现危机的时候，就遭到了一致谴责，不但没有得到帮助，反而在社会的推力下加速走向破产"。① 两家企业的境遇，不啻为一面发人深省的最好镜鉴。

三、整合传统资源与集成经济拓张的意义

强调企业竞争优势理论认为，掌握行业核心技术、处于影响产品标准优势乃至垄断地位的企业，往往会利用标准制定权，最大程度地为集团自身利益服务，最大限度地获取超额利润，甚至不惜侵害和压榨同行及其他产业利益。整合传统产业硬资源的传媒集成经济拓张，则突出竞合并举双驱力量效用，且发展目标更加顺应时势要求，促进传媒产业集群经济与所有经济体共同拓张。

（一）产业合作关系主导的整合创新发展

互联网时代的传媒产业被许多研究者认定为自然垄断性产业，人气、经济与资源聚合的"马太效应"更为严重，一家独大往往占有70%以上市场份额。但客观现实是网络经济条件下，任何产品和技术垄断都不可能持久，垄断消除不了竞争，这也是今天成就斐然的新媒体公司大佬们不敢高枕无忧之处。而传媒集成经济内涵适应网络经济规律，

---

① 秦合舫：《战略，超越不确定性》，机械工业出版社 2005 年版，第18—19页。

使各个产业合竞优势同在、相辅相成，要求整合硬性资源共同拓张，将恶性竞争浪费转化为大规模资源合作关系，合作伙伴多，整合资源多，生存发展优势就大。

因为互联网经济领域，"崇尚的不是单打独斗而是多方合作，资源整合，无论是 AOL、Yahoo!、Amazon，都是谁的合作伙伴越多，谁整合的资源越多，谁就拥有竞争优势。但是以盖茨竞争哲学文化为中心的微软，在互联网领域依然自我耕耘，自吃独食，仍以侵略性的手段打击对手，使得业内业外真正的合作伙伴寥寥，原来的盟友（如 Intel、IBM）也纷纷离去。作为业内的'寂寞高手'，微软的互联网策略难以有效开展"。

（二）产业互惠互利关系的整合创新发展

传媒集成经济发挥相互联系与相互作用的资源整合诱发功能，打破创新活动边界限制，促进各种产业盈利能力共同提高，使整体均能获得可持续发展。传媒集成经济的非竞争性整合拓张，不是击败其他竞争对手，而是保持与其他产业经济合作共赢原则，人人为我、我为人人，激励所有经济主体主动参与竞合，强化资源融合发展的系统集成功效，产费直接贴近合作，减少财物损耗成本，由此不用再担心规模不经济和范围不经济现象发生，赢得双重或多重发展效益，成为硬资源整合拓张的最优方式。

而以自利为基础、利他为手段的互惠互利关系整合中，传媒联结传统产业资源与电子商务结合，达到无限整合拓张的集成经济发展境界。BAT 三巨头利用互联网技术平台整合优势，集成整合传统产业资源，培育新型产业实体，创造新的经济共同体，自己得到最大程度的发展。诚如马歇尔高见："在物质世界和精神世界中，各种自然法则之间的相互作用存在着统一性。不论是社会有机体，还是自然有机体的发展是相互联系相互依赖的，各个部分本身的机能在增加，各个部分之间的关系更为密切，每一部分的自给自足越来越少，越来越多地依靠其他部分。一个高度发达的有机体的任何部分出了毛病都会影响其他部分。那些最适合最能利用环境为了自己的目的，往往也是最有利于周围的东西的有机体趋于生存，但有时它们却是有害的。"①

（三）产业经济水平集体提升的整合创新发展

硬资源整合的传媒集成经济拓张，以有容乃大的气魄、海纳百川的胸怀，聚合万业共兴共荣的生态经济理念，加固新兴与传统产业合作共赢关系，追求层出不穷的连锁集成创新活动，提升传媒规模经济和范围经济服务能级。现代社会化大生产一荣俱荣，一损俱损，各种产业之间的啮合关联度提高，互依互补程度加深，新兴传媒产业经济虽有实力和技术优势，具有创新经营突破优长，但难能独柱擎天，不可因一时发达就唯我独尊，而应清醒自觉与传统经济体资源整合创新，共同提升互利共赢，走出工业时代以资源稀缺性来决定为谁、怎样生产的供应模式，摆脱专门为自己企业行业获取最大收益的狭隘经营目标。

如今通信光纤宽带技术进步，无线移动网络技术与接收终端产品兴起，再次为传媒集成经济整合资源创新奠定了坚实基础，而传媒也要自我整合系统资源，发挥合作自治机制优势，把网络触角伸向更广大空间，将嵌入式服务遍布生活各个角落，带动传统产业进化，激发社会大生产活力，引领国民经济发展。"在促成商业资源和社会资源汇聚整合的前提下，传媒可以找到自身为社会、为其他产业提供更加丰富价值的新增长点。……未来衡量一个媒介的发展潜质、发展的成就以及发展的竞争力的关键，就在于看你在整合方面能够有哪些创新的模式和探索。"②

---

① ［英］马歇尔：《经济学原理》下卷，朱志泰、陈良璧译，商务印书馆1981年版，第265页。

② 喻国明：《传媒新视界——中国传媒发展前沿探索》，新华出版社2011年版，第24页。

　　传媒集成经济形态的整合拓张，重构经济要素资源集成，对接社会多元虚拟、实体经济和金融经济资源，提高复合经济资源的增值潜力；以合作兼容为别人创造价值而成就自身，赢取跨界整合的创新效益实现，争取产业自身永续性发展。这样"有利于突破我们的一亩三分地，把格局贯通，从而突破到一个更大的市场版图中，围绕社会需要、受众需要、市场需要寻求解决方案。因此，未来判断媒体优劣时，不是看自己上中下游是否有效和顺畅，更大程度上要看如何利用别人的渠道和资源来做同一件事，也就是如何利用更广泛的资源赢取更多的市场机会，创造更多的价值，这是我们未来产业发展的竞争点"。① 一则曾在都市报时代经营比较出色的传统媒体——《大河报》，其嵌入社会整合资源的转型发展报道可为有力佐证：

一体两翼架构未来发展

　　董林介绍，《大河报》目前实施的是"一体两翼"的发展战略。"一体"，即坚守纸媒的品牌价值和影响力，保持新闻媒体的专业化优势，在言论、深度、舆论监督、求证四大板块上下功夫。

　　"两翼"之一是打造新媒体矩阵和平台，形成传统媒体和新媒体有序成长的环境。目前《大河报》新媒体的"两微一端"，加上报社内部的自媒体，渗透力已达全省3000多万用户，这是一个极其庞大的平台。董林告诉记者，两年前，《大河报》客户端上线，截至今年8月，其客户端下载量在全国都市报中名列前茅。今年10月，《大河报》举办的秋季车展

---

　　① 喻国明：《媒体的关系革命与发展进度》，http://media.people.com.cn/n/2013/0724/c367198-22312152.html。

初试牛刀，通过自媒体联盟发动用户，事实证明好用、好使。

"今天我们再说《大河报》，它不仅仅是一张报纸，更是一个全媒体的传播平台。"董林说，下一步，《大河报》将成立自媒体事业部，更好地服务自媒体的小伙伴们。"实际上，《大河报》的新媒体矩阵已经形成，关键是怎么提高活跃度，怎么更好地运营起来、产生经济效益。"

另外一翼则是发挥《大河报》的品牌影响力，整合产业链上下游，发展非报产业。特别是那些对品牌依赖度高的文化创意产业、会展业、物流业、体育产业、健康产业等，《大河报》通过投融资合作和股权合作等方式渗透到这些产业当中，取得了较好的收益。董林介绍，《大河报》的会展业就搞得不错，今年春季的车房联展短短几天就有两三千万的收入。

变"媒体+服务"为"服务+媒体"

"过去越是辉煌，越容易成为当今发展的包袱。"说起当下都市报正遭遇的"寒冬"，董林这样感慨道。《大河报》今年以来的确遇到了非常大的困难，特别是广告经营，断崖式下跌一点不为过。董林谈道，目前，《大河报》面临的困境与整体上都市报面临的情况大致相同。依靠广告、发行这种单一的经营模式已经很难维持。

"过去就限于采编、广告、发行这三块，未来如果我们全方位、全媒体、全平台地介入经营，我们的发展空间是非常大的。"董林展望道。

在董林看来，都市报过去是"媒体+服务"模式，市场化程度看似很高实为很低，只会卖报纸、卖广告，但未来要转变为"服务+媒体"，把服务放在重要的位置，通过服务增强用户黏度，创造商业价值。"过去'媒体+服务'时代，媒体开

展一些相关的延伸服务，并没有转型到市场上来。真正的转型
应该是用服务聚合庞大用户，再用该平台传播社会主义核心价
值观，传播新闻产品，这才是王道。"董林补充道。

"当都市报真正市场化后，价值潜力还是很大的。"董林
认为，都市报要学会跨界整合，要使"+"成为一种新常态。
这个时代，整合跨界才能产生爆炸式效应。"传统行业已经深
耕完了，而行业间的互补与融合将产生更大的市场。"①

有学者总结我国报业集团整合资源从事非报产业发展："在国家宏
观经济趋缓、网络等新媒体的冲击下，报业集团除了继续做好主业，利
用报纸的公信力和品牌优势，积极开拓非报产业，是走出'拐点'的
有效途径。"② 其他传统媒体集团何尝不是如此？关键是跨越行政与制
度壁垒，特别是行业界线，真正满足互联网时代的用户客户和市场需
求，强化集成服务职能，整合更多传统资源，进行集成经济形态拓张，
才是走出困境再度发展之路。

第二节　整合多元资本的传媒集成经济拓张

互联网时代的我国传媒系统，仅靠自我积累投入再生产扩张，需要
长期内功打造与市场交换所得，时间成本相对长很多，从经济角度讲不

---

① 范燕莹：《河南日报报业集团董林：从一张报纸变为"一切可能"》节选，长城
网—河北记者网，http://www.hhjzw.org/system/2015/12/01/010960280.shtml。
② 苏晓文：《关于中国报业集团发展非报产业的思考》，2014 年 1 月 14 日，中国
新闻出版网/报，http://news.xinhuanet.com/zgjx。

合算，在此期间还要面对技术升级、固定资产成本沉没等不确定性风险。而借助技术创新之力和市场之力作为双翼，整合各种社会资本、运营规则优长，完善产业结构和运营关系规范，发挥传媒集成经济管理价值，有助快速做强和做大传媒产业。"资本运营作为资源配置的高级形式，能够吸附劳动力资源、消费资源以及生产资源，从而发挥不同的资源优势。通过资本运营掌握资源，成为经济全球化和新技术革命背景下媒介企业发展的必然选择。……新媒体产业作为新兴的传媒产业，在面临国内传统媒体和西方巨型媒介集团的双重重压下，通过资本运营盘活闲置资本以扩张规模、整合资源、提升资源效率、提升竞争力，已经成为新媒体产业进一步发展的必由之路。"① 可以预言，未来中国和世界传媒行业强者，必然属于巧借资本之力，善于整合资本资源进行集成经济拓张的领军者。

一、整合上市资本必要性及现实问题

上市是传媒产业整合资本拓张的主要途径。"好风凭借力，送我上青云。"进入市场化的我国大部分媒体，战略转型均不同程度地存在资金匮乏问题，如传播技术与管理设备的数字化信息化改造，新型人力资源的选聘培育，适应用户市场需求的快速营销，新媒体内容生产和技术平台的创新研发等，都需要巨量资金投入，而原来经济基础相对薄弱制约我国传媒产业整合扩张进程。"英国 200 年经济发展给予我们的启示是，创新或技术进步本身也需资本积累及一定规模的投资的支撑。并且创新和技术进步具有非连续性，即不具有永久的持续

---

① 殷俊等：《新媒体产业导论：基于数字时代的媒体产业》，四川大学出版社 2009 年版，第 100 页。

性，意味着创新或技术进步对经济增长并不持续性地发挥主导作用。投资作为主导因素与创新或技术进步作为主导因素呈现出阶段性的转换的特点，警示中国在现阶段在加强创新和技术进步的同时，也不能忽视其他生产要素尤其是资本积累的作用。尤其是在强化创新和技术进步机制的同时，要进一步优化资本形成机制，切忌简单化地否定资本积累及其投资的作用。中国经济发展面对的主要问题之一，不是简单地削弱投资的作用，而是如何实质性地提高投资的效率和效益。中国业已形成的相对有优势的储蓄及资本积累机制，不仅是经济增长和技术创新或技术进步的物质基础和条件，也是实现经济可持续发展的根本保证。"① 借重资本整合创新发展，国家宏观层面如是，传媒产业经济拓张的中观与微观层面亦如是。

传媒整合上市庞大市场资本资金，带来短期利好效应是：解决资金严重缺口的燃眉之急，像省广传媒集团上市前主要经营品牌管理、媒介代理和自有媒体三大业务，上市后很快募集8亿多人民币，改造建设广告数字化运营系统等，依靠新建数字化平台构设品牌运营策略的数据库，从而与国际传媒广告集团抗衡。带来长期利好效应是：上市作为无形声望和身价宣传平台，提升传媒品牌影响力。利用挂牌交易资本市场平台公开推介活动良好机会对股民宣传，上市后不断主动披露经营战略信息，有效展示传媒形象，巩固传媒知名度和扩大无形资产价值。最根本的是促进传媒优化资源配置，深度开发规模效益，使闲散资本增添新的投资渠道；利用资本整合推进并组、联合等多种方式扩张。国内多数上市传媒将所募资金，通过换股、参股、控股及资产置换等开展跨媒体业务，克服盈利模式单一风险，凸显利用上市资本发展集成规模经济和

---

① 黄桂田、孙露晞：《技术进步的非连续性与生产要素的阶段性转换——对英国200年经验的实证及对中国的启示》，《经济学家》2013年第12期。

范围经济的战略态势。

发达国家资本市场规模大、法规健全，资本运作使用灵活。当今世界上国际化、市场化程度高的传媒公司巨头，如迪斯尼、时代华纳、贝塔斯曼等，出身都从小媒体起步，而后借用资本资源杠杆作用和运营模式，迅速多领域拓展业务范围，战略性扩张到全球。新闻集团（News Corporation）总裁鲁伯特·默多克，从澳大利亚转战英国再到活力最足的美国传媒市场，发展为世界最大媒体大王之一。其集团多次得到银行和财团支持，抓住报业出版系统、广播电视新闻网、出版社、电影公司等产业内在联系，整合资本资源组建庞大传媒集团实行资源共享，迅速扩大规模经济影响和社会地位；大举实施收购、兼并、租赁、托管等具体运作，实现集团资本最大增值，金融、产权和无形资产资本运营向其他产业经济扩张，优化配置更多社会产业资源，寻求范围经济效益最大化。使其传媒帝国不可一世的东征西进，在世界竞争激烈的传媒市场中傲视群雄。

20 世纪 90 年代新兴的我国网络传媒公司，基本都是通过上市吸收资金，或从国外资本市场获得财源，或借助风投资本等起家，渡过难关继而抓住机会壮大。悉数第一代商业门户网站的搜狐、网易、新浪等，莫不如此；第二代网络公司百度和阿里巴巴及腾讯公司，同样如此。某种意义上，危机时刻的网络公司救命稻草多是国内外资本，从烧钱烧到眼红到赚钱赚到手软，也主要依靠各种资本。但不可否认，我国政府出于意识形态阵地维护和政治宣传功能考虑，对传媒资本运营采取谨慎态度。传媒上市融资管理限制政策非常严格，上市募资之路障碍重重。如财讯传媒上市过程十分曲折。"前后花费两年多时间，从国外到国内，最后绕一圈才算上市。之所以要花费这么长时间，其实就是为了绕过中国内地的政策限制。我们很多媒体人和投资人都把聪明才智用在寻找政策的缝隙上，这不得不让我们思考：究竟是媒体出了问题，还是我们的政策出了问题?"①

从 1990 年沪、深两市开办至今，已经形成主板、中小板、创业板、三板（含新三板）市场、产权交易市场、股权交易市场等多种股份交易平台，多层次资本市场体系初具规模。乘此东风，近些年我国传媒融资政策逐步解冻，适度开放，包括一些国家主流媒体也纷纷开始进入资本市场，面向社会融资扩大经营。国内出版集团、广播电视集团、有线网络运营公司、广告营销公司、其他信息传播服务类传媒抓住机遇，借壳、买壳或直接组建集团上市，轰动业界事件此起彼伏。2011 年年底，我国以报业为主营业务的集团上市公司达 7 家。9 月 29 日浙报传媒开经营性资产整体上市之先，启事业单位向国有企业转变之幕。承接前行者经验，2012 年 6 月 19 日，粤传媒正式在深交所上市交易，成为国内第二家整体上市报业集团。传媒集团整体上市与资本共舞，突破依赖广告和发行为主的偏倚经营模式，整合接纳各方资本，巩固传媒资源根基，促进产业发展壮大。

然由于资本运作失范，募集资金使用不当，问题接踵而至。（1）在"媒体是中国市场最后的暴利行业"炫目口号宣传诱引下，大量社会资本蜂拥而来，但一些传媒集团出现诸多资本经营误区：有的上市媒体公司在资本市场圈上大笔金钱，没有投入扩大再生产，赢取更大市场利润，回报股民和社会，而是坐吃山空、滥发福利、大肆挥霍、盲目投入；有的因不知如何经营以及管理权、使用权界限不清晰等，造成大量资金闲置浪费，不敢投入扩大化再生产使用。如北青传媒集团募集的 20 多亿资金主要因管理原因而沉没不动；有的因政企不分，资金被挪用甚至贪污中饱私囊，成为赤裸裸的资本市场公开掠夺者，影响上市传

① 牛勇平：《媒介经济学理论与市场分析》，经济管理出版社 2011 年版，第 193 页。

媒整体声誉。这些差强人意结果远低于市场预期，让流动性和逐利性极强的资本很受伤害，股民开始弃之而去，许多传媒上市公司变得"有价无市"，只剩几只强势、优势传媒公司的股票尚还坚挺。（2）资本市场监管与透明公开机制尚不健全，我国传媒业发展在首次发行新股（Initial Public Offerings，缩写 IPO）增发股票等筹融资及购并资本运营活动，缺乏完善、成熟、透明的操作规范，作奸犯科现象频出，严重阻碍我国传媒业通过资本运营快速发展。

综上所述，传媒上市得到大把金钱，不一定顺理成章地助益产业集团做强和做大，况且市场风险大、竞争烈度强等特性与上市高利润并行，上市是把"双刃剑"：能推动传媒产业发展，也能导致加速衰落。如果不擅长资本运作，不仅难以赢得竞争优势，还可能被其他资本收购。资本如水，传媒集团如舟，"水能载舟，亦能覆舟"！针对现实国情和产业实际，我国传媒上市资本运营要想得到很好发展，必须整合健全政策法规支持资源，整合资本市场有利要素，整合国外传媒上市公司资本运营模式及成功经验，将募集整合的宝贵资本转化为集成经济开源拓张要素，以彻底规避资本运营使用出现叶公好龙或南辕北辙的现象。

二、其他形态资本募集与整合拓张效益

上市是我国传媒相对快捷和高效整合多元资本途径。此外，向银行借贷或发行中票、与大型企业集团合股及其他各种筹资创新途径，也有助产业规模经济和范围经济发展。随我国相关政策逐步开放，传媒要学习国外传媒资本运营先进模式，创新融资渠道，以多样灵活运作形式整合资本资源，服务集成经济拓张。

（一）利用股份制融资发展的整合拓张

"鉴于国家对传媒业的谨慎态度，使得传媒企业在与其他资本组合

中，主要采用合资经营的方式，成立参股或控股公司，以便达到共同管理，共同获益的目的。"① 即使采用子公司控股获得融资渠道，范围多受限于传媒业系统之内，或拥有巨量资本垄断地位的国企央企等大头，它们凭借自身综合优势，力图控股传统媒体上市公司及新兴网络传媒公司。而进行国外融资必须征得我国管理部门同意，并且保证控股权牢牢把握在我方手中。

因中国传媒产业市场的巨大诱惑力，许多流动外资借股票市场和其他明暗途径，投资新媒体和传统媒体公司，源源不断地为我国传媒产业供给资本。我国多年经济发展，社会民间闲散资本、中小企业民营资本资源储量丰富，它们对传媒业投资相对较为青睐。传媒产业集团管理者要善于以股份制方式，灵活整合吸收、借重利用各种资本，通过集成经济管理模式改善自我，或转投其他有前景产业，包括服务传媒联结平台的集群产业等有潜力的经济体，发掘有形到无形资本多层次资本价值，开发共享资本整合运营收益，将传媒经济盘子做大做活做强。

（二）联合银行发行中票筹资的整合拓张

传媒整合金融机构、中介服务机构等资源，与金融机构合作募集，进行资本运作创新，因其中多为偿还银行贷款，银行乐从此事；借力银行资本融资也缓解传媒经济压力，促进产业扩大，直接提升资本运作效益，其中发行中票是主要形式，目前囊括我国三大类传统媒体集团股份有限公司。

此类途径因与银行利益关联性强，从发行到市场募集资金等环节，设置的各种限制规约和管理内容相对完善，但操作运行谨慎保守态势显

---

① 李常青、赵婉：《传媒经济学视野下的中外传媒资本运营比较分析》，《中国报业》2012 年第 8 期下。

而易见，因此，发行中票途径的整合融资规模不大，对传媒产业的经济
结构及内在管理改造影响较小，辅助传媒产业发展支持力度一般，不过
这也是传媒集团渡过难关的可选渠道。为简要说明，每类传媒仅列两个
集团的中票发行情况，具体总结如表6.1。

表6.1 我国部分传媒集团发行中票情况汇总

三类传媒集团中票发行信息								
传媒类属	发行机构	发行时间	金额期限	信用等级	评级单位	发行目标	主承销商	募资范围
广电集团	湖南电广传媒股份有限公司	2010年10月19日第一期中票	5亿元，期限5年	AA级	大公国际资信评估有限公司	偿还银行贷款，发展主营业务	国家开发银行股份有限公司	上市社会性募资
	陕西广电网络传媒（集团）股份有限公司	2014年6月18日发行第一期中票	3亿元，分3年和5年期两个品种	AA级	联合资信评估有限公司	不详	国家开发银行股份有限公司	银行间市场上市公开发行
出版集团	河北出版传媒集团有限责任公司	2012年11月13日第一期中票	5亿元，期限5年	AA级	联合资信评估有限公司	补充营运资金，偿还新华书店银行贷款	中国光大银行，兴业银行股份有限公司	全国银行间债市公开发行
	湖北长江出版传媒集团有限公司	2013年10月30日第一期中票	4.5亿元，期限5年	AA级	大公国际资信评估有限公司	全部用于营运资金	兴业银行股份有限公司	全国银行间债市公开发行
报业集团	南方报业传媒集团（为国内首家）	2012年6月1日第一期中票	3.5亿元，期限为5年	AA+级	上海新世纪资信评估投资服务有限公司	优化融资结构，借力资本市场向全媒体转型	光大银行	中国银行间债券市场的机构投资人
	山东大众报业（集团）有限公司	2012年6月5日第一期中票	5亿元，期限3年	AA级	中诚信国际信用评级有限责任公司	购买新闻纸及偿还银行贷款	中国工商银行股份有限公司	全国银行间债券市场债券上市

（三）吸纳风投资本资源的整合拓张

风险投资是互联网传媒产业初创时期的重要发动机，曾起着不可或缺的作用，在传媒产业经济未来拓张与创新发展中同样不可替代。风投源于 20 世纪 70 年代，美国一些硅谷好项目受益于风险投资快速崛起，其中最有名的 KPCB 和红杉公司，经营者管理经验丰富，资金充裕，人脉深广，眼光长远，能够容忍失败风险，敢于给许多有潜力、发展前景诱人的公司投注紧缺资金，帮助完善公司治理结构，物色高层领导，辅助拓展业务，成为硅谷公司高速成长驱动力量，并形成一种开明开放与进取包容的文化，当然，多数都为自己公司获得了丰厚回报。

国内成熟发达产业集团如联想集团等，看准这个市场转而做风投类项目。随近年 IPO 走红，主业起色不大却手握巨额募集资金的传媒上市公司，如电广传媒 2008 年涉足创投业务，8 月 25 日成立达晨创业投资有限公司，此后几年成立达晨系列基金项目获得巨大回报，2009 年把创投变成主营业务，仅一年时间账面浮盈就达到 25 亿之上。其高额收益带动其他上市公司影从，如陕西广电网络等成立创投公司谋利。风投项目和投放的金额在我国互联网领域不断拓展。"截至 2014 年 12 月 31 日，对国内互联网领域总共发生融资 1878 笔，融资总金额超过一千亿人民币……其中最活跃的五大投行分别是 IDG 资本、红杉资本中国、经纬中国、经纬中国及创新工场。"[①] 如此庞大的资本资金供应源存在，值得我国传媒产业积极整合利用，进行集成经济拓张发展。

（四）创新网络资本融资的整合拓张

互联网时代的资本运营创新活跃，金融交易活动频繁，出现其他各种合法的网络社会集资途径。新颖的众筹模式源自国外 crowdfunding 一

---

① 《这是最详细的 2014 中国互联网投资报告：电商、移动、金融三大热点》，http://www.tmtpost.com。

词，国内称为大众筹资、群众集资募资等，其模式利用互联网社交传播，以"团购+预购"的运营模式向网友募集项目资金，让小企业、艺术家、个人各自展示创意，争取众人关注和支持，只要项目能得到网友喜欢，即可获得所需的初始启动资金援助。相对传统融资方式而言，这种融资更自由、开放和多源。

众筹资本整合的新型模式及其作用力不可小觑，按照西方学者研究的结论，正是利用社交网络和众筹方式，民主党竞选团队获得大量民众支持资金，将出身平民且一半黑人血统的奥巴马送上白宫主人宝座，实现历史性的"CHANGE"。目前统计显示，我国国内知名众筹平台有数十家，分属为股权众筹、奖励型众筹及捐赠性众筹等不同形式，一些媒体开创的众筹新闻实践，也使这种资本新颖运营模式，带给媒体优秀专业人员更多的自我价值实现期待。

此外，还有新近流行的粉丝经济、网红经济等，虽不算成熟资本整合形式，未必能走太远，但特定领域和时段也取得相当成功。因为传媒产业经营本身创意性极强，所以完全可以利用资本整合创新的实践经验，大可解放思想、集思广益，在不违反法律政策、市场契约原则下，利用资本和新创资本运作方式扩大发展，整合有益资本资源，服务传媒产业跨媒体、跨区域和跨行业兼并，组建超级传媒产业集团航母，创造集成经济超额利润。

第三节　整合硬资源拓张的集成经济管理功效

在传媒整合新旧产业与社会资源的拓张中，经常出现寻找战略伙伴失当、经营理念冲突、人事组织安排矛盾、产业链和网络管理不善等现象，造成有形无形资源内耗外损，产业经济整体水平不升反降；整合资本融资特别是互联网众筹业态各种不佳乃至违法集资等，也是违规失范问题不断。对此，一方面需要在充分发挥市场配置资源主导作用，加强政府及行业组织机构监管规范；另一方面需要在传媒整合资源拓张中，以集成经济管理创新功能有效控制风险，发挥资源整合与募集资本的积极作用，实现媒体与其他产业及资本投入者均能合理获益的最佳目标。

一、硬资源整合拓张与传媒集成经济风险防范管理

多渠道、多样化的资源整合对传媒产业拓张助力匪浅，对产业结构再造功效突出。但"凡事预则立，不预则废"，在政治经济和市场环境复杂背景下，整合资源发展面临诸多潜在危机风险，发挥集成经济管理运作优势机制，是保障整合拓张方向正确安全、杜绝此消彼长零和博弈的有效路径。

（一）启动集成经济管理迅速反应预警机制防范资本市场负效应

利用传媒信息集成优势，启动集成经济系统的市场风险管理与全方位预警反应机制，严加防范资本逐利野性造成严重投机破坏；同时快速应对股市震荡性波动，防范金融风险和市场危机的直接间接伤害，不能只见"馅饼"，无视"陷阱"。实践经验证明："资本是产业的双刃剑。成也资本，败也资本。"① 传媒还属于特殊社会产业角色，需要以集成经济管理防止公共职能受资本侵蚀，只求利益不管公益的失衡，并尽快建立适应现代企业运行监管机制，避免错误决策浪费，推进产业脱胎换骨达到凤凰涅槃，成功转型追求双重效益。

（二）通过集成经济管理公开透明决策规避资本流动潜在风险

传媒集成经济的管理与决策防火墙作用，确保整合拓张借重资本合

---

① 方兴东：《创新式摧毁力》，北京大学出版社 2004 年版，第 31 页。

理性流动资源，警示不合理流动威胁，用其所长避其所短，促进产业结构科学调整，实现各种资本资源的良性辅助促发功效；关键是发展层面的集成经济管理，加强公开透明决策，提高资本利用科学合理性，保障融资扩张避免过多依赖资本运作，避免不顾一切吸纳资金而忽略主营业务、即使一时兴荣但难能持久的不善结局，因为资本运营能否带来丰厚回报，最终来自产业经济内在水平提升进步，资本只是外部助力因素，不是传媒产业经济强大的万能主宰，最好的经营才是决定产业命运的万能之手。这方面百度公司经营理念比较清醒，借助流动资本长远发展，更集中力量建立出色的服务特长业务体系，有眼光的投资者自然不请自来。

（三）依靠集成经济管理加强资本运作预判谨慎从事并购拓张

整合其他产业资源进行大规模拓张，若不能有效实现集成经济效益，则往往事与愿违。规模大而不强，行之不远！2000 年 6 月法国威望迪如愿以偿完成了世界第二大传媒的塑造，但"扩张至上的战略并没有使规模经营链条上资源的配置和利用产生最大效应，以点带面提高整体运营质量"。① 公司背上百亿欧元以上负债，负债累累几乎到破产边缘，最后不得不变卖出售拆分家产还债，大伤元气。还有美国时代华纳在线的并购等，同样殷鉴不远。因此，核心关联及混合跨产业并购，必须加强集成经济的市场风险管理，增强整合前景预警预判功能，寻找最优战略伙伴，消除贪图求大而不求强的危害，表面一时风光却有危机暗藏的威胁。腾讯与京东结盟，腾讯电商被并入京东，京东成功在美国上市，腾讯资本长袖善舞，电商业务摆脱亏损包袱，又通过手握京东股票实现资产增值变现，双方集成各自优势资源之长整合发展，不仅在资

---

① 邵培仁、章东轶编：《媒介管理学经典案例》，高等教育出版社 2003 年版，第49 页。

本市场斩获颇丰，而且都延伸自身的业务范围，获得合作共赢的集成经济效益，实为一桩不错的产业资源整合典范！

二、硬资源整合拓张与传媒集成经济促进管理

传媒集成经济管理保证整合资源沿着正确有效路径拓张，避免传媒产业顾此失彼的发展误区及其他风险，克服经营体制机制弊端，提高传媒运行质量，开拓利润新增长点，藉此实现集成经济增值与综合效益增长。

（一）集成经济管理规范促进产业转型升级

传媒集成经济管理属于内涵式整合发展，使资源配置功能发挥到最大化节省产业成本，通过集成化管理实现成本相同条件下的效益最优。传媒整合各种有价值资本，以系统整体集成经济高效协同管理，辅助资源进行有效地转化利用，规避资本市场运作负面效应，对传媒产业拓张起到促进等作用，然后吸引多元硬资源，使集成经济整合促发功效，再度扩张。而传媒集成经济管理对资本的规范价值更在于：遵照上市公司规则化、透明化经营要求，注重资本整合使用质量，促使主副业务超速增长；整合上市管理外力监督资源，借助资本游戏规则，整合国内外大量资本促进传媒组织经营制度与产业体制变革，使公司架构、运营方式、管理平台更科学，解放产业内在生产力。2008年花旗创投和殷库资本分别为昌荣传播注资3000万和2000万美元，照美国标准运作从子公司结构改变为集团公司，改善原先很多管理不规范的地方，各分公司能独自设立发展战略目标，进行兼并收购扩展。号称内地传媒境外上市第一股的北青传媒，2005年12月22日在香港联交所挂牌交易，为塑造真正市场竞争主体，提高综合经营管理水平，改选公司董事会、监事会，重修公司章程，建立完善法人治理结构与股权结构，充实编采和经

营高管人才，制定相应管理流程及配套人力资源薪酬激励体系，支持产业转型升级战略实施。

（二）集成经济管理促进整合营销持续发展

传媒整合各种资本进行开源，依靠集成经济管理优势，战略转型扩大经营业务，增强决策适应性，更新经营业态。通过共享的资源整合营销发展，拓张传媒市场利益，赚取多元丰厚回报。上海新华传媒股份有限公司登陆资本市场，"股权收购+资产置换+股改"同步操作，拥有全新资本平台聚集社会资源，整合新华传媒原有报刊经营、图书发行、广告代理、物流配送等四大业务和渠道，形成协同效应与规模效应；部分资产证券化增强资产流动性，股权价值大幅增值，在证券市场出售部分股权直接获得巨额收益；推动企业转型与行业整合。定向增发及新资产注入，流通架构供应渠道拓宽，网络渠道延伸，电子商务物流配送，降低各个环节流通成本，传媒集成经济操作管理原则使之取得很大程度成功。原先为媒介代理公司的昌荣传播公司上市之后，多元化战略转型调整原有媒介代理业务，从仅与央视广告代理合作扩张到天津卫视、东方卫视等，还与国际广告集团安吉斯合作共享优质资源，逐步从事互联网、手机广告等新业务，实现多元化媒体平台布局，为客户提供便捷的一站式解决方案，向整合营销传播集团转型拓展。

三、硬资源整合拓张与传媒跨界经营及资本运作

（一）传统媒体集团整合资源拓展集成经济跨界经营范围

按照市场经济规律运作，收购、兼并、重组、合作等跨界整合资源，是达到我国传媒产业节流开源并举拓张的重要途径。"报业跨界扩张是规模化发展的必经之路。在技术和资本的驱动下，报业集团突破了原本的地域藩篱、行业限制，进行了跨地域、跨行业、跨媒体的一系列

跨界实践。它们的出现意味着中国报业正在向优势资源集中⋯⋯当然，会面临诸多不确定性。"① 消除不确定性关键是采用集成经济集约化、网络化、信息化的最优管理路径，整合有价值互补战略资源，突破不合时宜禁锢，追求传媒集成规模与集成范围经济双重效益，才能走得更稳健、更长远。

2011 年，我国大陆有数起跨地域、跨媒体、跨行业的跨界扩张案例。2012 年，"三跨"继续前行，行业壁垒政策松动，地方保护主义退却：1 月份，福建日报旗下的《海峡都市报》介入广播制播经营；5 月 24 日，四川日报报业集团与四川广播电视台战略合作签约；5 月，广州日报社和长沙晚报社缔结友好报社并签订战略合作框架协议；12 月，洛阳日报报业集团正式控股太平洋门户网；南方报业欲打造数字化时代国内实力最强，成长性最好，最具影响力和国际竞争力的跨地区、跨行业、跨媒体、跨所有制的传媒集团⋯⋯都是沿循整合互补性资源的跨界转型发展路径。

（二）新兴传媒集团整合资本从事经营创新的开源拓张

传媒集成经济发展整合资本扩大传媒业务，从事各种资本生钱的整合创新，带来集成经济的多形态开源收益。动用上市募集整合的庞大资本，从事多元实体经济的投资，更有创新之处是效仿银行借贷或风投，提供订单贷款、信用贷款两项服务，为降低风险设置合理金额发放程序，数额控制 100 万元内。其资本整合与集成管理开源不仅成为公司新收入源，且因雪中送炭的帮扶服务，构建笼络忠诚用户资源的良性循环发展生态系统，助力公司持续性发展。数据显示：从 2010 年自营小额贷款业务后，阿里巴巴公司累计发放 280 亿元贷款，有 13 万家以上个人创

---

① 黄升民、马涛：《行行重行行　柳暗花又明——中国报业 2011 年回望与 2012 年前瞻》，《中国报业》2012 年第 1 期上。

业者和小微企业受益，公司也得到这些群体回报。这就是业界所称的"建设池子、放水养鱼"的长远投资收益。比起一些传统媒体上市圈钱后的拘谨无为，不得不承认其集成经济管理的开源发展战略高瞻远瞩！

余额宝是马云的资本整合创举，若非动了银行系统的奶酪，打破潜规则受到联合强力打压，也可称作整合用户闲散资金资源，取得巧效益的集成经济管理收益创新。2014 年 9 月 19 日晚，阿里巴巴股票代码 BABA 在纽交所正式挂牌交易，每股 68 美元，股票当天开盘价 92.7 美元，共筹集 250 亿美元资金，创有史以来规模最大一桩 IPO 交易。整合境外资本后仍以无息小额贷款等方式继续培育市场、开发风投收益等，大力从事资本整合与创新！如今又转向蚂蚁金服为主。其投资盈利之道，值得传媒经营急功近利目光短浅者反思。

本章小结

"新媒渠作为一种新型的服务业态，在商业运作当中，它充当的是一个资源整合者的角色，采用的经营思路是资源置换和平台整合，即采用'资源整合型的平台化运营的模式'，充分利用自身的资源优势（地缘、业态、场地以及客户的独特性资源），以广告发布、渠道提供、服务延伸为基本经营手段，整合社会优质产品和服务资源，为产品与服务的供应商提供全面专业的渠道和营销服务，为消费者提供在媒渠所接触到的产品，从而在资源共享的基础上提升媒体经营单位的资源利用效率，以期获取可观的利益回报。"①

---

① 陈明：《新媒渠》，中山大学出版社 2010 年版，第 6 页。

传媒平台联结资源利人利己拓张，节流开源并举，正是互联网时代集成经济新媒渠发展战略方向。而整合社会硬资源，需要超脱追求资本效益忽略社会效益，或只讲社会效益而不顾资本利益的偏颇，始终把握集成经济的高效管理方向，沿循适应性拓张策略，满足社会复合需求，内助传媒产业经济的有效拓张，外辅各个产业经济的共同进步提升，进而引领国民经济整体发展壮大。"从传媒经济与经营管理学角度，几乎所有的学者都认为，传媒产业与国民经济保持紧密的相互依赖的关系。一方面，社会经济制约并引导着新闻传媒的发展，社会经济的发展为传媒的发展提供基本条件，并决定传媒业的整体水平，社会经济的发展为传媒发展提供丰富的社会经济信息内容。"[1]

---

① 喻国明主编：《中国传媒发展指数报告 2012》，人民日报出版社 2012 年版，第 44 页。

第七章 整合内外软资源与
传媒集成经济拓张

    硬资源是传媒发展必需的资金、原材料、基础设备和产销场所等物质基础。传媒因应互联网时代全球化市场竞争，整合传统有价值资源与资本市场真金白银等硬资源，采纳集成经济运营管理，能够有效拓张集成规模和范围经济。而伴随社会关系网络化位移与延伸，传媒更需重视软资源整合。软资源包括传媒管理制度、人才资源聚合机制、团队合作经营氛围、新兴技术采纳水平、组织文化关系与联盟关系等；也包括政治、经济、文化等外在环境支持资源。

    传媒作为联结社会的特殊系统，顺应市场变化速度加快、适应社会需求变化多端的现实，高效整合内外软资源价值，与硬软资源整合举措并驾齐驱且有机协调，不仅能够增强产业综合优势，提高生产力水平，提升互为服务附加值，获得产业永续发展，还能够扩散集成经济交往的公平民主、互利共赢理念，拓展人本经济影响，扩大资源整合正外部效益，改善社会生产关系。因而，整合有益软资源进行集成经济拓张，有助于国民经济健康前行，有利于社会和谐发展。

第一节　整合人才机制软资源的集成经济拓张

我国传统媒体产业影响总体衰落，从信息采集占有能力，内容生产传播水平，广告价值营销等方面，并非与互联网新媒体公司竞争不利之处，相反，很多方面还有绝对优长势能；技术革新应用同样不是输给后者的理由，因为不管从设备改善还是创办新媒体平台，开通网站、微博、微信，数字新媒体客户接收终端产品开发应用，我国传统媒体机构都属于弄潮儿级别，一点都不落后；而拥有的现实社会地位及采制权威信息资源，使其人才拥有可谓各路精英荟萃、济济一堂。但近些年在传播市场步步失利，年轻用户群体纷纷离去，广告经营及其他收益大有江河日下之势，相比新型传媒公司已输"几"筹。问题根源何在？作者认为：主要是发挥人才优势的机制软资源整合不力，传媒经济可持续创新与发展的后劲受到限制，从而丧失了传媒市场中的领导地位。

一、吸引与稳定人才机制软资源的整合意义

人才决定性作用，中外经营管理学有关陈述不厌其烦，人才兴国、人才兴企、人才兴媒早成共识。管理学大师德鲁克特别强调现代社会，人才是企业最重要的资产。"因为，在 21 世纪，经济是以高新技术产业为主导，以知识为基础的经济，是人才经济。如今，企业之间的竞争，知识的创造、利用与增值，资源的合理配置，最终都要靠人才来实

现。人才是实现经济体制和经济增长方式根本转变的关键。"① 人才是软资源的精华，决胜市场的主体要素，互联网时代的人才决定性作用更毋庸置疑，对知识生产、文化传播、创意竞争、信息服务为主打业务的传媒产业尤为重要。腾讯公司从区区可数几人初创到如今盛名在外，一路走来发展到数万名员工，人力资源规模组织庞大，产业部门系统复杂，马化腾谈不断壮大的深刻体会时说："我看到很多资金、机会，其实很多行业和企业都不缺乏，最最关键还是人才。包括很多互联网行业在国外竞争中，和欧美、韩日这样的市场相比，最大的区别就是人才。"②

传媒发展力受决于传媒最具价值的人才资源群体，他们具有独到的创新眼光、创造能力、创业激情。德才兼备管理团队属于软资源的重中之重，他们富有集体精神和个体人格魅力，并非市场随便即可得的传媒宝贵软资源，一旦得到就应按照适才适用、养用结合、智能互补等原则，构筑整体团队的独特竞争力，形成他人最不易所模仿的资源优势，难以替代的双重效益创造群体。当然，强调千军易得一将难求的同时，还要善于挖掘所有员工潜质潜力，共同为传媒集团发展献计献策献力。

这需要创建吸引、招募、聚集和稳定人才资源的良好机制体系。腾讯公司打造吸引稳定和创造人才脱颖而出的制度文化环境，要求员工可上可下、可进可退，凭本事吃饭，靠能力生存。低调而颇有眼光的马化腾在《阳光行为准则》讲话中，要求大家坚守正直底线，最重要的是"拥有正直的内心"，强调核心管理层领导再到管理干部从人才的"德"方面做好，然后以身体力行与正直内心照耀整个团队，发现培养更多人才，形成上行下效的文化氛围，号召整个团队以激情、好学、开放的态度和行动，创造用户价值。"上梁不正下梁歪，中梁不正倒下来"，马

---

① 我邢我宿、欧俊：《马化腾内部讲话：关键时，马化腾说了什么》，新世界出版社 2013 年版，第 84 页。

② 同上书，第 76 页。

化腾将中层管理干部视为公司和员工之间的枢纽，要求他们做好双向沟通；将他们视为公司和合作伙伴之间的枢纽，要求他们恪守法制做好合纵连横；将他们视为公司产品和用户之间的枢纽，要求充分发挥上下同欲者胜的核心主导力，凝聚员工共识；要求他们亲力亲为，勇于突破。由此可见，马化腾对干部人才价值资源的重要作用认识，整合人力资源主观能动性、激发创造潜能的清醒及前瞻。

更关键是如何发挥出人尽其才、物尽其用的机制软资源整合功效。传统经营管理笼络人才的成功方式依然奏效，譬如有竞争力的高薪回报、刺激人心的高额奖金和股权拥有，及时职位升级与荣誉赋予，以绩效高低为指标的严格奖勤罚懒与制度约束等措施。这些报偿激励评价指标体系，在以往企业管理和生产营销及国民经济发展中，起过催人奋进的推动作用，其竞争至上、努力成功的潜能激发与管理理念，工业经济时代盛行，至今仍有很大认同市场。但随着人们自我意识复苏、自我价值实现追求及自由平等精神深入人心，现代越来越多的企业管理者认识到，"一定要把员工和经理与生俱来的积极性——人类行为的道德、社会和感情驱动力调动起来，而不能仅仅依靠物质奖励。这不仅能让员工更快乐、更有成效，还可以通过促使竞争对手建立和应用他们自己的合作体系和技术，将合作行为传播到整个行业。"①

新兴传媒的经营管理者与团队，注重良善制度建设、发展与科学激励机制整合，尊重活生生个体主观能动性，调动集体成员的快乐合作内在能量，使之成为竞争致胜的资源法宝。正如马克思、恩格斯谈社会发展终极目的时指出的："人是全部人类活动和全部人类关系的本质、基础。"一些西方学者反思企业管理误区时，开始聚焦以人为本的进步实

---

① ［美］尤查·本科勒：《企鹅与怪兽：互联网时代的合作、共享与创新模式》，简学译，浙江人民出版社2013年版，第23页。

践作用，"人不是一种被动的可以被测量的生产要素，他还是具有主动性与创造性的活的个体。人可以仅仅把劳动作为谋生的手段，也可以在工作中实现自我，需求乐趣。因此，人的能动性是有弹性的，关键不是去测量他们，而是如何更好地开发他们。"①

传媒集成经济发展内涵，契合互联网技术自由平等精神与创新合作思维，继承传统工业时代的人才资源管理优点，更清除其压抑人性的弊端，摒弃将人才当作获利工具和赚钱机器的认识，走出严密管控思维施加于外在驱动的局限，转向满足新型人才群体的复合需求，建设人才吸引和稳定等有效机制来整合人的主体性软资源。内部人力资源组织改革中，整合主观创新与自觉贡献能动性资源，上下级和谐人际关系等软资源，共创齐心协力干事业的文化环境，是集成经济进步特质表现所在，也是其发展主旨具备的优势所在。

（一）整合良善合作透明组织关系机制资源、公平公正人才关系文化氛围资源，达传媒集成经济管理高效发展目标。

"我们从实验经济学和社会心理学的研究工作，以及商业和社会研究中得到的最大收获是：我们对公平的渴望，是人的动机与行为的一个重要组成部分。这种渴望，跟自利、共情或团结完全是两回事儿。受到公平对待和加入公平对待我们的体系，使我们最基本的需求或希望。如果我们想建立一个激励人们努力工作或有效合作的体系，仅仅靠报酬和激励是不够的。我们还要考虑这个体系是否公平。公平是一个体系良好运转所必不可少的组成部分。它具有很强的实用性，能确保人们在这样的体系中相互合作，让每个人都发挥出应有的作用。"②

---

① 郭万超：《探寻当代最优发展模式——中国经济大变革》，经济日报出版社2012年版，第57页。

② ［美］尤查·本科勒：《企鹅与怪兽：互联网时代的合作、共享与创新模式》，简学译，浙江人民出版社2013年版，第138页。

它属于更具人性、更有经济价值的合作路径。传媒集成经济发展借鉴传统奖惩激励机制优势，着眼新时期社会进步需求，整合公平竞争体系及保证人才作用发挥的机制软资源，然后整合人才的知识、经验、智慧和产销力量软资源，从事有效经济行为的社会化大生产，推动人们自愿自觉、合作协调从事有意义的集成创新发展。因为只有机构集团中的所有人员能各尽其才、各尽其力，才能保证物各尽其用、财各尽其长。

传媒集成经济微观企业层面运营，以要素资源板块结构优化强调网络化结构，通过各板块内部人员自由民主组合，板块之间相互沟通联合、共同享用资源信息；以互利共赢原则强化分工与协作关系，齐心协力从事业务经营；以公平公正评价监督体系和机制有力保障，使计划设立、人事组织、制度建设、绩效评测等交往关系都趋于透明民主平等，增强内部结构资源整合运作的集成规范效益，激发传媒人才资源主动贡献服务才智。人才公正发展机制与公平环境促发资源，对维系稳定人才资源的作用至关重要，而这些先进性的整合措施，延伸到传媒建构的综合联结平台，让所有参与经济实体经营者都心悦诚服，从而整合高认同度的互动合作关系机制与产业经济协同关系资源，反过来有助于达到传媒集成规模与范围经济同步扩大效益。

（二）整合团队精神与内外良性沟通关系环境软资源，留住和吸引更多优秀人才，实现传媒集成经济功能拓张的多重效益。

众所周知，一切沟通归结起来还是人与人的沟通，它需要合理的引导、有机的互动与有效的激励机制。"团队精神的实现方式是良好的沟通和优秀的激励机制。研究表明，人们用近70%的时间进行沟通，沟通是团队协同合作、树立共同目标的必然途径，是形成一个优秀团队不可或缺的重要条件，是团队精神的粘合剂。"① 腾讯内部有一套高效的

---

① 张平：《合作战略》，中国经济出版社2009年版，第169页。

内部交流平台机制，马化腾经常通过邮件和 QQ 群、微信圈等与各板块员工相互通信，一则传递腾讯企业文化正直、尽责、合作、创新等核心精神，增强团队向心力和凝聚力；二则及时掌握员工意见反馈，兼听则明，快速改善技术、管理和客服工作，提高公司的市场反应能力和竞争能力；三则通过体会每位员工尽善尽美创造价值的过程，鼓舞激励士气，以亲和正直交往形成上下同心的团队合力。

马云也常用内部邮件，包括公开信沟通模式。其他不多赘述，仅看其中的一个案例：面对 IT 到 DT 时代的变化，马云给全体员工发邮件，与大家分享管理团队如何对移动互联网带来的改变，以及有关移动电商的一些战略性思考和想法。这些致员工公开信受到管理学者的赞赏，视之为推动企业健康发展、解决内部问题而采取的一种应对危机方式，也是博取民心的一种途径。

寇北辰认为，企业家试图通过公开信这个载体来增进企业的内部交流，进而对内凝聚人心、对外赢得市场。在无法控制的天时地利下，能够努力的只有人和。而公开信正是企业家在面对内外部生存危机时，试图达到人和的一种方式。李彦宏、马化腾、马云，越来越多的企业家开始提笔写信，形成了一种"公开信现象"。不论是任正非，还是马化腾，都是试图通过改变与群体性沟通的方式来实现管理好企业的目的。……寇北辰表示，无论短信、微信、微博，还是公开信，很多企业在与员工沟通的过程中都在与时俱进。但是，如果没有后续的行动和更有效、深入的互动，公开信也只能是一份群发的新年祝福而已。①

互联网新媒体公司领导者的后续沟通联络互动，其实也非常用心到位，他们亲自对新员工演讲，亲力亲为组织员工培训，关心年轻人成

---

① 作者《任正非、马云：商界大佬公开信背后的管理密码（3）创业 & 资本》——前瞻网 http：//www. qianzhan. com/investment/detail/319/150104-561ac808＿3. html。

长，关注员工喜好，尊重大家选择，千方百计投资情感，如员工生日都有贴心礼物赠送，不时有让人惊喜的红包发放、生活待遇和其他雪中送炭式的资助等，提高员工忠诚度，增强踊跃奉献意识，达到服务长远持续发展的人力资源整合境界。马化腾多次要求管理层更多与集团年轻人接触，倾听这些既是公司主人又是公司产品主要用户群体的声音，获得直接一手意见。马云同样出色，作为互联网时代的风云人物，在员工面前放低身份强调平等，常与大家同台共乐，互相取乐，包括在经典热火的电视娱乐节目中出头露面，展示个性化人格魅力，以此交流互动赢得爱戴，进而扩散传播企业活力形象与和谐关系。

（三）内部成功沟通关系延伸到外部，整合社会交往各种有利关系资源，促进传媒集成经济与环境和谐顺畅发展。

公开信除表明企业社会文化责任，树立和宣传企业正面形象，达成吸引社会注意力资源之外，他们还利用新媒体经济界领军人物的影响力，形成新闻传播事实，扩散进步经营管理理念，并以此渠道手段富有成效地和社会各个层面广泛沟通，产生强大社会共鸣效应，引领传统产业经营管理者效法，进行管理模式变革，间接层面促进其他传统产业升级换代。

最重要的是采取这种沟通方式，利于用户客户知晓传媒集团领导科学管理方式，争取理解信服和支持，吸引更多优秀人才前来效力，为自身集聚宝贵的人力资本，长远服务传媒集成经济发展。为了更好达到整合外在关系资源成效，他们也会就一些热点焦点问题，发出代表公司介入社会的有意义声音，寇北辰认为，企业家要注意内外关系的处理，需要凝聚人心和减少阻力，把各种矛盾降低到最小化。……寇北辰指出，发公开信关注社会问题，可谓一举多得。既能推动社会进步，又体现了企业的社会责任感，提高了企业家的影响力。

值得称赏的是，这些互联网时代的新媒体领军人物，与传统产业时代的优秀企业家一样，热心关注公益事业发展，积极参与公益事业，带头从事公益事业投入，改善与社会其他系统的关系，维护公司整体形象，使之成为持续发展的战略软资源。如阿里巴巴公司设置奖励制度，激励员工做公益，为企业赢得口碑，换回宝贵无形资源报偿。马化腾建立服务公益事业的团队，投入各种公益事业活动，赢得大家赏识，可见其对社会公共关系改善的软资源的重视。

2015 年 5 月 5 日，刚刚成为中国新"首善"的阿里巴巴董事局主席马云又排出新的公益计划，在当天举行的第二届阿里巴巴公益委员会成立仪式上，马云宣布，阿里旗下员工须达到"每人每年 3 小时"的公益时间指标，这将作为员工 KPI（绩效）考核的内容。

（四）提高领导与团队成员情商，整合内外良善合作关系与健全机制资源，追求传媒集成经济的可持续性创新发展。

"为了有效地完成团队工作，就必须提高团队情商，如果合作得好，就将取得 1+1>2 的效果；合作得不好，则将导致 1+1<2 的结果，造成 3 个和尚没水吃的局面。"① 这首先是依靠领导者情商高，以正直之心、公平执念致力于合作制胜。回顾我国 BAT 三大公司发展史，最初都是公司创建伙伴精诚合作，全力打拼，其利断金，合作上的高情商一直保持到公司壮大，成为集聚内部团队精神、意志、理想等因素的基本软资源。

而重视管理者和员工团队合作情感投入，仅仅作出倡导还远远不

---

① 我邢我宿、欧俊：《马化腾内部讲话：关键时，马化腾说了什么》，新世界出版社 2013 年版，第 90 页。

够。在传媒集成经济管理结构设置中，利用机制建设和相应激励制度，将内部合作关系软资源整合，排除内耗转为成员之间、成员与领导之间交往润滑剂价值，形成正向经济效益。"据说，在动物世界里，只有人和蚂蚁会大规模进行自相残杀。一个好的制度安排，实质在于最大限度地增加每个人每天花的有效时间，最大限度减少无效和内耗时间，从而使这个社会正面产出最大化。"①

自然，良善合作机制与关系创建既要对内，也要对外。传媒与更多企业共建合作机制以整合外部关系资源。"合作机制可以帮助达成企业之间意愿的契合，并且由于对长期利益的重视克服了对眼前利益的短视，合作机制还可以通过降低不确定性和不完善性促进企业合作。"②与社会机构及公众团体等同样如此。这一切都需要将传媒内部合作情商的外化，团队精神的外延，机制作用的外拓，构成大合作团队，整合广泛软资源为集成经济拓张赢得无穷支持力量。

（五）内外沟通合作过程中，整合信任关系资源将其价值最大化发挥，服务传媒集成经济长远发展。

信任是内部与外部、人与人、企业与企业、产业链上下游之间更大的联盟集团合作的基础；信任是提升经济总量和质量，获得最佳合作经济效益的前提条件；产业集团化是内外异质性组织群体，信任合作机制尤为重要。传媒集成经济的拓张，联结平台交往共赢理念监督体系，减少产业内外交易摩擦竞争损耗，创建适宜人才合作发展及人才引进培养的氛围，重视内外信任机制建设与合作关系资源整合，人员智商与情商关系的整合，并采用规范激励促发内部系统，最终转化为合作共进的软资源，赢取传媒集成经济双重效益。

---

① 郭万超：《探寻当代最优发展模式——中国经济大变革》，经济日报出版社 2012 年版，第 62 页。

② 张平：《合作战略》，中国经济出版社 2009 年版，第 175 页。

"信任在企业合作中起着'软资本'的作用，其对于合作的意义主要体现在：降低交易费用、监督费用、增加合作关系的灵活性和稳定性。"① 不仅企业内部构建信任机制发挥这种软资本作用，而且要以内练苦功的举措促进外树形象，构建支持传媒集成经济发展的长久信誉资源——公共信任。

"公共信任指集体的或共享的信仰或者对一个机构、一个行动者或者一种技术的正确和适当的功用和运作的判断。信任不能由信任者实际了解的明证来支持，信任意味着一种对制度的或者秩序的功能与运作在可靠性和预测性方面的信仰。"② 有战略眼光和经营能力的管理者，需要不断开发具有高度凝结关系的软资源，资助企业持续进化的可用软资源，科学整合并挖掘开发其价值效益，因为公共信任直接决定着传媒机构内外关系的和谐与否，决定产业整体的兴衰成败、生死存亡，更是决定集成经济能够成功实施的重要资源。

（六）不断创新人才资源激励制度和增进机制效率，整合管理者与时俱进的素质资源，推促传媒集成经济持续高效稳定发展。

与技术进步具有同样重要意义的，是制度创新和机制创新。仅仅有技术、有生产要素，还不足以形成有效率的生产，以何种方式将它们组织起来，直接关系到资源转换成财富的效率。一个企业的成功与失败、一个国家的兴盛与衰亡，都与组织的效率有关。③ 人类行为及心理研究对此也得出较为共同的结论：科学有效的激励制度和机制措施，可以极大地调动人们工作、交往、创造的积极性，推动产生更好的工作业绩和社会革新成效。

---

① 张平：《合作战略》，中国经济出版社 2009 年版，第 154—155 页。
② ［瑞典］汤姆·R. 伯恩斯等：《经济与社会变迁的结构化——行动者、制度与环境》，周长城等译，社会科学文献出版社 2010 年版，第 145 页。
③ 陶永谊：《互利——经济的逻辑》，机械工业出版社 2011 年版，第 235 页。

关于人类激励研究，目前三大基本理论为需要理论、刺激理论和期望理论。三者之间有所区别，又都认同激励的重要价值。根据激励理论与社会实践经验总结，人类交往虽形成因人而异、因时而异、因环境而异的不同激励方法，但统观其实施路径，无非从内因和外因两个方面，通过整合激励制度和机制资源的引擎激发价值，充分调动人们主观奉献愿望和行动积极性，使传媒集成经济拓张的产出效益达到最佳。

腾讯公司除平时不断鼓励员工尤其是年轻群体要敢想敢干，勇于试错外，始终倾其之力提供良好的制度环境，充分尊重员工选择与创新精神，创设各种激励机制措施，希望员工获得与企业同步成长的快乐，吸引更多优秀员工加入，从而保有人才制胜的旺盛资源基石。为打赢移动互联网市场的战争，在电商和搜索等领域进行大规模突围，保持社交、即时通讯、互娱和全媒体领域的优势强项领域稳健快速发展，进军海外市场和新技术领域，寻找新大陆经营富矿。作为公司掌舵人的马化腾怀揣危机意识，不断以善愿期望将挑战转化为激励动力，转化为集团整体梦想所在，激发团队理想与成员奋斗激情，以人的成功需要作为引领使上下同欲，围绕满足用户的核心承诺方向，加上健全制度机制，令全体员工干劲十足，整个企业保持生机勃勃的态势。

最后，达到软资源整合的较高效率、多重效益与良善效果，提高传媒领导本身的素质至关重要。因为领导是最核心的人力软资源，最重要的核心软实力，完成互联网时代的人力资源集成整合重任，需要传媒领导者勇于自我革新，尽快作出适应性的学习和转向：

1. 威权型领导风格转向魅力型领导。从依靠权力支配的威胁利诱甚至阴谋诡计等，转向以德望服人、以眼光服人、以能耐服人、以亲和服人等。2. 媒体管理转向"政治家眼光+企业家精神"。政治家眼光是掌握传媒政治事业、文化产业方向，在市场大潮中不迷失根本责任与长远历史使命；企业家精神强调面向市场的企业化现代化经营，有积极进取开拓的市场发展能耐。互联网时代的我国传媒发展，站在政治经济文化一体的角度，两个身份合一并不矛盾。3. 垂直型管理思维转向扁平型治理思维。垂直型的组织机构与管理是专制心态的外在表现，如果说适应以前工业化机器化时代的需求，但经过多年网络精神洗礼的今天的多数年轻人，这种管理思维不合时宜，有违人性，压抑进步，导致冲突。因此转向扁平型的治理组织结构与相对自由平等的合作思维，才能赢得员工对管理者的尊重和拥护，进而拥有传媒宝贵的人才资源基础。

第二节　整合社会资本软资源的集成经济拓张

"媒介作为社会大系统之中的子系统和作为社会经济系统的交叉系统，既要保持媒介系统与社会大系统的诸要素间的相互联系、相互依赖、相互作用的关系，又要保持媒介系统与社会经济系统的互联、互动、互补的发展关系。传媒系统与社会经济系统的关系包括两个方面：其一，传媒作为社会公器通过信息沟通与流动来整合整个社会经济系统，顺应、协调并促进与社会经济系统的协同发展；其二，传媒作为产业，自身运作的经济系统与整个社会经济系统的关系。无论哪个层面的关系，新闻传媒与社会经济发展必须共生共荣，和谐发展，才能有利于整个社会大系统的稳固与和谐。"[1] 因此，传媒需要嵌入社会经济大环境中，通过集成经济发展的信息共享平台、服务集成创新，适应用户需

---

① 张瑜烨、强月新：《新闻传媒与和谐社会经济发展的共生关系》，《湖北大学学报》哲学社会科学版 2010 年第 9 期。

求生活化与个性化的重大转变，整合自身多年积累而拥有的各种社会关系资本实现共同进步。

一、整合关系资源因应产业效益拓张要求

首先，传媒发挥集成经济网络信息资源整合机制作用，带动传媒资本和其他产业资本共享、注意力资本共享、用户资源市场多属性共享，降低用户成本，提高发展效率；其次，整合生产消费高度统一互动的交往活动资源，共享传媒生产力集成功能与各种经济关系资源，在多重性交往关系中创造新生利润，发展产业间新型互利关系；其三，整合变动不居的用户群体需求信息，应对难以预测的市场的复杂多变，采用集成经济柔性经营策略和市场驱动的快速响应联动机制，减少运营成本，降低整体风险，避免重大损失；其四，整合产业和消费两大群体交往信任关系资源，依靠传媒中介联结平台打通生产、流通、消费、支付等环节，以资源网络联结从事大规模社会化大生产，全方位提升人的生存生活体验质量，创造新生需求与持续集成经济效益，获得产业经济的网络外部性效益。

20世纪70年代西方学界提出了关系主义视角，而此前理论主流是非关系主义视角的权变理论、交易成本理论、资源依赖理论、制度主义理论。"简言之，权变理论将企业绩效归因为企业对环境的适应程度，环境适应程度高，则企业的绩效就会提升。交易成本理论认为，对外部环境的适应与企业内部有关：如果企业的管理架构和发展策略将外部的道德风险最小化，则交易成本降低，企业的业绩就会提升。资源依赖理论认为，企业依赖的最关键的外部环境是其他相关企业，所以，如果企业能够通过其权力获取其他企业的资源，则本企业的绩效就会提升。制度主义理论则强调，企业赖以生存和发展的环境中包含了各种与认知、

规范、合法性相关的制度因素，满足了这些制度条件，调整了制度环境，企业才能提升其绩效。"①

追求经营绩效自然要重视和实践非关系理论视野的有益资源价值，而发展到关系主义视角的时期，其结论更珍视关系资源对企业发展的极端重要性。上述整合不仅改善了产业之间及用户的关系，也将为传媒集成经济拓张赚得更多人气资源。这正是传媒整合自身各种关系资源，服务集成经济形态稳健运营之处，因为"通过社会资本的力量，企业之间共享知识和信息，建立和维护企业间的行为准则和共识，互相施加影响和控制，从而提升绩效"。② 传媒集成经济综合平台的建构及其功能拓展，整合社会资本资源的拓张，无疑顺应了这种发展方向。

二、整合关系资源服务传媒营销拓张需求

首先，在集成联结网络平台上，充分整合传媒影响力和社会声望权威资源，整合商标 logo、品牌节目栏目等无形资本软性资源，与关联产业经济体常规互动，引领其他产业加入进步事业，如共同从事公益性活动等，改善企业形象与社会关系，吸引消费者注意力，扩大网络联结平台营销效益，并为所有经济体产生广而告之的集成经济效益；其次，在集成联结网络平台上，定期举办一体化产业沟通协作活动，帮助各种经济实体生成良好关系的社会资本，整合这些软资源借机成就传媒经济发展。"社会资本的商业功能，表现在它可以有效降低交易费用和协调成本，增加交易机会，实现网络效应。社会资本可以替代正式契约，省却

① 边燕杰、张磊：《论关系文化与关系社会资本》，《人文杂志》2013 年第 1 期。
② 同上。

正式缔约的成本。也就是说，社会资本在资源配置上具有提高协同效应的优化作用"；① 其三，在集成联结网络平台上，长期公开有价值共享信息、集群行动协调规范及合作活动效益，扩大交往主体相互了解和信任的关系资本，降低寻求企业行业交往验证等信息的时间成本，产生更为节约的集成经济成果，共同提升产业经济实力，增加核心影响力，形成良性互为关系的经济循环效益价值，为传媒凝聚广泛多元的丰厚社会资本。如央视农业频道的许多节目，将国家台自身的权威、声望、地位等社会资本，与各地富有特色的人文、地理、历史及特色资源整合，相互借重，互济互利，取得了令人瞩目的传播业绩。

"社会资本是行动主体与社会的联系以及通过这种联系涉取稀缺资源的能力。企业是经济活动的主体，是经济行为者；同时，企业也是在各种各样的联系中运行的。提出企业社会资本的概念，就是强调企业不是孤立的行动个体，而是与经济领域的各个方面发生种种联系的企业网络上的纽节。能够通过这些联系从而涉取稀缺资源是企业的一种能力，这种能力就是企业的社会资本。企业在经济领域的联系种类繁多。从社会资本理论的角度分析，我们将这种联系概括为三类：即企业的纵向联系、横向联系和社会联系。"② 中国社会文化中特别讲求关系。关系在经济、政治、文化交往各个层面扮演着举足轻重的角色。某些特定环境下的无形却不可或缺的社会关系资本及其运作，甚至比法律、道德、市场规范等作用还大。因此，整合利用和充分发挥无形资源价值效用，是传媒集成经济持续性快速发展策略的重中之重。

"社会资本存在于社会关系之中，认为媒体作为社会的信息传输机构，交往触角延伸到社会的各个层面，占有强势的'结构洞'。由于在社会交往

---

① 姜奇平：《后现代经济——网络时代的个性化和多元化》，中信出版社 2009 年版，第 185 页。

② 边燕杰、丘海雄：《企业的社会资本及其功效》，《中国社会科学》2000 年第 2 期。

关系链中的高端位置，媒体握有丰富且有价值的社会资本。"① 社会资本可由无形转化为有形，进而再次累积无形资本，为理解传媒整合这类软资源进行集成经济拓张提供了新视角。如百度执行企业市场部总监舒迅"帮助别人，成就自己"理念实践，依靠创新百度联盟网络，打造横向和纵向及混合交叉平台框架，利用综合排名方式改进，以智能起价创造性的做法获得商业价值；建立规范有序同盟规则让各家会员放心，众多中小企业会员通过百度搜索和营销获得实在效果，百度由此凭借高度合作信任依赖关系资源整合获得了更多社会资本，赢取可持续发展新空间。

人民网运营发展凭借独有社会资本，2010 年 12 月引入包括三大电信运营商在内的多家战略投资者，它们所以选择人民网而非其他，主要是对其社会资本的看重。这些股东为人民网后续投入和发展带来充沛资金，发挥企业资金与传媒社会资本各自优势，扩大业绩新增长点，对上市起到强大支持作用。人民网通过与这些股东在传播业务、形象维护等多方面展开合作，相互呼应，彼此照应，为企业带来大量有形无形回报，某种意义是社会资本互相利用。当人民网依靠强大社会资本——权威身份地位等上市之后，又很快取得令人惊讶的成绩，换来叫人艳羡不已的硬资本资源。

人民网上市股价暴涨 73.6%

人民网上市时间为今日上午 9：30 左右，开盘价为 31.01元，比发行价高出 55%。而到了下午 15 时左右，人民网收盘，收盘价为 34.72 元，较发行价上涨 73.6%。

据悉，本次人民网上市募集的资金将主要用于人民网移动

---

① 孙俨斌：《"社会资本"视角对传媒经济研究的三个跨越》，《新闻记者》2014年第 2 期。

互联网增值业务项目、技术平台改造升级项目、采编平台扩充升级项目的建设。而人民网董事长马利之前在 IPO 网上路演中也表示过，人民网未来增长点主要在三大主营业务，即互联网广告、网络舆情服务和移动互联网服务。其中舆情服务将成为人民网的重要增长点。①

三、规避侵害公益整合社会资本服务长远拓张

相关研究发现，社会资本不同于直接产生经济收益的经济资本投入，但也有预期性收益，主要着眼社会认同、信任和尊重，服务自我实现价值，提升产业资源动态互补交换效益，增加节点之间协作的平滑度，促进生产者与用户合作。传媒整合共享内容资讯、联合品牌推广营销、集成服务平滑交往关系资源，拓张互动合作、互为市场集成网络关系深化延伸，"能够系统地创造递增价值并且能够增加转换速度。服务集成因而能够共同增加它们的单位盈利和用户基础以及实现更高的价值。……开放互动的交流方式吸引了越来越多的人参与进来，社区成员基础不断增长。服务集成通过实现每笔交易收益的提高增加了商业价值。多种不同的渠道，比如广告、会员制、服务或产品销售。另一方面，多数的网络社区支持跨越 Internet 的、松散耦合和异构环境下的制造资源集成，还支持快速的制造资源发布与发现，具有高度的可扩展性、可维护性和可伸缩性"。② 集成互为服务与内外信任合作关系确立，助益整合更多社会软资源，促进交往合作共赢，构筑经济价值与社会和

---

① 盛夏：《Veya 人民网上市受投资者青睐　股票价格暴涨 73.6%》http：//pcedu. pconline. com. cn/softnews/yejie/1204/2768559. html。

② 韩松、蔡剑：《基于社交网站商业模式服务集成的价值创造研究》，《管理评论》2013 年第 7 期。

谐关系价值并在的集成经济良性循环态势。

而整合社会资本，发挥其资源作用，需要所有成员发挥各自应有作用。"企业的其他管理者和经营者，其中层经理和专业技术人员以及从事生产、销售的第一线工作人员，也都可能在形成、发展、运用企业社会资本的过程中发挥作用。"① 集成经济板块优化中，因为每个成员、团队身份地位平等化，传媒兴衰与自己荣辱与共的主人翁责任意识必然随之提升，他们必不遗余力利用拥有的社会资本为整个企业增砖添瓦，这是良善关系机制与人力结构优化整合的积极价值。

但现实阴暗面也需要传媒集成经济拓张，依靠健全制度防火墙建设对此规避和完美高效解决，以求趋利避害。"企业或个人都可以通过各种非正式的社会联系使寻租行为和腐败行为成为可能。这里，应该对企业运用社会资本解决问题过程中的目标和手段加以区分。在这个过程中，如果目标是为了提高企业的经营效能，使用合法的手段，则是合乎社会整体利益的、值得赞许的行为。如果目标是为个别人谋私利，使用非法的手段，则是有损社会整体利益的、应该抨击的行为。应该创造一种制度环境，鼓励前者，抑制后者。"②

新闻业界轰动一时的 21 世纪网利用传媒社会资本对企业等敲诈勒索，有偿新闻，新闻保护，滥用公共资本的违法行为让涉案者身陷囹圄，整个传媒也因此陷入集体声誉大损的被动境地。

2014 年 9 月 4 日人民日报记者黄庆畅消息，根据举报，上海警方日前侦破一起以舆论监督为幌子，通过有偿新闻非法获取巨额利益的特大新闻敲诈犯罪案。涉案的 21 世纪网主编

---

① 边燕杰、丘海雄：《企业的社会资本及其功效》，《中国社会科学》2000 年第 2 期。
② 同上。

和相关管理、采编、经营人员及两家公关公司负责人等 8 名犯罪嫌疑人被抓捕归案。案涉数十家企业。……沈颢向警方供述称，《21 世纪经济报道》和 21 世纪网的问题主要是两方面，一是报纸和网站通过负面新闻逼迫企业支付合作费用，二是收取企业的保护费，承诺不对其进行负面报道。① 警方透露，在担任 21 世纪报系发行人和 21 世纪传媒总裁期间，沈颢利用职务便利，在财务报销、下属公司注册地选定等诸多环节存在涉嫌犯罪行为，目前查证的涉案金额累计达 100 余万元人民币。②

许多媒体和研究者认为新闻理想、职业道德和理性主义的堕落，使记者不惜出卖灵魂和追求，急功近利、物欲拜金诱惑之下践踏职业精神，违法经营运作获得畸形非法收益。有人为其生存困境鸣冤叫屈，即在 21 世纪网事业编制企业管理制度模式下，从业者上面要唯政府指令是从，下面又要向市场捞钱换来面包营生，采取敲诈勒索变味手段不足为奇。

浙江大学传媒与国际文化学院院长吴飞微博评论道：1. 21 世纪的做法是中国媒体普遍的招术，新华社也不例外，如以此案标准入罪，大多数媒体老总不可免责；2. 沈颢们的做法确实完全违背了新闻专业主义的精神；3. 官方以自证其罪的手段取证不合法，以另类游街的方式示众，与法治精神不合；4. 看到报道中说，警方发现有某某公司报道不上网之类

---

① 《21 世纪传媒敛财内幕曝光》，来源《京华时报》，http：//news. xinhuanet. com/info/2014-09/30。

② 刘雪松：《沈颢事件：理想失守者的泪流满面》，《钱江晚报》2015 年 12 月 25 日。

的短信，我禁不住笑了。

小说家夏商微博表示：看完《沈颢：我违背了新闻操守层面基本观念》一文，和我预判的完全一致。一、沈是职务违规操作，没落自己腰包。二、这是全行业现象，但21世纪传媒影响力最大。三、一个有新闻理想的青年才俊之所以违背了自己的信念，是因为纸媒的盈利模式其实已经没了。①

但从媒介无形社会资本角度审视，借助这些资源变相寻租谋私，极大伤害了整个传媒集体公信声誉，丧失公共监督瞭望功能，毁掉传媒最值得珍惜的社会资本，其行为无异于饮鸩止渴，造成据有软性公权资源的传媒养虎为患、藏污纳垢。根治这种现象须制度改进、思想抓紧、环境改善多管齐下，此为传媒经营管理另一话题，不多赘述。

四、整合政治经济法律等外部环境软资源拓张

淘宝网站与工商总局之争造成市值极速大幅缩水，阿里巴巴公司由全力以赴的舆论公关，到与工商总局握手言和，可管窥社会关系资源整合重要性。此次冲突，客观讲谁对谁错短期内难以作出是非曲直的判断，何况其中有另外缘由。笔者认为，关系软资源整合不力，使阿里巴巴公司那么多真金白银，短时间内蒸发流失，而且还引发系列麻烦冲击——国内外消费者据此发起集体维权起诉，对一个知名互联网公司讲，声誉严重受损、公关经济巨额投入、官司较量各种耗费等，不亚于一次事关全局的危机，可谓教训深刻，后来者应引以为鉴。百度竞价搜

---

① 《不同媒体是如何报道沈颢事件的》，http://www.wx135.com/articles/20140930。

索只为眼前利益不顾底线，出现"魏则西事件"引发社会恶评，导致监管层整顿，带来其他经济损失，特别是无形资本的耗费，又何尝不是如此？腾讯公司偷窥控制用户机密信息的杀毒软件，过多游戏软件使青少年沉迷其中不能自拔等社会负外部效应，一样难辞其罪！这些都是市场规制不完善背景下，公司漠视社会关系改善的结果，打法律擦边球，遭遇批评指责甚至导致经济重大损失，均是不顾社会和公众利益的必然结果，纯属咎由自取。但下面争取政治关系资本的相关行动材料，或可管窥它们对特殊国情下政治资本关系与政治文化环境的适应表现。

百度、阿里、腾讯政商关系全揭秘

1. 与中央政治局委员接触最多的互联网企业 根据智谷趋势研究中心《中国政商关系报告》数据分析，2013 年公开资讯里与中央政治局委员（不含京沪津渝新粤党委书记）接触最多的企业中，前 10 位中仅有的三家互联网企业恰好是BAT：阿里巴巴排在第 5 位，与政治局委员互动 6 次；腾讯和百度并列第 6 位，互动 5 次，只比阿里巴巴少一次。而与政治局委员互动超过 3 次以上的互联网企业，只有阿里巴巴、腾讯、百度这三家。BAT 三巨头的地位在政商互动中亦得到印证。

2. 阿里巴巴：与国家领导人互动排名最前的非公企业，榜单中排名最前的非公企业。2013 年，马云参加两次总理座谈会，同时作为清华大学经管学院顾问委员会委员受到朱镕基、王岐山、刘延东、马凯等会见。此外，政治局常委张高丽，国务院副总理刘延东、马凯，到浙江考察时都曾到过阿里巴巴。而另一方面，阿里巴巴至今还没有迎来过最高领导人的视察。

3. 腾讯：两任最高领导人都到访过腾讯总部。2013 年腾讯与中央层的互动比阿里巴巴少一次。但今年年初，李克强邀请企业家代表座谈，马化腾在座，连续两年参与总理关于政府工作报告的"问计"。从 2013 年年初至今，腾讯和阿里在同中央领导人接触次数上打了个平手，都是 6 次。2013 年，腾讯总裁刘炽平曾经受邀参加习近平主席在博鳌亚洲论坛上的企业家座谈。从更长时间段看，2010 年、2012 年，两任总书记胡锦涛、习近平都到访了腾讯总部。

4. 百度：李彦宏曾给政治局常委讲课。地理位置上李彦宏是离中南海最近的一家。百度 2013 年最引人注目的政商互动，是习近平主席率全体政治局委员在中关村举行第九次集体学习，百度董事长兼 CEO 李彦宏在这过程中做讲解。百度在这一年还与政治局常委张高丽及副总理马凯、汪洋有所接触。此外，政治局委员、中组部长赵乐际曾到百度公司考察其党建情况。

5. 与地方领导互动相对较少。相较于中央层面领导人对腾讯、阿里、百度的青睐，省级领导同二者的互动相对较少。智谷趋势《2013 中国政商关系报告》数据显示，全国 31 个省份省委书记、省长七十余人（部分省份这一年中有省委书记、省长交接）全年同腾讯的公开互动 9 次，同阿里巴巴的公开互动 13 次，二者分列全国省委书记、省长互动企业总榜单的第 52 位和 35 位。同百度的公开互动更少，不足 5 次。腾讯、百度和阿里巴巴相比较，阿里巴巴高层接触的省级领导比较多。其原因主要在于阿里庞大的"电商帝国"，使其受到诸多力图发展电子商务和物流产业的地方领导关注。河南、四川、山西、黑龙江、海南等省份党政领导同阿里的互动，多数都谈到在电商和物流领域的合作。相较而言，腾讯和省级领导的互动多在广东省内，外省领导同腾讯的交集比较少，这也和腾讯在电商领域的布局尚在开拓期而非扩张期有关。随着 2014 年腾讯在线金融的逐步成型，同＊＊＊合作推动的电商新战略，腾讯在电子商务领域的新能量可能会吸引更多省级领导的关注。

6. BAT 创始人：只有马云不是人大、政协。同为 IT 界大佬，腾讯创始人马化腾，是新任的十二届全国人大代表，百度的当家人李彦宏则成为新晋的全国政协委员。阿里巴巴集团主席马云却一直在全国两会门外。马云曾说："有人想戴红帽子，但我一不政协，二不人大，三不党代表。"查阅记录可以发现，2008 年 1 月 4 日，马云成为了政协第十届浙江省委员会委员。但是在 2013 年 1 月通过的第十一届浙江省委员会委员名单里，马云的名字消失了。但据媒体记者透露，"连续几年在北京采访两会，发现阿里公关团队都很辛苦地联系代表、委员及媒体，希望把有关互联网的建议提交上去。"或许，马云只是不出面而已吗?①

历史经验证明："企业的经营大环境是一个联系紧密、互为依赖的共生系统。未来的竞争不再是个体公司之间的竞赛，而是商业生态系统之间的对抗。明智的公司在制定战略时不应仅仅从自身出发，而应当顾及合作伙伴以及整个商业网络的健康发展。与他人分享财富的公司最终将会获得财富，而只注重自己的短期利益、损害系统总体利益的公司，最终的下场是失道寡助。"② 在不确定性增多的状况下，

---

① 引自：《百度、阿里、腾讯政商关系全揭秘》，（据智谷趋势研究中心、雷锋网等）有删选。http://www.360doc.com/content/14/0325/17/2068001_363642685.shtml。
② 张平：《合作战略》，中国经济出版社 2009 年版，第 50 页。

经济活动应市场变迁的创新进步，既需要争取整合金钱和物质等基本生产资源，也需要整合人与人之间、组织与组织、组织与社会之间健康高效的交往关系资源，推动经济发展、技术创新、理念革新，实现人的主体价值与资源协同增值，这促使参与其中的所有相关行动者，重视社会资本和其他外在环境软资源整合，开发利用提升其蕴含的资源富矿价值。

传媒集成经济按照人类发展的共有、共治、共享经济思想法则，整合正面能量的社会关系资源，增强经济活动的信任合作意识，增进人们交互感情，减缓社会矛盾，提高幸福指数。本书作者针对传媒产业经济发展历程中正反两方面教训，与导师喻国明教授合作发表的论文中，倡导软资源的整合价值及其集成经济拓张意义："更关键的是传媒产业集成经济要求其与外部政治、文化、经济环境协调共生，引导国民经济结构性更新再造，与此同时，网络民主平等、互利共赢理念亦随之扩散，从而更深广地影响社会。"①

第三节　整合文化及联盟软资源的集成经济拓张

互联网时代的传媒集成经济发展，整合优化内外资源进行拓张，是由网络经济最重要的动态性特征所决定的。"由于市场变化对企业的组织要求，具有稳定结构的组织模式，逐渐转化为由关系、文化、联盟等构成的柔性和开放组织模式。"② 因此，新时期传媒复合经济形态的交

---

① 喻国明、樊拥军：《集成经济：未来传媒产业的主流经济形态——试论传媒产业关联整合的价值构建》，《编辑之友》2014 年第 4 期。

② 秦合舫：《战略，超越不确定性》，机械工业出版社 2005 年版，第 54 页。

往变动发展中，整合关系（上文已详述）文化、组织联盟等基础软资源，已成为传媒集成经济拓张的必需资源。

一、整合圈子文化、客文化群体人气资源拓张

互联网中的文化群体和圈层关系，相互忠诚度高、彼此信任关系牢固，且社会影响范围广，涉及成员数量大，传媒要大力借助用户客户板块资源，通过与他们的良好交往关系，嵌入和延伸到大大小小的各种网络文化圈中，整合文化资本联结的人气资源，使之成为传媒集成经济拓张的首要争取资源，关于用户客户资源的无以复加的重要性，第三章已作论述，在此不复多言。

二、整合传媒良善交往治理管理文化资源拓张

经营管理学对企业文化建设价值探讨不厌其详，并极为强调。透过现实看本质，规模惊人的企业由大批经理层和无数员工组成，整合制度、环境、人际关系、管理等文化软资源，终归落脚到人与企业关系和谐。"文化是根植于企业内部的最根本的原动力，也是一个企业长久制胜的有力软性武器资源。其实企业文化就是在回答一个问题：你的企业凭什么凝聚人心？这是企业管理的思想底线。大道无形，企业文化是个看不见、摸不着的东西，但企业文化的好坏直接关系到员工的忠诚度，管理者必须明确这一点。某种程度上说，你有几流的企业文化，你就有几流的追随者；你有几流的追随者，你就有几流的企业。"①

---

① 我邢我宿、欧俊：《马化腾内部讲话：关键时，马化腾说了什么》，新世界出版社 2013 年版，第 94 页。

总结 BAT 三大巨头公司，各有自己完整的企业文化价值观、文化建设实施机制与文化发展氛围，管理者不断实施柔性网络管理和服务创新，整合这些软资源维系企业生机，保障赢取丰厚利润，成为经营管理学文化资源整合利用的新典型。仅以阿里巴巴企业文化为例：

> 1. 客户第一，客户是衣食父母，关注客户关注点，为客户提供建议和资讯，帮助客户成长。站在客户的立场思考问题，在坚持原则的基础上，最终达到客户和公司都满意。2. 团队合作，共享共担，平凡人做非凡事。善于利用团队的力量解决问题和困难，善于和不同类型的同事合作，积极正面地影响团队，改善团队士气和氛围，以小我完成大我。3. 拥抱变化，迎接变化，勇于创新，适应变化，充分沟通，对变化产生的困难和挫折能自我调整，正面影响和带动同事，在工作中有前瞻意识，建立新方法、新思路创造变化，带来绩效突破性提高。4. 诚信，诚实正直，言行坦荡，表里如一，勇于承认错误，敢于承担责任，并及时改正。5. 激情，乐观向上，永不放弃，顾全大局，不计较个人得失，以积极心态面对工作，不断自我激励，努力提升业绩。6. 敬业，专业执着，精益求精，自我完善，做事情充分体现以结果为导向，做正确的事，遵循但不拘泥于工作流程，化繁为简，用较小投入获得较大的工作成果。①

至于马云针对内外关系发表的其他语录体讲话，除有宣传推广的渲

---

① 这一部分参照网上相关报道和总结，并作删改整理，如百度文库《阿里巴巴的企业文化》，http：//wenku. baidu. com/view/81c2cad0f61fb7360b4c652f. html；百度知道《阿里巴巴企业文化是什么？》，http：//zhidao. baidu. com/question/410168383。

染因素外，放在传媒文化软资源打造与整合上，却有很多借鉴意义。

　　但我们要注意：传媒经营包含强烈政治文化色彩及意识形态价值观、社会效益优先等特征，与完全商业化的互联网传媒公司文化建设有所区别，因此要保留政治文化环境的适应性基色，然后汲取市场成功者的文化理念。毕竟传媒集成经济拓张，要求企业内部文化构建与外部大环境和谐，整合利用内外文化的规范关系、思想创新、协同发展等软资源，发挥传媒企业进步向上文化的精神主导作用，进而引领社会健康文化活动；依托市场经济自主公平、互利共赢、高效节约积极价值，提升传媒文化建设经营管理价值。

　　研究者还将其与人格经济关联，升华其价值内涵。"从某种意义上讲，市场经济是一种人格经济。谁具有高尚的人格和道德，能够坚持正确的经营方针，始终以一流的产品和一流的服务为顾客服务，谁就会获得顾客的信赖，从而获得良好的经济效益。"[①] 服务我国社会经济文化建设，拓展传媒监督守望与引领发展等职能，整合满足互联网时代发展要求的传媒企业文化资源，重树权威机构与平台形象，获得集成经济平台运营经济效益与社会效益的兼得善果，无疑是必由之路。如果文化资本资源整合出现忽视或严重失误，则会给传媒产业发展带来致命伤害，并危及社会，威望迪前车之鉴令人警醒。

　　　　最让法国人受不了的是，梅西耶出生于法国，却一再对法
　　国文化表现出蔑视。他不仅在纽约的记者招待会上公开抨击法
　　国政府的文化政策，而且表现出对美国文化的顶礼膜拜，对美
　　国式的扩张手法和管理制度情有独钟。威望迪是靠法国政府资

────────────

　　①　我邢我宿、欧俊：《马化腾内部讲话：关键时，马化腾说了什么》，新世界出版社 2013 年版，第 74 页。

助收购国有公司而迅速发展起来的企业，在羽翼丰满之后却轻视自己的母文化，这引起了法国政府和国人的极大不满。所以当威望迪发生亏损和造假丑闻的危机后，法国政府就不再施以援手。①

威望迪神话破灭的原因，也在于其对媒介文化的失败运用。其媒介文化不仅没有帮助其发展，反而成为对其反戈一击的消极力量。其危害不小于财务恶化带来的后果。……梅西耶对自己母文化的轻视，以及对美国文化和美国管理模式的粗糙搬用，对威望迪的发展伤害极大。虽然美式管理有其自身的优点和可借鉴之处，但对一个植根于欧洲文化土壤的巨型跨国集团来说，全盘照搬美国式的管理模式和操作方法并不一定有效。威望迪的教训就是最好的证明。……文化价值的错误判断，不仅伤害了法国人的民族感情，使威望迪的组织形象大受打击，而且直接影响了媒介经营管理上的决策导向，一味推崇扩张至上，加之并无媒介经营管理方面的传统和经验，使威望迪陷入了债台高筑的破产泥潭，教训不可谓不深刻。②

三、整合产业联盟有益经验互利关系资源拓张

联盟包括共同投资生产，资源集聚研发品牌营销、一起进行广告和产品捆绑销售，参与竞标和特许经营等各种形式。不同产业联盟有助于

---

① 邵培仁、章东轶编：《媒介管理学经典案例》，高等教育出版社 2003 年版，第47页。

② 同上书，第50页。

生成资源互补协同效应，学习创新溢出效应，保障合作各方共同受益。随着现代市场的时空延展，联盟跨越不同产业行业界限，通过缔结技术创新联盟、产品开发联盟、市场拓展联盟、客户资源管理和信息共享联盟，达到产业间相互学习和协作，既增进知识和资源在联盟体系内的合理流动，又增强联盟对外竞争力和持续发展能力。

传媒集成经济的适应性发展优势，是率先改革不合市场变动和现代竞争的垂直管理组织，调整内部构成及企业成员间关系，转变为相对均衡柔性平等关系的网络结构模式，有效集成整合内部交往关系软资源，以此形成产业经济整合发展的内生优势，并转化到网络化的集团组织中，构筑集体整合有益软资源而发展的外生优势。"因为网络化的企业集团既具有层级制的制度刚性，也具有网络制的灵活性和适应性，从而使企业集团能够更好地利用市场与企业的双重优势。"①

世界经济一体化发展机遇和挑战并存，具体国情现状与市场调节资源基础作用共在。传媒发挥集成网络结构有效组织协调功能，整合各种产业交往健康关系资源，形成适应互联网时代市场环境的综合生存发展能力，大家以联盟组织关系抱团解决问题和难题；利用信任关系软资源整合，完成传媒集成经济协作与市场创新，创建多边产业联盟集群和集团整体共进共赢的生态格局。

"严格地说，多边联盟不是完全基于价格机制或科层制，多边联盟比计划、纯粹市场和科层企业具有独特的优势，是一种组织之间的相互适应的协调，一方面由于企业之间的合作减少了层级制的官僚化失灵，另一方面由于多边联盟的长期交易特性克服了部分市场失灵，多边联盟既具有市场的灵活性，又具有纵向一体化的创造性和纪律性。当企业之

---

① 潘爱玲等：《合作网络范式下企业集团管理控制研究》，中国人民大学出版社2014年版，第62页。

间相互合作收益超过内部化方式可能获得的收益时，考虑到多边联盟可能带来的降低市场风险、企业之间相互学习及在经营管理和创新上的规模经济与范围经济效应，企业之间通过各种协议、契约联结，建立以彼此间相互信任为基础的多边联盟化趋势将进一步加强。这种多边联盟包括了企业的各种战略关系及其利益相关者。多边联盟所形成的知识外溢与信息共享机制、降低交易费用的机制、互补性机制和竞争机制，增强了企业的创新能力和知识积累能力，而企业创新能力的提升又增强了整个联盟的竞争优势"[1]。

从人类社会形成与发展历史可知，经济交往初衷并非你死我活、彼此剥夺性的竞争，亦非零和博弈或者双输博弈，而是追求交换经济原则下的合作共赢。制度经济学研究早已发现，人们组建企业和成立各种联盟集团，目标出于合作经济原则，因为企业和集团组织不过是一种经济交往联合体，它将原来属于市场交易中具有利益关系的经济组织与交易行为，以规制结构联结转化成组织内协调管理，创新企业集团内部精诚合作体系，达到交易费用和组织成本总和最低，由此更有效地降低市场交易不确定风险。那些对企业化联盟化组织总成本不能降低、不能替代市场的非经济合作，则仍旧归还市场，从而提高资源配置的整体效率，这就是人类整合市场中有效制度优势而发展的智慧体现。

传媒对相关软资源大规模的集成整合，拓张提升联盟规模和范围经济，形成更大的类企业经营模式，将会取得超越制度经济学所理解的组织效益。当然，更高层面的社会资源整合，包括利用全人类的知识、经验、信息等文化传播超速累积，民主平等精神浸润下的协同合作与智识无私奉献等，将推进人们共建一些浩大文明创造工程，服务全人类的共同发展。如著名维基百科及其平台整合的全世界人类知识经验与自我实

---

① 王孝斌、王学军：《创新集群的演化机理》，科学出版社 2011 年版，第 31 页。

现价值资源，所取成就为中外学界交口称赏。

　　综合上述，传媒集成经济内部要素资源结构优化、平台建设链接产业集群与复合经济，整合社会关联产业硬资源，使传媒产业结构成分丰富多元；而整合各种有价值软资源（见图7.1），包括第三章的用户客户关系软资源，其重要性更是无以复加，从而使生产力发展主客观要素资源优势兼备，为创造新生经济价值奠定永续发展基础。若从广阔社会视野看，传媒整合软资源促催集成经济拓张，还将起到引领国民经济进化提升的示范价值。

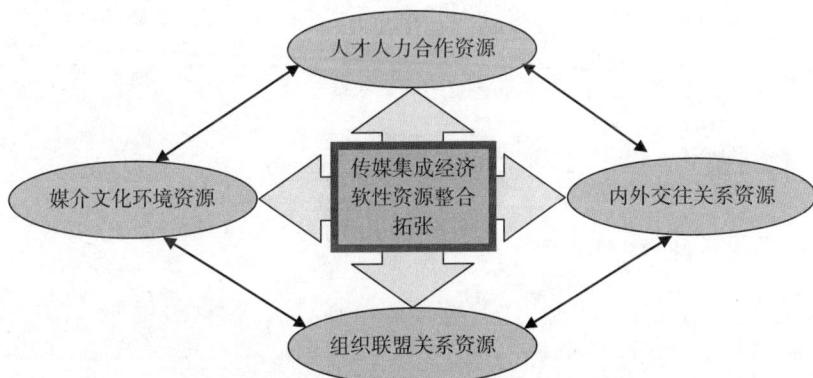

图7.1　传媒集成经济软资源整合拓张关系图

本章小结

　　当今产业经济获取硬性资源拓张发展相对容易，整合软资源拓张发展则相对不易，非一朝一夕即可完成，特别以信息产品和服务质量为标准的传媒产业，整合优秀人才人力、科学有效机制、进步文化价值、内外良善关系等软资源，采纳集成经济形态的管理治理模式，不仅速度和效率具有更大的保证，而且可以事半功倍地获得资源独占性优势，其他竞争对手难以复制学习模仿的独到性优势，从而拥有保持市场核心地位、引领产业共同发展的非凡能量。

传媒产业经济大树"根深叶茂"，才能繁花灼灼与硕果累累！因此，传媒需要整合天下有益资源为我所用的大气与作为，在全力整合传统产业、社会生活、多元资本等硬资源的基础上，强化整合无形但功效作用同样强大、不能忽视的各类软资源等正向作用，强调聚合吸纳能力和资源转化能力，使传媒集成经济拓张发展如联通上下左右的粗壮根茎与枝干，支持所有产业提高生产力水平，并改善社会交往关系，增强传媒永续发展后劲，福泽国民经济整体进化。

第八章 传媒集成经济的
突破性发展价值

    马克思、恩格斯指出："一切划时代的体系的真正内容都是由于产生这些体系的那个时期的需要而形成起来的。"[1] 务虚性发展理论体系建构发展如是，务实性媒介经济形态实践创新亦如是。传媒集成经济借重互联网技术平台支持能量，内部改造结构提升管理效益，外部重视市场配置资源主导作用，满足时代发展需求。传媒整合内外资源进行集成经济拓张，规避产业经营多环节、管理多层级、建设多重复的浪费，转向最大程度的集约化运作，节省成本转化为产业规模再扩大的宝贵资本，利润转化成用户客户、社会及自然界的福利，正迎合了新时期经济费省效宏的发展的根本需求。

    当今世界传媒产业格局变动巨大，市场资源流动不确定性加大，传媒集成经济利用板块改造优化，技术与管理革新，建构联结平台开源节

---

[1] 《马克思恩格斯全集》第3卷，人民出版社1986年版，第544页。

流并举，整合资源形成互联、互通、平等、共赢的合作经济关系优势，网络经济多边市场的交叉盈利互补优势，产业集群经济利益的集成联盟创新优势，取得多方面突破性发展价值：走出路径依赖桎梏达到新型超大规模经济与范围经济效益；实现整合联结的复合产业经济回报价值；管理追求自适应性的预警防范功效；按照互联网逻辑运营有生命力的共生共赢进步生态经济思想，实现社会进化层面的引领主导价值，在传媒经济发展形态多样化探索中成为主流。

第一节　超越规模与范围不经济的拓展价值

面向传统大工业时代的传媒经济学研究中，无论将传媒机构视为微观企业经济体，以微观经济学原理进行解释和指导，还是站在中观产业结构的层面，用产业经济学的视角和总结成果展开剖析演绎，都会强调传媒经济的做大规模发展趋势。因为规模扩张到一定的临界点之前，经济实体具有内部经营收益增加、成本降低、资源结构完善、各种配置合理化等"规模经济"效益。但囿于当时经营管理及市场等因素，其发展却要遵循最佳规模形态规律。历史证明，传媒产业规模化发展中，与其他产业同样的是一旦超过最佳实体规模临界点，则出现"规模不经济"（Diseconomies of scale）的结局，即产品平均成本上升而平均利润下降，边际效益下降至零或成为负值。

一、传媒集成经济对规模不经济的超越

大工业时代企业和产业扩张造成规模不经济的后果，总结主要原因

有：1. 内部经营链条规模的扩大，必然导致各种资源关系交往与处理的复杂化，内外信息沟通与整体的管理成本也会随之增加，规模经济的效益被这些因素消减而走向不经济；2. 由于规模扩大超过临界点，传媒机构总体应对外部变化的风险管理能力减弱，如果遇上技术革新、市场迁移等外在环境强烈变动冲击，导致庞大规模下的各种信息沟通和资源整合不畅，由此容易带来应对决策迟滞或其他执行不力的失误，造成不可估量的资源浪费甚至整体塌陷，因而是传媒产业规模不经济的要因，恰如同船大难调头的道理。

鉴于此，如何掌握好扩张进程中的有限规模和有效规模，是长期困扰大传媒集团企业管理者及传媒产业经济学者的一个关键话题。尽管如此，传媒产业领域总有规模扩张运作不当的诸多前车之鉴，导致整个传媒集团大规模兼并购买的整合拓张中轰然倒地，最后或被迫宣布破产或被人收购。尤其全球化的互联网时代，传媒做大规模才能更好生存立足和快速发展的背景下，国际传媒集团大踏步膨胀性扩张，出现类似系列让人惊愕不已到唏嘘感叹的案例：2002 年德国战后最大破产案——德国基尔希集团破产案①，究其原因是随着集团规模扩张过快过大，相应经营管理举措没有及时转型，高效应对风险机制没有形成等所致。继德国传媒巨人基尔希帝国轰然倒下之后，噩梦袭向仅次于美国在线时代华纳公司的世界第二大传媒集团——法国威望迪环球集团（Vivendi Universal）。据统计显示，2002 年上半年威望迪环球集团（以下简称威望迪）净亏损约 112 亿美元，截至 2002 年 6 月 30 日的债务约 318 亿美元，因此不得不在今后两年内出售 100 亿美元资产，以缓解严重的财务困难。

威望迪总裁梅西耶号称"收购狂人"，以高达 1000 亿美元的非凡

① 郭岩：《德国最大的传媒集团基希集团破产》，《国际新闻界》2002 年第 4 期。

魄力和气吞山河收购壮举,两年时间把 150 年历史的法国国有供水公司,转变成世界级巨型跨国传媒航母集团,然仅一年过后整个经营就四面楚歌、全线告急,从盛极一时到极速衰落,其发展规模化战略方向无疑正确,但操之过急与资源整合不力、策略实施不当及其他严重失误给人极大警示。有学者分析其扩张至上的战略道:"买下施格兰后,威望迪拥有了电影和音乐这两大顶尖制造供应商的业务,拥有了'内容'之后的威望迪,买下了艾科斯达(Echostar)和美国网络,本来这种争取终端客户、以形成忠实的固定受众群的做法并不错;但一方面其电影部门始终无法制作出高质量的娱乐内容,以至终端客户对媒介产品丧失信心;另一方面对美国网络公司的巨额收购并没能达到真正强化其发行渠道的功能,这使得威望迪在'内容'和'渠道'的经营上变成两张皮,无法整合两相结合产生的综合优势。收购内容,再收购渠道,并不意味着可以直接解决内容和渠道的融合问题,威望迪的垂直收购并没有完成媒介'整合'的功能。……而威望迪在其扩张过程中,始终没有解决受众群的问题,梅西把有限的资金全部用于攻城略地,虽然大举圈地,却没能提高输出产品的质量和缩短产品生产的周期,造成用户不断流失,也使其后续的支持力量难以跟上。与默多克在电视业务上的经营不同,梅西只是通过收购把分散的媒体东拼西凑成一个整体,但没有公共平台去完成这些业务的整体接入和输出工作,这与默多克全球卫星电视平台系统建设的高超技法无法相提并论。"①

规模扩张失败命运亦步亦趋也更让业界学界惊叹的是:美国在线时代华纳公司(AOL Time Warner Inc)——2000 年 1 月 10 日通过换股合并,其高达 1600 亿美元交易总金额,成为震惊全球的世界最大并购案,

---

① 邵培仁、章东轶编:《媒介管理学经典案例》,高等教育出版社 2003 年版,第 49—50 页。

公司当时拥有高达 3500 亿美元价值而傲视群雄。然而这场被称为"世纪并购"或"世纪联姻"的世界最大传媒公司，竟然同样很快走向解体：合并之后的各项业务发展衔接不力，一张皮下的两个公司各自为政，新旧媒体整合的协同发展优势并未产生。到 2001 年年底，高层人事变动、涉嫌做假账、核心业务出售、先遣部队兵败亚洲市场，系列打击使其陷入舆论漩涡。

上述案例表明：制造世界传媒巨无霸的规模化进程中，未能及时进行内部优势资源的科学重组与集成管理，没能整合外部社会公众等各方看好的资源，然后从事合理拓展，最终导致它们身陷困境、分道扬镳乃至破产，成为传媒产业扩张中规模不经济的经典教训！在互联网时代的传媒规模扩张进程中，著者认为，依靠集成经济形态突破性发展优势，能够跨越规模不经济的天花板，形成超大规模的传媒集团，其依据如下：

（一）从外在大规模化市场的对接上，建构传媒集成平台借助互联网联通四海资源能量、网络市场无限疆界开拓能力，突破产业经济资源的不同区域画地为牢格局，得到更大的规模化发展空间。"产品市场和要素市场的分割不仅不利于实现规模经济，还限制了地区之间的专业化分工和市场范围，阻碍关系型社会向规则型社会的转变。"[1] 传媒集成经济形态规模发展的最大突破性在于，建立起互联网时代的一种崭新网络交互中介平台服务规则，贯通全国乃至全世界的传媒产业资源市场，使资源在更广阔庞大的市场中优化配置，并且形成消费方和生产方的双重规模经济的经济格局，有助于传媒产业集团在新的起点，发展信息内容服务生产与营销推广的超大规模经济，这对我国未来大的传媒集团建

---

① 张雷：《媒介革命：西方注意力经济学派研究》，中国社会科学出版社 2009 年版，第 213 页。

设、进军世界用户客户市场来讲尤为关键。

（二）从传媒内部组织大规模资源的管理形态进化与能力提升上，传媒内容服务的产品生产、市场营销，再到用户客户的诉求反馈，以及随后针对性的战略运营调整与具体运作策略调整，全部信息搜集和整理工作流程，依靠计算机系统自动化操作，利用今天发达的大数据分析、云计算工程等信息处理优势，以电光鬼火般的传输、联结与沟通速度，助益传媒产业整体与部分之间从事集成经济管理的互动沟通，保障跨地域与跨时空的大规模链接中，更加广泛高效开展市场营销。特别是网络化的集成经济运作经营管理模式，使内外资源配置得到及时补充，不会遭遇原来传统垂直产业链某个节点出现危机，则出现殃及整体组织经营存续与发展的威胁。

（三）从传媒大规模化的生产经营双重效益突破上，避免工业经济时代规模化发展以自我生产为中心的偏颇弊端：过去在资本节约与丰厚利润支配下，传媒企业或产业掌控着生产的主导决定目标，利用规模化扩张途径，促进生产大量产品，通过传媒广告及其他营销推广，诱引蛊惑人们确信这些产品与服务都是必需之物，却很少考虑它们是否为大家真正需要。而今天大规模的个性化定制（Mass Customization）成为市场用户消费主流趋势，传媒集成经济的发展基础立足于此，然后进行有效产销；而且作为内容产品和信息中介服务提供者，传媒充分与用户客户进行先前性的沟通互动，达到生产与消费者需求的一体化，还邀约用户参与的自得其乐生产，特别是精确化的预约性生产营销，满足人们自我表达的传媒空间供应，实现体验经济效益。像美国好莱坞大片的制作之前，都要进行市场需求调查；邵逸夫先生掌管的影视公司产品也往往基于舆论调查结果，才决定生产什么，湖南卫视有的节目也进行类似操作。如此一来，传媒扩张产品规模就丝毫不再担心无效经营的成本损耗，特别是内容盲目生产形成的资源浪费等，既改善了产消之间的信任关系，又节约了巨量可观的经营链条资本，还能转化为社会共同享用福利。这种互联网时代以集成经济拓展的超大规模经济效应，达到的产业内外共同受益目标，是对工业经济时期规模经济追求的根本性改变。

二、传媒集成经济对范围不经济的超越

同样体现在上述案例中的另一趋势是：伴随传媒集团规模扩张，其经营业务范围随之扩张，目标旨在追求经营管理中的范围经济（Economies of scope）——作为以往传媒产业扩张的另一个主要经济模式，它主要是通过传媒机构经营范围的拓展带来经济效益，即同时生产两种或以上传媒产品费用，低于分别生产每种产品所需成本总和，此为范围经济的存在理由。范围经济生成的外部效益一般是指：多个传媒企业专业化分工协作生产引起成本节约，并带来系列相互学习的经济效益，以及社会公众因此而受益的传导效应。如多家电视机构与影视公司联合投资创作优秀影视剧作品，在各家平台播出等多元化落地形式，带动广告、传统文化风情、地方特产等传播，组成自适应能力强、开放性程度大、自组织水平高的经济网络系统集合体，使产业集成内部边界的融合模糊与复合经济程度提高，外部交往路径同样如此延伸，在利益共享、共同主导的市场运作经营中，获得范围报酬递增的经营多样化效益。

美国在线和时代华纳的并购就整合新旧媒体资源初衷来讲，网际网络分销商同主要内容供应商首次结合，符合双方利益要求和范围经济发展需要，对互联网、娱乐和有线电视业产生深远影响，打破传统娱乐事业运作模式，以宽频互联网为接触客户的主要途径，很大程度改变传媒业界竞争的游戏规则。因此被业界普遍看好。但期待调整产业结构和业务重组的惊人并购，发展壮大新兴产业的完美结合梦碎，是因为传统媒体与互联网媒体结合两方优势资源没有能够有机整合，规模优势没有转

化为竞争优势，范围经济效益目标也没有达成。有分析者认为其相继失败原因：新旧企业文化碰撞成为最主要的难题，不同操作模式、企业文化、业务方向和发展形势，为新的巨无霸媒介组织带来无穷烦恼。这场世纪婚姻受制于内部管理和运营模式的融合程度不够。而从经济层面分析，正是合并之后传媒规模与范围化发展双双突破了经营管理的临界点后，终因摊子过大、管理成本增加、资源协调不力等原因，造成产品平均成本上升、平均利润下降的范围不经济，最终导致姻缘难续、合不久即分开的惋惜结局！

互联网时代到来之前，传媒产业因传播介质的分门别类而形成专业化壁垒，阻碍了产业内部不同载体之间的关联资源搭配，不同产业之间的数据交换、信息集成、市场营销共享，更不要说跨界经营发展。随着互联网技术支持下媒介融合进程加速，介质载体构成的传媒"资源竖井"现象，逐渐被数字化与网络化的传输渠道打通，一些有形无形的障碍均被摧毁。传媒集成经济发展建立在数字化生产和网络经济的特质之上，其运作打破了原先范围经营扩张的系列限制：

首先，它突破了传统媒体行业各自经营一片天地的局限，在以不同媒体资源互补的有机互动功效作用下，人员交流经验的外溢扩散效益，各种产业交易互补的动态平衡提升，都促进了传媒产业经济的升级换代加速；其次，它突破了仅在传媒产业经济集群内部发展的局限，将经营的范围扩展到核心产业外的关联产业与非关联产业，用积累的资本投向更多的产业市场，换来多重收益。像美国谷歌集团，我国一些新兴的网络传媒公司，更是将投资的内容扩大到无所不及。2014年，腾讯大手笔投资大众点评、京东、58同城等生活服务公司，为腾讯帝国补齐了线下短板。PC时代，腾讯改造了我们的娱乐，而移动互联网时代，它正摩拳擦掌，要改变我们的生活。从2014年的第一个微信红包开始，到现在我们已经越来越习以为常地用手机打车。一向号称低调做事、注重实干的马化腾曾常说的一句话是："互联网最终会像蒸汽机、电力等工业化时代的产物一样，成为可以给所有行业应用的工具。"①

马化腾及其领导下的腾讯，始终以战战兢兢、如履薄冰的经营心态，集中精力、搞好服务的经营业态，对待用户敬如上帝的经营姿态，在狂飙突进、风云变幻、黑马频出的互联网行业，面向市场的异彩纷呈需求与变化，寻求扩大合作的空间。他们清醒地知道，未来移动互联网的新生态，不可能只有几家可以包办一切，一定是开放共融的、很多合作伙伴参与的、分多层次的新生态。因此依靠其集中于通讯、社交大平台的最擅长之处，逐步转向开放合作战略，使其平台链接很多资源，创新很多合作业务。重量级的有搜索业务与搜狐公司合作，电商业务与京东公司合作，整个合作伙伴的估值已经超过 2000 亿元；此外是供应创业平台，到 2014 年就吸引创业者达到 500 万。这是一个庞大的人气资源与资本资源，也是范围经济扩张的基础资源。

而且传媒集成经济的进步运营思想和方法，使范围经济发展的突破价值在于：从产品生产到用户消费的经营全要素全过程，其发展路径是促进新兴技术扩散与应用深化，改变各个产业经济体生产延迟、浪费和低效率，通过集成经济运营的整体协作，"反过来使更大范围内产生低成本社会化的财富效应，两者之间形成一种内在的互动关系，并带来一种新型的无形产出经济（weightless economy）"。② 传媒集成经济采用不同形态资源的集成管理与集成创新策略，利用网络平台的多属性、用户与消费者身份的多属性、多边市场交往交易的促发力量，推进多样化的产业领域联手，增进网络经济的资源集成与供应集成效率；同时，注重各个产业之间的协同合作生产、共同治理，满足丰富多元且易变的消费

---

① 本刊编辑部：《马化腾：移动互联才是真正的互联》，《商业文化》，2016 年第 6 期。

② 周振华：《信息化与产业融合》，上海人民出版社 2003 年版，第 161 页。

者需求，获取范围经济中的产品与服务外溢价值，生成丰富的相关增值收益。

因此，传媒产业经营的范围越广，促成的经济活动机遇越多，产生的集合经济效益越大。这一点，很符合网络现象研究中的梅特卡夫规律。用户联结节点越多，经营效益价值越大。加上互联网传播使信息畅通无碍，有益于科学高效决策。而今一些发达国家组建的大型综合性传媒企业，在规模经济发展基础上抓住范围经济发展契机，二者之间以集成经济运营优势规则不断平衡协调，将自己的产业经济发展舞台延伸到世界各地。但尚需明确的是，进步的网络化新媒体技术支持系统，不过是欲善其事先利其器的工具而已，适应互联网时代的企业和产业规模化范围化经营，先进理念及操作模式更起着关键性作用。

传媒集成经济发展路径，改造创新产业资源组织结构、整合信息系统联络网络架构、健全外联决策机构及用户客户服务反馈体系，依托集成管理的整体性、一致性、系统性和经济性原则，大力增强资源快捷组织整合的能力，外界环境自适应经营的能力，物流、信息流、资本流的节点联结能力，通过集成板块的资源结构改造，优化规模化与范围化生产、供应、发布、营销、管理等业务流程，做到环环相扣、无缝衔接，集聚产消所有经营链条资源，统筹协调关联的信息数据，贯穿互联网思维指导下的集成经营运作，始终围绕有效满足用户客户的需求，从事传媒产业及产业集群的大规模化与大范围化的生产经营发展壮大。

通过上述分析，可以得出：互联网时代的传媒集成经济发展形态，成功突破大工业时代传媒产业规模和范围不经济困境，摆脱最佳规模和范围临界点限制，消除信息资源管理经营整合的障碍，达到产业近乎于无极限扩大的良性网络经济效益境界。也就是说，规模越大则边际成本递减越多，范围越大总体报酬递增越高。不过现实操作看，其方向仍以传统意义上的产业规模扩大和范围扩张为目标，但更具有顺应时代和产业发展需求的超越性特质，降低产业组织沟通协作、管理营销、反馈应对等经营成本，借助互联网技术信息传输能量、共享资讯等优势，以集成经济的网络化先进经营理念，内外关联资源互为支持，产业聚合规模越大，内外部交往经济效益明显；产业范围扩大，参与实体共同收割丰厚的剩余利润增加。最终，传媒规模经济和范围经济得到无限拓张，不仅为传媒企业和产业节约大量资源，而且因其服务效度强化，得到市场认同与支持，赢取永续性发展契机。我国当下最为成功互联网公司三巨头 BAT 在近两年一次次惊动业界的收购、兼并、联合等大手笔开疆拓土行动中，所取得的总体经济成效，产生的社会影响力，或可见其集成经济战略发展，所呈现出的新型规模经济和范围经济效益及其超越性。尽管如此，也要时刻警惕以往大工业时代的规模不经济与范围不经济风险再现，利用传媒集成经济运营优势发挥，避免悲剧在互联网时代再度重演。

第二节　走出传统经营路径依赖的突破价值

　　反思国内外传统媒体经济尤其是近几年报纸产业的败落，除了政治体制文化约束、既得利益者阻挠经营变革、传统媒体人的主观精英意识因素之外，还有以前成功经营模式的路径依赖，包括其带来的锁定效应作怪。路径依赖（Path-Dependence）指人类社会发展中的技术演进、制度变迁等均有类似于物理学中的惯性定理现象，即进入某一路径之后则可能对其产生依赖，像我们常言的轻车熟路、循规蹈矩、前有车后有辙等。1975 年，美国经济史学家保尔·大卫 Paul A. David 在其所著的《技术选择、创新和经济增长》一书中，首次将"路径依赖"一词引入经济学研究；1993 年，道格拉斯·诺思（Douglass North）运用该理论，阐释经济制度的演进现象，获得了诺贝尔经济学奖，自此使"路径依赖"理论声名远播。他认为，"我们赖以到达今天的制度的过程是相关的，并限制着未来的选择"。①

因选择某个制度和体制后，其过去成功的经济效益与适应性的预期收益，仍然处在一个递增状态，加上既得利益群体惰性与保守等主观因素作用，导致该体制如同走上一条不归之路。这种惯性力量推促路径选择不断自我强化，进入良性循环轨道得以迅速优化，在一定时期属于经营发展的好事；一旦内外环境变化，这种路径依赖就被锁定在某种无效状态，想脱身也变得十分困难，要么引入外生变量实现扭转，要么无望地走向衰败。

新制度经济学到演化经济学等方面的一些西方研究学者，从制度、经济、技术变迁及社会意识形态演进等领域，采纳路径依赖理论分析经济领域中观和微观问题，如学者 Vincensini 根据自己的研究总结道：决定影响制度性路径依赖以及路径定型的有三种机制，即经济体制、认识能力和政治因素。② 他们调研大量实业而凝聚的研究认识成果具有通用价值，对传媒企业成功转型与传媒产业正确发展，需要摆脱哪些路径依赖因素，具有较好的启示和指引意义。

一、传统媒体经营路径依赖的负效应

长期以来，我国传统媒体经济沿着过去相对成功的路径，在市场化

---

① North, D. C. *Institutions*, *Institutional Change and Economic Performance*, London: Cambridge University Press, 1990, p. 94.

② Vincensini. C.: *Is Path Dependence a Useful Concept to Analyze the Evolution of Ownership Structure in Central Europe? A Theoretical and Empirical Discussion*, working paper, 2001.

转型过程中以微观经济学相关理论为指导，即依赖稀缺性渠道资源占有，从事稀缺性产品生产，紧盯二八经济原则，为重点大中型广告客户聚拢受众注意力资源，主抓广告经营收入；政治上服务于路线方针的宣传与政策方面的诠释。但时过境迁，其经营的不足显而易见：1. 经营方向定位上，过于重视精神内容的生产、意识形态阵地的维护，轻视市场作用以及客户关系的维护、营销和业态拓展；2. 传受关系的定位方面，属于传者与受众的单向度传播，很多内容属于精神和心智控制性产品；3. 政治宣传守土有责的职能定位，传媒经营形成分而治之的格局，也造成传媒有效资源流动的壁垒高筑。加上传统媒体机构内部官僚科层化垂直管理权力分布，政府各种优惠性的补贴照顾，造成其中从业人员重视上面要求而漠视民众需求；同时由于占据稀缺的传播公共渠道资源，且拥有不可多得的话语权，也养就了传媒人的自我高位心态，自诩为文化精英、政治精英及社会精英角色认知的思维强化，其仰仗媒体的传播活动目标就是：引导控制大众的思想行动进而管理大众社会，却忽视多元服务功能。

在工业化时代的特殊发展历史阶段，传媒凭借体制赋予的资源优势，依靠社会地位与各种优惠保障，兼营政治利益与经济利益，并以传媒产品生产传播的软性力量，维护社会现存秩序关系。在特定历史时期，经营毫无疑问取得了各路管理者理想的双重成效。然而，面对后工业化时代尤其是互联网技术带来的传播民主、平等、公正等多重深刻变化，传播接近权开始无限扩大，传播渠道资源不再稀缺，然而传媒经营制度与管理体制变革不能与时俱进，管理者、从业者不能在自我否定和否定之否定中迅速转变，过去的路径依赖负面锁定效应和阻碍作用等，就会发酵并逐渐凸显。

面对网络公共政治运动的崛起与公民新闻传播活动的活跃，在网络众声扰攘激荡背后，实际折射着现实利益纷争的各种鸿沟：传统媒体原来的主流新闻等内容构建的拟态环境，传递的情感立场倾向，由于与多数民众根本的利益不符,造成大家对其视而不见,听而不闻;控制为主、服务弱化的传播路径依赖,不能顺势有为,导致人气变得"门前冷落车马稀",自然影响传媒经济收益!对此,国外有学者洞察到:"对于新资源、知识、技能、社会群体的形成或重组以及刚出现的行动机会等,那些居于主导地位的群体在认识他们的潜在作用方面所表现出来的迟钝性,常常给那些不太有利的群体提供机会,使后者得以赢得控制权并使其朝着有利于自己的方向发展。"①

传统媒体经济陈旧模式的路径依赖另一面表现在:产品经营上对用户和市场急剧变化或者反应迟钝的根源是,困守原先自我中心自我认同的经营思维路径。虽然他们抢滩新媒体传播技术进步的前沿阵地意识很强,如国内外的许多报纸、电台和电视台机构,在互联网发展早期无不纷纷跻身网上,开辟各自的网络门户专有网站,将传统媒体内容产品搬到其上;后来微博红火后一涌而上去开微博,微信红火后又都不甘落后开微信,今天移动客户端 APP 兴盛跟着建设,伴随 VR、GR 等新的传播技术产品辈出,相信还是同样趋之若鹜。但这些进军新媒体的行为,通观起来只是作为内容产品的一个延伸渠道和平台空间拓展,其路径依赖下的经济形态落后状况未改,旧的经营思想与传受单向姿态固守不变,原来供给的内容与服务效率低下情势不变,尤其是传播立场还未站在最大多数群体利益之上,造成互联网时代的拓张进取无为或多数终归无疾而终,社会影响和地位相比新媒体公司渐成江河日下之势。近两年来自不同机构和学术团队的专业调查研究数据越发清晰地展示了这种较量结局:报纸广告份额与市场份额急剧下降,连盛极一时的电视产业也开始领略市场的阵阵寒意。

---

① [瑞典]汤姆·R.伯恩斯等:《经济与社会变迁的结构化——行动者、制度与环境》,周长城等译,社会科学文献出版社 2010 年版,第 198—199 页。

二、传媒集成经济对路径依赖的突破

采用传媒集成经济形态转型发展，除了信息化数字化产制管理等流程的迅速改造，更重要的是经营思维从传者中心向用户中心转变，真正因应互联网联结一切的思维模式，满足新时代的产业经济与市场用户合理正当的复合需求，如此才能突破传统路径依赖的锁定副作用，开创传媒经济发展的一个新天地。

1. 集成经济设计网络组织化的信息沟通环节，属于一体化的自适应机制，完全可以敏捷呼应现实的剧烈变动，推进传媒产业经济要素资源及时合理组合搭配，生产什么、为何生产、生产多少等经营内容都在升级换代，由此奠定适应市场复杂挑战的传媒集成经营与管理基础。2. 在与用户客户的关系改进方面，集成经济发展形态拥抱网络技术蕴含的自由开放合作精神，消解各种精英的伪善做作与自感神圣，打破以往不平等的传播模式，摧毁有意隔阂公众的不善意图，击碎思想枷锁禁锢的支配格局，以契合人类解放追求的民意表达平台供应与服务供应，尽力满足所有用户客户的公正、公平、公开传播交往，换来互联网时代真正的稀缺资源——人气，藉人气经济开拓出更为多元化的经济交易活动空间与收益机会；3. 最为重要的是，传媒集成经济形态应和时代所有产业共同进步需求，通过集约节流与有效开源的集成联结网络平台，发展共赢生态经济运行模式，以其开放包容态度吸纳集体的情绪意愿与创新能量，挖掘产业活动资讯中的经济价值，开发整体共同发展的新媒体产品和服务，促进用户客户认同、选择、消费、使用、支持等行为合一。这些经营管理的创新与突破，不但使原来传媒经济结构固化和经营形态保守的路径依赖被动局面，如春天的坚冰一般开裂分解，而且再度有效整合用户客户关系资源，并将之转化为产业持续发展的关系软资源，使传媒产业得以持续性发展。由此决定了传媒集成经济发展的突破性成就，决定了其在未来产业转型中的主流形态地位。

传媒产业集成经济发展形态，对以往经营路径依赖的深层次突破性价值，还在于经营与管理思想的系列革新与发展。

（一）经营理念与范围拓展的路径依赖突破

传媒需要走出自己的一亩三分地狭隘理念，彻底将其触角伸向社会经济各个方面和关系群体中，渗透到所有值得挖掘的市场空间，囊括实体与虚拟资源，联结互联网时代的用户客户群体，构成多元市场资源共进发展。因为其发展不是完全打碎旧机器重起炉灶，而是挣脱先前路径依赖思维与锁定效应，采纳新传媒技术平台经济模式拓展市场空间，利用变更和重组存量资源，改造原有传媒资源结构，进行经营革新与盈利模式创新，辅助拓展战略的高效实施，彻底告别历史旧有路径依赖的自我设置壁垒局限，追求更多合作产业经济的共生共兴，而非延续传媒产业对社会利益攫取加大，只为服务传媒本身经济一枝独秀的自私模式。

传媒产业集成经济运营思想实践中，着眼于互利共赢集成经济价值目标实现，建立在与更多产业经济合作共享信息、人财物力、知识经验等基础上，整合叠加积淀传媒经营方面的有形与无形资本价值，互相借道出海开辟蓝海经济，通过网络化拓张借鸡生蛋，不断寻找盈利创新的最佳切入点，以无限内向型开掘拓展和外向型扩张产业范围，取得多元有效的增值收益，突破原有二元市场经营为主、意识形态宣传陈旧模式的路径依赖，并对整个国民经济健康有序高效运行，对社会精神文明建设，都起到积极引领带动效应。

（二）组织与管理模式的路径依赖突破

传媒集成经济效益的实现，从公司内部的组织结构设置上，遵循现在比较成功的扁平化管理模式，集成资源板块之间的结构优化发展，构筑起各司其职、各负其责、地位平等的内在契约关系，大大减少科层制呆板无活力的旧有管理路径负面影响。由此可以充分调动传媒人自觉主动性，共同关心传媒和产业经济命运前途，同心同德、全力投入互联网时代的适应性转型变革中，使最活跃的人的生产力积极要素作用，在集成管理创新中得到最大化解放。

对外经济合作方面，传媒集成经济汲取扁平化管理的进步效应，延伸到多种产业资源遵守合作协同原则与资源信息共享原则中，这样有助于激活更多产业实体以重视人为主体的科学高效管理，在产业之间深度信任基础上全力合作，追求整体共赢的集成经济多元收益与持续发展。

（三）经营服务理念增进的路径依赖突破

传媒集成经济的资源与关系重新整合，不是为专制控制的加强，而是追求集体做事的经济和成效，强化集成管理的对内与对外服务意识，对传媒产品开发、市场营销的经济引导价值。这与以往集权层级管理控制为主的路径依赖目标不可同日而语。

因为在互联网时代，适应性的经营管理思想是分权而非集权，下放更多的处置和应对权力，激励各个板块组织资源合作共进，尤其是支持一线生产营销等成员的创新自由，激发他们敏锐感知市场、用户和技术需求变动的发现自觉，发挥系统整体一致性的集成经济组织协同效应，使生产营销活动更加富有效率和富有效益，从而可以突破原先以我为主的路径依赖负面锁定作用，搞好各方面的市场服务工作而赢得未来发展。

第三节　摆脱传媒经济增长极缺陷的发展价值

经济增长极理论于 1950 年由法国经济学家佩鲁首次提出。他认为一个国家的经济实现平衡发展根本不可能，经济增长通常从一个或数个

"增长中心"逐渐向其他部门或地区传导。经济增长极在推动产业之间前向联系、后向联系和旁侧联系等自然关系发展中，起着方向性和支配性的主导型作用，并因此能够形成引领周围产业经济的乘数效应。

经济增长极驱动因素最重要的是技术、市场和资本、政策四个方面。四者之间联系紧密，属于互为支持互相促进的关系：进步技术是增长极经济体快速跃进跨越发展的第一驱动力；健全市场环境和规则体系是增长极经济体发展活动外在有利空间；资本合理集聚整合和科学投入决定增长极经济体正向效应发挥；政策是其重要外部软硬件设施建设保障。经济增长极理论因为重视发展中技术革新、经营创新与推进型企业主导作用，符合地区差异现实与社会进步动态趋势。加上其概念简单，可操作性强，我国经济学界相关研究成果颇丰，很多国家政策制定者对此颇为青睐。我国区域经济发展战略制定中，处处可见这种理论的实践印迹，如长三角经济带、珠三角经济带以及京津冀协同发展政策及其产生的效果。

一、传媒经济增长极理论引入与发展

传媒经济学者张辉锋将此理论引入传媒产业经济，主要集中于区域传媒经济增长极角色和功能，作出了有价值的探索性研究。他认为"传媒经济增长极是在地理空间中传媒业经济效率、总产值比周边高、对周边具有重要影响的地区；这些地区具有区位经济效益、规模经济效益和外部经济效益；传媒经济增长极在区域的传媒经济中具有支配效应、乘数效应、极化与扩散效应。从当前传媒经济增长极的效应看，应采取措施增强其扩散效应"。[①]

毋庸置疑，传媒产业资源集成的技术先进性、创新潜力高、推促能

---

① 张辉锋：《传媒经济增长极及其效应分析》，《国际新闻界》2009 年第 10 期。

力强等优势，符合经济增长极的系列主导性等特征。实际上，我国一些地方发展不错的传统媒体集团，利用其公共集成平台信息资源与联结服务，嵌入网络社区与城市社区生活，带动引领区域经济发展，已经全方位发挥着传媒经济增长极的社会与经济双重效益主导作用。

本书在此研究基础上进一步认为：借助互联网技术、市场、资本等外在综合创新驱动力机制作用，传媒集成经济发展形态下的运营管理，将促进传媒产业经济增长极优势得以充分发挥，而作为经济增长极的劣势和缺陷则可完全避免，在区域性经济协同发展和全国性的市场经济扩张进程中，都可起到更为积极的正向引领和促发作用。

互联网时代的传媒产业集成经济形态发展，立足广义增长极概念，通过集成整合社会制度、文化传统、发展政策等一切有利资源，发挥所有要素资源合理配置优化作用，促进产业经济生长点增值；从发展壮大传媒产业经济增长极效应的出发，组织富有活力、高度联合的传媒产业集群，形成主导产业与推进性产业，并且扩展后向、前向连锁乘数效应，迅速增长经济规模与范围，推动关联产业优势地位巩固提升，有机联系更广泛产业经济系统，由点到面、由局部到整体，依次递进建立大规模、广范围的集成网络结构协作经济体，产生最大化网络经济外部效果；然后再利用互联网贯通全国世界和连通所有产业能量，促进我国传媒产业规模经济和范围经济突破性发展，服务整个国民经济健康快速发展的目标实现。通过传媒集成经济的科学系统管理运营，尤其是进步经济发展理念的实践创新，传媒经济增长极的有力有利主导引领与扩散作为将更加引人瞩目。

二、传媒经济增长极负效应与集成经济突破

尽管经济增长极理论非常诱人，也确实产生了经济头雁的功用，不

过，在许多国家的实践效益不甚理想，且受制于种种原因，经常出现系列不良后果：一是增长极的极化作用负效应。该产业吸引先进劳动力、丰裕资金、高端技术等要素，却剥夺和牺牲外围区域发展机会，非但没有促进均衡进步，反而导致增长经济水平差距扩大负效果，产业增长极自身成为"飞地"而独立于周边，又因其属于高技术性的创新型规模产业，并不能解决更多的地区就业问题；二是由于经济增长极的极化阶段漫长，严重遏制正向推进作用的扩散功效，造成强者更强、弱者更弱的经济马太效应明显，导致城乡二元经济、区域长期不均衡不公平发展，增加落后地区政治不安定因素；三是因为上述两方面主要缺陷叠加，再者是基础设施等需要投入巨资，往往使政府决策者犹豫不决，影响增长极上下游扩展经济效应、集聚效应、互利效应等有利产业经济链条发展的多种效益实现。

这些情况，在我国的经济发展过程中，同样出现了上述列举的各种副作用。如报纸主要是城市中经营，出于成本考虑，营销市场很少顾及广大农村；电视也是如此，后来国家鉴于传播责任，通过建设卫星传输和接收系统才大面积国民覆盖，但传播内容质量和数量总体上因市场利益，仍有相当大的差别；互联网技术与应用也是从城市发迹，再逐步推广到农村；而因知识鸿沟、大批青年离乡入城不归等，其结果使城乡精神文化及经济差别拉大，而非逐步缩小。

即使仅在传媒经济领域，传统媒体收取过高的广告费，尤其是一些居于高度垄断地位的传统媒体，凭借无可替代优势，攫取大量企业资源和社会资源，自己坐地收益丰厚而让合作伙伴陷入极大的经济压力，甚至失去持续发展的基础。比如央视黄金时段曾经不可一世的"广告标王"企业，多数是辉煌一时，但不久即在市场中败落。简而析之，其中不乏企业经营者急功近利、战略眼光短浅以及后续管理发展不善等缘由，但央视给企业树立品牌的同时，高企的巨额广告费对企业运营造成的非常压力，恐怕某种程度上难辞其咎。

　　经过 10 个小时竞标后，央视表示，2014 年招标签约总额稳中有增，超过 2013 年。而去年央视黄金资源广告招标预售总额达到 158.81 亿元，创下 19 年新高。央视方面指出，今年现场招标资源在央视整体广告资源中所占比例减少，也让现场招标额度变化所具有的指标意义一定程度淡化。

现场招标比例减少

　　据悉，为避免恶性竞争、做大整体价值，央视减少了现场招标的比例，大部分优质资源如"新闻联播提示收看广告"、"焦点访谈提要广告"、19 点"新闻联播报时组合广告"、22 点"整点新闻报时组合广告"和"天气预报 1+1 广告"等均由招标竞购改为签约认购。

国美：树立品牌最佳平台

　　国美电器副总裁何阳青在会上表示，广告对国美电器一直很重要，是带动销售额的重要手段，从广告费来讲，国美一直将 20% 的广告费用于集团品牌推广，而 80% 则通过每个城市进行单独投放。"中央电视台是为企业树立品牌的最佳平台，通过 2013 年一年里在中央电视台的广告投放，国美的品牌美誉度和知名度迅速得到提升，这种提升的结果能从业绩指标上体现出来，国美三季报业绩非常好。"

太阳雨：底价较去年普涨

　　"今年央视招标出现了不少新的变化"，太阳雨太阳能有限公司总裁陈荣华昨天上午接受记者采访时表示，虽然没有往年那么激烈的场面，但是价格上涨却成了必然结果。"今年入标的底价较去年普遍提高。去年二单元入围底价是 5000 万，今年一提就提到了 6000 万。"陈荣华称,"其实很多企业都退出了央视招标舞台,广告价格每年都涨,也就要求企业的经营有一定的保证。"

1. 国美夺第一标

昨天上午 9 点多,第一组标的物招标结果出炉。其中,国美电器以 1.3131 亿冠名《我要上春晚》,比标底价高 45.9%,打响央视 2014 黄金资源广告招标第一枪。

2. 加多宝冠名春晚

昨日,加多宝可谓收获颇丰。先是以 5509 万元拿下 2014 年世界杯赛事直播赛黄金时段广告位,又以 5996 万元独家冠名《开讲啦》,比标底价溢价 58%。此后,加多宝频频出手,又将 2014 央视春节晚会冠名权、天气预报 1+1 广告位揽入怀中。

3. 天猫抢世界杯

2014 年是体育赛事大年,直播赛事广告也是本届招标企业争夺的焦点。昨日,天猫 1.41 亿元获世界杯《射手榜》全媒体合作伙伴,溢价 148%。加多宝以 5509 万元获 2014 年世界杯赛事直播赛中第一段正二位置,溢价 120%。健力宝以 2876 万元获正三位置,溢价 15%。

4. 车企爆发式增长

汽车企业在今年的央视招标中表现抢眼。引力传媒分析显示,此次招标段车企呈爆发式增长,几乎可以拍"全家福"。上海通用、上海大众、克莱斯勒、东风悦达起亚等首次参加招标。在新老客户的共同带动下,2014 年合资品牌在招标预售中的增长率达到 100%。

5. 白酒企业无一参加

相较于去年在招标盛宴中风光无限,白酒行业今年的

"土豪"之势已然不在。在昨日招标的全部标的物中，白酒企业无一参与现场竞标。据统计，去年剑南春在整点新闻和新闻联播等各个时段报时中累计勇投 6.09 亿元，成为 2013 年央视标王。相比于去年的限酒令，今年的"八项规定"显然重创白酒行业。

6. 新闻联播 10 秒拍出 35 亿

昨日，经过三小时的争夺，"新闻联播后标版 10 秒"等六个单元招标结束，中标总金额为 35.0661 亿元，比去年 36.54 亿元的金额有所下降，比标底价平均溢价 91%，同比 2013 年涨幅 4.5%。1—2 月份正一位置被青岛啤酒以 8320 万的价格拿下。美的以 2.03 亿元竞得 3 至 6 月、9 至 10 月正一位置。其余月份正一位置被王老吉和波司登竞得。

央视传播平台与地位天然优势无人可比，按照市场经济中的资源交换原则与传媒机构本身经济的发展要求，如此操作本无可厚非，且从经营上也做了改进，但长此以往，恐怕年年高企的广告费，会渐渐地使传媒产业和其他广告企业都力不从心！如果遵循传媒集成经济形态的整体战略，追求双方的可持续发展格局，可有效避免上述实践缺陷与不良结局：

（一）致力传媒经济增长极的可持续发展

缘于集成经济的产业资源综合体，遵循互联网平等、民主、公平精神理念，延伸产业合作的界面和拓展市场空间过程，是将传媒产业经济自身长远发展与其他产业一并发展密切关联起来。建构的网络化集成平台结构保持开放心态，数字化通道开辟出经济迅捷便利的资源信息共享方式，避免出现涸泽而渔、焚林而猎、"一家受益众皆受损"的传媒经济增长极负面结局。

传媒机构整合产业平台资源和吸纳更多的社会资源、市场资源、技术资源，主旨满足所有参与到集成网络中的产业整体生态经济互利共赢需求，实现经济循环流转的可持续发展目标。"在循环流转的范围内，每一个人使他自己适应于他的环境，以便尽其所能地最好地满足给定的需要——他自己的或别人的需要。在一切的场合，经济行动的意义就在于满足需要，意指如果没有需要，也就不会有经济行动。就循环流转而言，我们也可以把需要的满足看成是正常的动机。"①

（二）扩散传媒经济增长极优势的引领发展

缘于资源的集成化开发与集成创新活动，根本目标是引领、促进、拉动所有参与的经济体生产经营效率共同提高，尽可能形成多元化增长极互补同进的格局，保障整体市场效益增长，投资回报率大，社会资本增进，经济关系得到和谐良性发展。同时，传媒产业集成经济的增长极创新引导成果、科学组织结构、进步经营行为、进取观念意识、集约发展方式等示范价值，通过扩散辐射传播迅速引发学习和效仿，提高更多系统和组织生成内生型发展的经济动力，对推动更多区域、更多行业自主性更新换代具有长远根本性重要影响，而非仅作为外部力量的刺激、输血和帮助，更不是仅靠权威影响的传媒平台，利用让人反感的广告公关活动毕其功于一役。

（三）追求传媒经济增长极与其他产业共同发展

传媒集成经济对经济增长极的突破性发展潜力，在新媒体网络公司如 BAT 的实践中，其集成经济的战略思想与发展成效已经有目共睹。这些集团发展始终以服务用户客户为本，竭力保持与其他产业经济体的共进共赢关系。如经过淘宝用户抗议阿里巴巴网店收费提高，利用电商

---

① ［美］约瑟夫·熊彼特：《经济发展理论》，何畏、易家祥等译，商务印书馆 2009 年版，第 104—105 页。

平台优势意图攫取垄断利润等事件发生后，马云谨慎对待之余，总结其经营要遵守 3W 原则（即三赢原则，用户消费者 Win、客户生产商 Win、传媒公司集团 Win），成功渡过矛盾危机并再次快速扩张，充分表明这些新兴集团的发展，不仅有带动吸纳更多的传统产业和用户客户共进理念，而且极力避免传媒经济增长极发展过程中的系列负效应缺陷。

至于我国新旧传媒产业经济增长极的空间平台打造方面，只要政府放开不合理的条条框框管理规制，代之以相应的更多激励与规范政策，那么，依靠传媒平台的集成经营效率、集约发展价值、市场资本整合与集聚能量等先进要素，发达传媒企业强强联合自由组织联盟形态，在吸引各方投资进行基础设施建设上，可能发展速度更快，扩张质量更好，经营效益更佳。这样不仅有力促进传媒经济增长极健康发展，而且减少政府亲力亲为、劳心费神还可能成效不尽如人意，真正让市场配置资源之手更多发力，让传媒集成经济形态及进步理念指导下的突破性发展运营，尽显多种社会积极意义，全面发挥传媒经济增长极正向引领功用。

第四节　完善传媒危机风险预警的管理价值

"所谓企业集成风险管理就是从企业整体角度出发分析、识别、评价企业面对的所有风险并实施相应的管理方法和程序。"[①] 传媒经济市场化运行中，面临形形色色的危机与风险，不仅有经济方面的市场竞争

[①] 潘爱玲等：《合作网络范式下企业集团管理控制研究》，中国人民大学出版社 2014 年版，第 176 页。

风险、技术创新投资风险、市场生产营销风险、经济模式转型发展风险等，还因其特殊的事业属性而带有政治风险、文化风险、社会风险等等，稍有不慎，则不止是一次性的传媒企业、产业形象地位及市场经济利益冲击，还有可能造成整个产业经营上的前功尽弃、满盘皆输惨剧，浪费大量的企业成本和社会信任成本，甚至产生极坏的产业经济连锁摧毁反应后果，乃至集体地位形象坍塌。

确如实体产业"三鹿集团"的悲剧，其严重后果除了一个多年辛苦创立的民族品牌企业短时期垮台之外，还波及中国整个乳制品行业、上下游产业链企业以及许许多多无辜奶农，更严重的是多数国民对民族品牌的失望和抛弃，国外民众的嗤之以鼻，导致无法估量的经济损失和声誉损失。稍加梳理我国传媒机构包括新兴网络传媒公司这些年市场化运营中，因经济压力出现的几家影响颇大的败德违法行为，已经丧失许多民众的信任和尊重，对集体形象地位摧毁及经济收益衰减等方面后患无穷。这正是为什么传播学界的"危机公关"理论实践大行其道、企业管理者视为神明和重视有加的原因。而通过采取集成经济的预警防范体系功能发挥，可有效助力传媒规避风险危机，并给其他企业行业带来启示。

一、传媒集成经济的风险危机预警优势

风险往往由外部环境的变迁、内部各种因素变动引起。此外，资源配置、管理模式与经营成效等不确定因素也常常是诱因。风险具有突发性强、破坏性大与快速多变性、客观性存在等特征。因为互联网时代的到来，传媒经营管理变得更加复杂和扩张，组织机构边界随着成员增加与各种合作风险交叠，均已呈现不确定性更强的局势。其造成的结果是：对于前网络时代的媒体领导企业而言，管理任务也相应地更为复杂

和具有挑战性。① 传媒集成经济的运作发展形态及追求，保证了集成风险管理模式调动整个系统的要素资源，辅以良性机制配合，达到有效应对风险与消除显在潜在危机，展示其利用信息集成规范管理识别、分析风险，以及健全风险处理应对等预警系统的防范机制优势。

（一）集成经济管理即时发现威胁与有效反应优势

设计资源结构优化的互联互通集成板块，其目标就是无缝隙地对接外部市场环境和社会环境变动，将各个层面、各个方向的所有风险迹象、发展进程及侵害后果等，都纳入到具有整体性系统管理与内在一致性的集成经济应对形态中，以其有机的、灵动的、敏捷的管理框架，激发传媒企业成员自觉高效监控、识别、评估和报告反馈风险。尤其是以集成管理协同的网络化沟通与快捷反应，超越传统风险管理的信息沟通分散造成决策迟滞威胁，真正发挥预警功能和实现防患于未然的预警价值。

（二）集成经济管理集体合作迅捷应对处置优势

智者千虑，必有一失。况且处在各种风险围绕的中心，所以不可避免地会有风险来袭。关键是传媒各个板块在共享风险信息的基础上，能够有效集成大家的智慧，上下合意达成集成共识，管理者采用风险应对合理方式，迅速调动整合内部人才物力等资源，借助外部关系资源，消除传媒产业发展风险的潜在与现实威胁。概而言之，传媒集成经济形态的风险管理评估预警系统机制，因为建立在集体成员的自觉同步反应、合作互补应对、彼此协作处置的信任关系上，其作用的发挥属于一种高级自适应状态，处理风险和预防风险的成效是传统风险管理和处理模式难以企及的。

---

① Lucy Küng, Robert G. Picard and Ruth Towse: *The Internet and the Mass Media*, sage Publications Ltd, 2008, pp. 146-147.

（三）集成经济管理调动集体资源快速弥补错失优势

从百度公司的"竞价门"事件、魏则西事件；腾讯因为模仿抄袭成为互联网行业众矢之的，遭遇四面批判的"狗日的腾讯"事件与3Q之争事件以及其他侵害用户和社会的杀毒、游戏软件等；淘宝网站商户集体维权事件及最近的假货危机、逃税漏税等事件发生之后，他们迅速调集传统媒体与互联网传播资源，特别是网络用户的力量进行澄清、为其辩护、化险为夷即可见一斑。最值得学习借鉴的是：它们能够根据用户客户合理需求与市场需求，结合公司长远发展战略需要，迅速改进自我业务和服务功效，采取积极有效利用多种资源整合措施弥补错失，而非欲盖弥彰甚至鸵鸟政策才取得公关成功。由此可见其从事集成风险管理危机应对的经济投放优势与实践借鉴价值。

二、传媒集成经济的协同合作预防效益

"误差在危机中必定起着重大作用。周期运动必然出现。"[1] 传媒集成风险管理突破传统风险管理模式的重要转变是：通过与合作伙伴的共进发展过程中，创建更高效性、经济性和适用性的市场风险应对机制体系，来避免各个方位各个阶段造成的信息传播与处置误差，减少风险反复发生造成的重大损失，完成传媒形象、地位巩固特别是传媒经济利益增长的根本诉求目标。

（一）传媒内部预警功能机制建设与外在监督效益

传媒产业集成经济的发展形态，密切融入到国民大经济结构与环境中。首先要充分利用自身建构的信息搜集整合优势、预警职能优势，以

---

[1] ［美］约瑟夫·熊彼特：《经济发展理论》，何畏、易家祥等译，商务印书馆2009年版，第259页。

中介性、监督性服务对产业经济活动进行探照灯似的扫描，不断强化经济风险和其他风险预警功能，驱动多边市场间产业竞合互补互为满足需求，产业组织有效平滑交往发展竞长经济，带动整个市场经济规模与质量同步上升，提升自己在风险管理和危机处理上的权威地位，开发新生的宏观、中观和微观层面的经济预警价值。

（二）产业集群协同预防的机制建设与学习外溢效益

传媒将集成经济的风险管理模式进步模式，在产业集群和整合平台上迅速推广传播，对其他产业形成学习外溢效益，促进各个产业根据自己的实际情况，进行风险管理、组织结构的科学调整，进行健全机制建设和专门人员配置，与集体成员协同合作，在互联、互通、互为、互助的集体合作中，共同避免内外风险和危机突发造成伤害，并促进产业在新层次重组升级，达到凯恩斯有效生产与需求常态化及追求二者间均衡目标实现，从而避免产销矛盾造成的市场风险危机。

（三）集成所有产业建设联合预警机制与互为服务效益

由于通过传媒产业集成经济综合平台的有机联结协调和组织监督，各个参与的产业已经构成同生死、共命运的集群经济联盟，可谓一荣俱荣、一损俱损的发展关系。所以，当任何一个产业出现风险苗头，都会引起所有集群伙伴的警觉，形成多方位、集体性、互利性的共同关注，大大增加风险及早发现的几率，有力调动集群资源，各尽所能联合应对，从而降低每个参与经济体的损失，对整体经济的长远发展大有益处。

（四）整体风险预防为上的机制建设和公关免除效益

最关键也是最重要的，集成经济风险管理模式落脚点是预防和改进，不要经常去做"亡羊补牢"者，更非从事暂时的舆论公关侥幸过关。BAT三大公司集成风险管理成功之处，是着眼于长远改进发展自我，不断提升产品的质量、平台的能量和服务的周到，对更多用户和客户负责，使产业经济能够渡过难关持续发展，及时预警，不出现更大危机风险，根本不用耗神费力、投入极大的危机公关活动，这一点最为值得效法！

本章小结

"本来被认作传统媒体的新渠道的东西，实际上却在改变传统媒体；本来在威胁着文化的同一性的东西，实际上却在创造着多样性。"[1] 互联网引发的社会关系巨变，迫使传媒经济运营在继承中革故鼎新，改观产业经济形态，来巩固产业重镇地位。"我们必须清醒地认识到，互联网产业是信息全球化的最前沿阵地和最根本的基础，而文化力量、政治力量、经济力量将尾随于互联网产业的力量之后。"[2] 预言已很大程度得到证实。但"摧毁式创新使所有商业领域都步入两难境地：消极等待必然失败，积极进取也面临巨大风险"。[3] 无论如何，积极进取的风险中还有机会，传统媒体产业只有加速供给侧改革，整合内外资源从事集成经济突破性发展，才能凤凰涅槃。

"传媒经济一向以规模经济为其主体形态，近年来，范围经济的理论和实践也有所充实。但随着互联网逻辑逐渐成为传媒领域的主导逻辑，其基础架构也在发生着深刻的革命性改变。在这种'互联互通'的基础性逻辑的作用下，集成经济势必成为未来传媒产业的主流经济形态。"[4]

---

① 张平：《合作战略》，中国经济出版社 2009 年版，第 208 页。

② 方兴东：《创新式摧毁力》，北京大学出版社 2004 年版，第 63 页。

③ 同上书，第 141 页。

④ 喻国明、樊拥军：《集成经济：未来传媒产业的主流经济形态——试论传媒产业关联整合的价值构建》，《编辑之友》2014 年第 4 期。

衡量主流经济形态的判断依据是：因应市场、资本和技术及政治社会文化环境变化，具有内外认同实践成效，代表产业经济未来发展方向等。传媒集成经济符合互联网进步精神内涵与网络经济特质的拓展能力，在创新中摧毁，摧毁中创新，科学面对市场风云变动，其摆脱传统媒体经营局限，满足时代需求，在创新经济业态中提升，在创新经济模式中持续性发展，以良性循环的自适应、集约式、高效率经济优势，多元化的突破性发展价值，成为当前和未来传媒经济的主流形态。

第九章 传媒集成经济的社会
发展引领作用

　　1985 年，彼得·德鲁克指出：创新是经济和社会活动的一种结果，不仅强调新想法的提出，而且重视将创造性想法转化为创新的结果。传媒集成经济高效整合各种资源发展，外部形成智能化、适应性、异质性的网络市场，创新需求方和用户多属性的市场规模经济、范围经济、复合经济等效益；内部生成资源结构优化的互为经济、集成平台联结的集群经济、整合节流开源的集约经济等，创新"服务为本"的人类经济活动形态，共享经营发展的好经验好主意，构筑更多产业参与的信任性协同发展经济原则。

　　传媒集成经济依托生机无限的互联网传播技术，采纳网络经济的先进经营思维，摧毁旧业态与创造新模式并举；符合新经济内在逻辑要求，纠正传统大工业时代不合时宜的运营缺失，走出旧经济形态困境；跨越先前管理模式缺陷，满足产业进化与用户复合需求，发挥趋利避害的突破性发展优势；传媒集成经济大规模资源聚合，产业结构组织管理创新、市场创新、技术创新与资本创新等，强化人与人、产业与产业、传媒与社会及自然环境等多重关系创新，形成进步经济交往形态引领社会前行的正向影响作用。

第一节 集成服务创新实践的引领功效

大工业时代的传媒集团经营也顾及社会多元需求，但最大化目标是赢取媒体掌管者的政治传播利益与其他经济利益。互联网时代的传媒集成经济发展追求与之不同，它以满足时代复合需求的优质高效服务为核心，追求多重服务效益实现。不管传媒内部组织要素板块结构优化、联结平台产业集群汇聚、硬性与软性资源整合三个层次资源集成，还是具体内容信息产品、传播技术创新、内外关系资源协调等经营管理，都始终围绕服务为本理念，争取集成经济综合效益。

一、服务为本持续创新的集成经济发展理念

传媒集成经济摆脱产业相互控制与借机营私的经营思维，每个环节操作与每个层次运行，都遵循充分自主、自愿、平等关系，互为服务、互相依赖、共同发展。而互为服务是联结利益群体、组织、资源的桥梁媒介，集成资源优化、联结及整合拓展的做强做大过程，均以互为服务作为关系纽带。集体的市场开拓均以全力服务好用户客户为中心理念，贯穿于信息供应、产品设计和服务创新提升全过程。当然，传媒运营全方位满足用户客户复合需求，则他们接触、体验意见回馈与支持，反过来服务传媒集成经济可持续发展，这就是互为服务内涵。

　　"在服务型社会里，服务依靠现代科学技术把不同技术集合在一起，不同资源集合在一起，形成了新的技术、新的资源，……进而成为社会发展的推动力。"① 传媒集成经济联结内外资源，多元合作方因服务为本的交往共赢理念，抱着相互学习的肯定性评价，彼此相互欣赏的积极性态度，形成信任依赖关系，这是超越纯粹交易而长远发展的重要软资源。互为服务让人心悦诚服、乐意从事，而且该进步理念主导的传媒产业联盟组织主体，都明白行动价值是自觉考虑他人的利益和愿景，为对方和社会提供有效服务，获得自我可持续生存发展，无形却有序的规约助力达到均衡型社会结构最佳状态。"均衡型的社会结构就是，其中任何一个行动者都不可能独存，没有一个行动者是永远的服务供给者或永久的服务需求者，任何一个行动者是服务供给者与需求者的统一，行动者在从其他行动者那里获得资源后将会提供更多的服务。"②

　　集成经济发展主要成就在于促进传媒高效互为服务创新。传媒与社会其他行业互为服务，点对点、点对面、面对面的免费、付费、增值等细化服务；即时性、延时性的网络服务；咨询性、指导性的辅助服务；审核性、评价性的监管服务；网络传播安全的保障服务等在不断创新中，有益信息、关系、资源等集成交互服务活动创新，支持传媒主导者开发信息管家的层次阶梯式、中介性服务等专长价值。"越来越多的产业和企业进入电子网络世界，需要现代传媒经济的专业中介服务配套。尽管电子世界很自然让人想起'无中介'，但事实上现代专业中介服务在网络经济的发展中起着重要的作用。因为信息在网络经济里传播的成本越来越低，而网上检索和处理信息的成本（例如时间）所占比重则

---

① 孙希有：《服务型社会的来临》，中国社会科学出版社 2010 年版，第 44 页。
② 谭明方：《社会学理论研究》，华中科技大学出版社 2002 年版，第 263—264 页。

越来越大。当检索和理解信息的费用超过一定限度时，雇用'专家服务'就成为合理的选择。"①

　　传媒集成经济持续性发展依靠多元特殊服务增值，为企业产业、消费者乃至传媒产业经济自身提供同步的、异质性专为服务，满足各方高层次互动性需求和精神物质双重效用，产生各美其美、各得其所的特殊价值；面向市场需求，提供人无我有、人有我优、人有我专的多元化针对性服务。传媒从中获得相应增值报偿同时，再度延伸和扩张媒体信息管家角色的经济功能和地位作用优势，实现新业态的经济创新收益。如人民网的舆情监测、分析及软件开发售卖等专业服务，成为新的经济增长亮点，对许多企业消除潜在危机有利，赢得有价值指导参考资讯服务，在互联网时代以重要信息资源管理，为社会稳定大局服务，并因此收获更多社会资本。百度公司依靠搜索引擎数据拥有优势，公开发布风云榜，免费服务研究者与社会管理者及其他各行各业，争取社会注意力，换来自身人气经济价值，均为富有眼光的互为服务创新。

二、服务为本创造创新的集成经济平台效益

（一）依托传媒集成服务平台创新经济业态

　　传媒搭建门槛低、成本小、回报大的创新服务标准平台，提供策略支持先进技术链接的协作整合平台，对所有用户和客户开放，集聚信息、资源、海量群体关系，免费平台及多元服务吸引源源不断的用户参与有效体验。腾讯、百度和阿里巴巴公司挖掘平台经济价值，盈利创新模式花样百出获得大发展：百度的广告竞价排名、专题平台链接，腾讯的广告+增值服务，淘宝的广告+增值服务+支付宝账户+沉淀资金再度

---

① 周振华：《信息化与产业融合》，上海人民出版社2003年版，第362页。

开发等，各种创新型赢利业务纷至沓来，然后为第三方合作伙伴或开发者提供应用舞台，供给八仙过海各显神通的创新平台，集成整合各自服务优势，各取所需、互利共赢。

腾讯QQ平台开辟服务功能，让用户资源与第三方合作者直接对接获利。淘宝网供给第三方开发商开发网店营销、管理、服务、物流等内容与服务，从中获得平台盈利。国外一些网站如苹果应用商店、脸书都以三七分成合作模式，给开发者带来收入，吸引用户创造合作共赢的循环发展经济。脸书网平台提供数据核心技术和数据核心业务服务，精准产品推介或广告投放，吸引大大小小数千家第三方合作商，"广告+互联网增值服务+应用分成"为主要赢利点。第三方付费方式有助形成交易闭环服务模式，也是平台开发商的重要增收渠道，即通过有价值的集成服务平台，强化服务功能形态创新，开发各种获益渠道，发挥一本万利的集成经济发展优势。

（二）依靠服务创新赢取人气聚合经济价值

赢得人气在，不怕没钱赚。"网络平台提供商的盈利模式：网络广告费、交易费、固定网租费以及其他增值服务费（如，咨询费和大数据处理费）等。而保证这些费用的前提是虚拟集群一定的市场占有率，从而不断吸引并留住在位的企业和消费者。"① 低廉乃至免费产品和平台供应的周到实用服务，吸引最大多数客户用户产生人气经济效益。百度、阿里巴巴和腾讯等公司，恰是都依靠自身集成平台的产品服务，调动用户传播交往与深度接触积极性，保持他们使用忠诚度，持续占有人气资源。

百度公司开办之初就秉承"以用户为导向"战略，在搜索技术和平台建设方面，不遗余力地满足用户搜索的细节化需求，以竞价排行经

---

① 何铮：《实体集群与虚拟集群：聚合模式及其可持续性》，电子科技大学出版社2013年版，第193页。

营模式服务中小企业，夺得中国搜索市场份额的头把交椅，独占世界中文搜索引擎鳌头。腾讯公司系列人性化产品设计，从新闻评论、QQ 即时通讯、微博到今天的微信平台及其服务产品，素以迎合用户舒适体验而得用户垂青，继而再利用人气推销增值产品，获得增值服务效益，建立起庞大的企鹅帝国。阿里巴巴公司早期不以盈利为目标，不惜低价甚至免费方式吸引中小企业客户加入，千方百计降低他们的推广销售成本；还投入 20 亿元培养消费者的网购习惯，便利产品与服务互动的集成平台打造赢得用户好评，从中获取其他多元回报，在互联网电子商务经济中财大气粗。"互联网中的交换行为，如免费，实际是礼品经济的返祖现象（所谓螺旋式上升）。但人们往往忽略了融合才是免费的目的，原始人的送礼绝不是白送，而是产品送礼，服务回报。盛大、腾讯、巨人的免费，都是为了通过人情与用户融合，形成商流有机体（术语叫产消合一、返魅，俗称联络感情、增加黏度），然后从服务中收到回报。"① 除此之外，他们各有人气聚合与转换的服务专长：百度公司以有价值的搜索信息联接弱关系，转换成消费关系；腾讯公司以人与人之间的关系联结，转化成消费关系；阿里巴巴直接将人与商品联结，成为一种消费关系。

（三）依靠服务创新维系经济循环持续发展

"集成经济形成于对产业链中不同价值环节最优效率的利用。……由于产业链的价值环节处于不断的变动中，企业就会根据不同价值环节的要求相应调整战略，通过市场集成，充分利用具有不同边际生产力的要素来获得经济性。"② 市场资源集成终究还是人的交往关系资源集成，而维系人气经济实现持续循环发展，需要传媒不断地创新有效服务模

---

① 姜奇平：《后现代经济——网络时代的个性化和多元化》，中信出版社 2009 年版，第 78 页。

② 石奇：《集成经济原理与产业转移》，《中国工业经济》2004 年第 10 期。

式。传媒内部板块结构之间的交互服务市场、联结平台的集群市场、用户与生产者的交换市场、传统产业与新兴产业的整合市场、资本募集市场，依靠一体化、协同化集成服务创新发展，创造各种服务新理念，孕育高效服务交往经济方式。

如今，令人眼花缭乱又充满经济活力的 B2C、B2B、B2P、P2P、O2O……层出不穷的互联网经济新型交往概念与行为不断诞生。与传统经济规模报酬线性递增所获最后归属于付出成本公司比，网络经济规模报酬指数式递增，因整个网络参与者共同创造而为所有网络成员共享，服务所有网络用户。脸书网站围绕人的交往情感、精神和表达需求，搭建用户轻松、便捷和亲朋好友保持关系平台，随心所欲表达自我和分享各种有用价值信息，增进友谊亲情又共享互助成长乐趣，很快吸引 10 亿左右用户后，公司挖掘社交网络和用户关系价值，利用大数据挖掘细分群体市场，借助亲友相互信任关系圈子巧妙营销，吸引第三方开发和广告商支付，创新服务获取持续营收经济交往效益。腾讯微信运营创新市场、集成用户资源迅速扩张的模式与此类同。传媒集合众智的创新活动，以开放自由市场原则与平等互为服务，直接实用、成本低廉、便捷高效的集成服务创新效果，生产、供应、消费、交换环节去货币化的信任关系建设，使传媒可持续循环利用交往经济效益获得长远性发展。

熊彼特认为创新就是要"建立一种新的生产函数"，把一种从来没有的关于生产要素和生产条件的"新组合"引进生产体系[1]，以实现对生产要素或生产条件的"新组合"。传媒集成经济引进的何止一种关于生产要素和生产条件的"新组合"！它基于互联网时代的新媒体数字技术包容能量、传媒集成经济运营的资源聚合能力、众多用户客户主动自觉参与的集体创新，以网络组合更多样有序的生产力要素，发展战略基

---

[1] ［美］约瑟夫·熊彼特：《经济发展理论》，商务印书馆 2000 年版，第 73—74 页。

点以互为服务为本，通过经济交往、经营形态、资本聚集、盈利模式等持续创新，创新性整合、创新性利用和创新性发展新时期的传媒经济生态；因应市场经济变动与社会复合需求，增强集成创新与集成发展能力，扩大服务范围与水平，为我国传媒发展增添循环性动力燃料，推动传媒实力真正走向强大，并引领更多产业追随共进。

第二节　主张合作共赢思想的引领价值

市场经济公平、公正精神主导的服务型社会来临后，鉴于社会化大生产的复杂广泛性、人们需求的多元变化特征，各个产业资源密切合作才能达到互为服务，取得你好我好大家好的发展目标。传媒集成经济服膺互联网时代的复合需求与合作共赢发展思想，其资源结构优化、集成平台建设、整合资源发展等合作共赢效益，不仅改进产业之间的经营关系，而且市场中"经济人"与社会化"道德人"能够和谐地兼容一体，最大可能地消除非法无德竞争内耗与外损等形形色色非经济现象。经济学家马歇尔曾言："竞争可以是建设性的，也可以是破坏性的：即当建设性的时候，竞争也没有合作那样有利。"①

一、竞争主导理念失势与恶性竞争危害检视

"在经济学家完全（静态）竞争的理想世界里，正是竞争的作用产

---

① ［英］马歇尔：《经济学原理》上卷，朱志泰、陈良璧译，商务印书馆1964年版，第26页。

生效率，所有的投入都是以不浪费资源的方式配置于商品和服务的生产，为了消费者的福利，生产消费者所需要的商品和服务。因此，竞争没有代价，只有利益。……而一旦我们从动态的、侧重过程的角度来看待竞争，这一切就改变了。竞争本身就代价高昂，而且它还是浪费的主要社会根源。"[①] 过度恶性竞争造成经济主体和经济交往的巨大浪费，人们投入宝贵的时间精力从事一些无意义的重复努力，而不去进行有价值的创新发展。

传统都市报在许多地方爆发非理性市场大战，消耗无数资源最后都遍体鳞伤；全国广电节目千台一面的同质化竞争，相互抵消资源而收效甚微；电视台和网站影视剧首播权、独播权之争，无不给传媒带来沉重负担，甚至入不敷出，最近还曝出该环节诸多招标腐败问题，让红极一时的管理者锒铛入狱。商业新闻门户网站建设伊始互相抄袭彼此信息，你有我有全都有，标题党横行其道，内容开发与平台服务提升毫无进展，结果让后来者居上。

恶性竞争不仅使信息搜集整合的成本剧增，而且具有共享价值的信息也因市场搜索、谈判交易等投入增加整体成本，传统媒体因此渐失原有优势。互不相容的恶性竞争、互为敌手、互为封锁，让本不用重复的基础设施、机构建设、技术产品研发和营销网络布局等反复投入，当然还包括其他方面浪费。综合言之，过度恶性竞争给传媒产业经济总量造成极大浪费，有人颇有远见地剖析道："商品经济的共享特性，本来应该使互利共赢成为商业文明和商业文化的主流，而且在我们目光所及的范围内，成功的商人通常也是懂得运用互利原则的人。但在商品经济发展的几百年时间里，互利文化并没有成为市场经济的主流文化，这恐怕

---

① ［美］马克·A. 卢兹、肯尼斯·勒克斯：《人本主义经济学的挑战》，王立宇等译，西南财经大学出版社 2003 年版，第 144—145 页。

与正统经济学主张极端个人主义的方法论不无关系。"①

互联网时代的技术精神与社会化合作正在消解极端个人主义。商界学界红极一时的竞争战略理论、竞争优势理论专家波特教授，所创企业产业竞争"五力模型"与国际竞争优势的"钻石模型"等体系，曾为国内外企业和产业界掌门人奉为圭臬，但今天遭遇美国一些媒体和学界批评，指出其理论在智能互联网共享经济模式下，逐渐失效与解释乏力。尽管波特辩驳和自信其竞争理论的生命力，然而市场运作实践与理论创新长江后浪推前浪，学界诸多领域深刻反思后，合作共赢思想日渐呼声高涨，研究网络新经济的学者更是一马当先。

美国学者尤查·本科勒，列举维基百科战败大不列颠百科全书、开源软件发展更胜一筹、音乐家由歌迷自主定价的成功收益、奥巴马竞选活动志愿者的网上网下沟通合作协同团结获胜，特别用丰田发动员工合作、共享与创新，各个层面团队自治协作，利用高参与度打造的信任机制，促进生产质量和市场销售空间拓展。而通用汽车管理不然，由此结果不同，指出："谁先合作谁胜出，市场上表现最佳的业务，都有自己的合作体系。"②

波特竞争理论认为企业经营者应时刻保持竞争意识，随时随地做好与竞争对手相竞争的准备，主旨均从"维持竞争优势而制胜"的控制支配理念出发，一样受到我国学者质疑和挑战。"需要指出的是，竞争固然是企业经营的本质规律，但随着知识经济的到来，市场的需求日益多样化和个性化，企业相互间的依存关系不断得到增强，合作、联合等逐渐成为战略思考的主流方向。而这也是波特竞争理论中明显不足的地方，它无法解释战略联盟、供应链网络等合作性网络组织所形成的竞争

① 陶永谊：《互利——经济的逻辑》，机械工业出版社 2011 年版，第 9 页。
② ［美］尤查·本科勒：《企鹅与怪兽：互联网时代的合作、共享与创新模式》，简学译，浙江人民出版社 2013 年版，第 197 页。

优势来源。"①

对多数具有全球网络的大型国际企业来说，完全损人利己的竞争时代正在结束。"长期势均力敌的争斗，结果只会使自己财力、智力枯竭，难于应付下一轮的竞争和创新。"② 稍加回顾，我国几大互联网新媒体公司发展中的数次争斗，莫不是两败俱伤，遭受经济损失的用户集体发出道德谴责与行动抵制。"2008 年，淘宝闪击百度。业界把淘宝与百度的较量称作是本土互联网两大巨头的'巅峰对决'，一个是电子商务的霸主，一个是互联网搜索的巨擘。但应该看到，这场源于网络搜索和竞价排名而起的'战争'给双方都造成了难以弥补的伤害，它们在漫长的对决中无谓地消耗着好不容易积蓄起来的资源、能量和元气，彼此的内伤是外界难以觉察的。"③ 闹得沸沸扬扬的"3Q 之争"，周鸿祎与马化腾互不相让的胶着之中，挟持网民和用户站队，惹得众人反感造成形象危机和经济危机，试问谁是最后赢者？微信封杀淘宝支付宝红包同样引发众怒，后因大家抗争不了了之。经过深入反思恶性竞争的双输结局，目光远大者理性选择握手言和，在不同层面再度集成各自优势资源，合作共赢发展，收获直接和间接经济性价值。

二、因应时势的传媒集成经济合作共赢精神

互联网时代的传媒产业集成经济发展，合作共赢理念起着决定性指导与规范作用。"双赢是企业合作竞争的目标。任何单方面有利的合作

① 潘爱玲等：《合作网络范式下企业集团管理控制研究》，中国人民大学出版社 2014 年版，第 342 页。
② ［美］乔尔·布利克、戴维·厄恩斯特：《协作型竞争》，林燕等译，中国大百科全书出版社 1998 年版，第 1 页。
③ 章晓明：《百度：互联网时代的搜索神话》，中国工人出版社 2010 年版，第 172 页。

都是不稳定的，合作竞争必须为合作各方都创造比不合作更高的收益，所谓'我有利，客无利，则客不存；我利大，客利小，则客不久；客我利相当，则客可久存，我可久利'。因此，合理的利益分配机制是保障合作的基础。"① 马云今天的成功，在于他一贯的坚持行动、灵活的经济头脑、长远的战略眼光，还在于他所总结的 3W（3Win），即赢赢赢模式的生意法则，体现做生意的合作共赢之精髓所在："做任何生意一定要想到三个 W，第一个 W 必须是客户赢，做任何事情客户首先第一要赢。第二件事是合作伙伴一定要赢。第三你要赢，三个 W 少一个 W 你找不到那个网页，三个赢少了任何一个，这生意都没法做下去。"② 马云竞争合作对手马化腾和李彦宏等，虽彼此暗自较劲甚至公开攻讦，但合作共赢理念主导下，他们又在很多地方保持良好合作，在互联网新传媒经济市场中互为犄角，通过竞相创新产品和特色服务，适应竞合为时代主题的要求，弱水三千，各取一瓢饮，·彼此借力，互为互利，赢得集成经济可持续发展。

"可以说，因特网是人类发展史上规模最大、发展最快、内容最多的合作平台。如果一个企业能够从战略上找到与信息技术及其相关企业的结合点，往往就能迅速取得成功。"③ 传媒产业集成经济整体运维路径，各个环节都强调应和这种时代需求，重视合作共赢精神内涵的保障机制设置：板块相对扁平的组成结构，倡导各要素资源的协调一致互为支持，要求平等关系板块遵循系统性、整体性原则，走出传统媒体时代的竞争零和博弈路径，转向内外合作共赢。传媒集成平台链接的复合集群经济与网络集成平台中，合作并不排除竞争，只是竞争服务于产业发

---

① 张平：《合作战略》，中国经济出版社 2009 年版，第 80 页。
② 《直击乌镇：马云教你做生意的 3W 法则》，《中国企业家杂志》2014 年 11 月 20 日。
③ 张平：《合作战略》，中国经济出版社 2009 年版，第 16—17 页。

展协同效应、正外部效应生成扩散，致力于不同经济实体的互利互惠交往，追求整体生态经济的竞合共赢。

"由于网络经济中网络效应的存在，信息的需求量和使用量越多越好，供求双方的利益一致。对生产者而言，合作可以分摊成本，科技的进步和产品的生命周期缩短也迫使企业趋向于合作，因为不合作企业的技术开发成本和风险太高，单个企业难以承受。对消费者而言，信息产品的效应也会随用户的增多而呈现指数上升的趋势，企业合作，产品兼容或共同服务于市场，能够为消费者带来消费的规模经济，提高网络价值。因此，在网络经济条件下，合作式竞争是大势所趋，这种合作式竞争往往采取战略联盟和虚拟企业的形式。合作式竞争以双赢为特点，而且是一种创新竞争。"[1] 传媒集成经济以更广大作用范围，促进传统经济和新型经济、虚拟经济和实体经济整合融合，强大集成资源能量使卷入其中的所有经济体在互联网经济思维作用下，在合作共赢根本思想原则指导下，进行合理适度的公开公平竞争、优胜劣汰，彻底规避劣币驱逐良币的反经济危害，使诚信商家和厂家赢得长远利益。这种符合现实需求的进步竞合共赢经营理念，正在取得产业实体参与者青睐，推促经营赢得持续成功。

而且，互联网时代合作共赢得到认同的理论依据和实践案例比比皆是。西方心理学、组织社会学、政治学、实验经济学等研究领域，都为合作精神提供了越来越多证据："实际上，人类在很大程度上是更善于合作和无私的，或者，至少不像大多数经济学家之前所认为的那么自私。……人类生物学上更多的证据表明：进化实际上偏爱愿意与他人合作或者帮助他人的人，即便这会让他们付出代价。"[2] 传媒集成经济通

---

[1] 胡春编：《网络经济学》，清华大学出版社、北京交通大学出版社 2010 年版，第196 页。

[2] ［美］尤查·本科勒：《企鹅与怪兽：互联网时代的合作、共享与创新模式》，简学译，浙江人民出版社 2013 年版，第 13 页。

过合作减少摩擦，增进内部员工与管理者之间的相互理解和尊重，调动大家自我实现的内驱动力，让人们在快乐、舒心、平等、信任的环境中，卓有成效的创造创新；遇到困难和挑战，则众志成城、众智成功。传媒平台联结的集群经济体成员之间，同样强化合作共赢理念，发挥交往利益与规约的无形经济左右力量；以道德、感情、信任等高端精神自律规范行为，减少交易、契约等成本，合作共享外部经济性收益，合作共进提升产业能力。尤其是用户群体和客户群体集成板块资源主体，因传媒联结平台的中介作用，由原来利益竞争者转变为合作者，整个生产消费关系发生前所未有的本质变化，产消一体化关系是合作共赢发展优势的极致体现。

"近年在高技术服务领域，从关注技术向关注内容和服务的转变使曾经是供应商品的成本主题转换成价值、服务交付和提供解决方案，促进创新网络演进和优化。其间，不同决策主体诸如解决方案提供商、内容提供商、互补商、基础结构提供商、市场营销商、竞争者和顾客等围绕界面标准、模块嵌合和价值分配等系列问题进行博弈与谈判，在合作与竞争中共同发展。"[1] 传媒集成经济合作为主、竞争为辅、竞争促进合作、以合作达到多方共赢的经营原则共识，相关机制构建与高效行动，对传媒产业未来发展意义重大，对社会也有深远影响效应。

三、传媒集成经济合作共赢精神引领价值

传媒集成经济因应时代复合需求，完美处理事业和商业双重效益目标得以合理优化，传媒在保证社会效益前提下实现经济资源效益最大

---

① 孙耀吾、贺石中：《高技术服务创新网络开放式集成模式及演化——研究综述与科学问题》，《科学学与科学技术管理》2013 年第 1 期。

化，依照共生原理推进传媒与社会发展的和谐关系。尽管媒介生态学还不能为传播学界完全接受，但作为社会系统的有机分支组成部分，媒介不可能孤立存在，与政治、经济、文化等其他系统有着千丝万缕、互联互通的密切关系，社会环境关系总和构成了传媒生态环境。传媒集成经济依靠整合各种资源发展，形成与社会自然生态环境的相互依赖、相互作用，保持与国民经济互动互补的和谐共生关系，实现经济、人和社会全面协调可持续发展。

西方一些社会学家认为："在科技高度发达的现代社会里，人与人之间的交往越来越密切，具有丰富知识的人与生产工具的结合比以往任何的时候都要紧密。因此人与人之间、人与物之间已经结成了一个相互依赖的'共同体'，在此认识基础上，他们提出用一种'共生方法'的理念来设计社会生产关系，强调社会生产体系中各种因素的相互作用与依赖关系。并且，越来越多的社会学家认识到，专门技术人才只对技术方面感兴趣，这样会导致不恰当功能体系（function system）的形成，并造成对社会和团体组织的漠视。近些年来，为了解决这种隔膜带来的严重社会问题，社会学家联合管理学家也尝试基于'共生'理论，把人的因素和技术因素摆在同等重要地位。"①

传媒集成经济产业群体和谐共生的可持续发展经济模式，可以提升社会活动的整体效益，能够满足人类追求节约的内在需求和外部产业共同进步需求，摒弃占有传播稀缺资源攫取的涸泽而渔经济现象。正如上一章中的案例：央视的黄金时段广告竞标给自己带来滚滚财源，却给中标企业带来巨大经济压力，多数广告标王企业"其兴也勃焉，其亡也忽焉"，中间固然有企业经营管理失当之处，但央视同样要反思，过高广告费转嫁不利于企业市场拓展。电视剧天价播出费，伤害其生产者和

---

① 齐宇：《循环经济产业共生网络研究》，南开大学出版社 2012 年版，第 13 页。

电视台，造成双方都压力重重，部分演员收获与付出不相对称的超额出场费，受到社会责难也给他们及制作方带来不良负面影响。

"互联网代表这个世纪最了不起的东西，利他主义。……这个世纪一定是以我为中心，变成以他人为中心。"[1] 内容同质化竞争等，浪费挫伤传媒经济，传播内容生产精英化创制、渠道独占与条块分割而治阻碍传媒拓展，损害传媒平台形象进而降低传媒经济效益，均是自我中心的非经济短视行为。传媒集成经济因应企业和时代复合需求，规避过度竞争博弈的负面杀伤，张扬利他主义与利己主义的合作经济价值，以资源集成整合共进达成协同经济节约，促进和谐共兴共荣。

传媒产业集成经济形态和谐共生的高层次表现在于：经济发展尊重政治的反制作用，与政治上层建筑各个体系如法律、政策、习俗等相互谐和，决不低估传媒转型中，国家政治势力和其他社会文化因素作用，积极整合有益关系资源扬长避短；而且传媒集成经济发展，强调政治上层建筑领域作用，更尊重经济基础规律，在互联网思维、链接中介平台的服务为本、合作共赢等理念建树中，反推政治文化进步和社会移风易俗。因为兼顾包容的经济思想，整合有益政治文化等社会关系资源共进，所以传媒集成经济形态能够与上层建筑合作共赢，与其他经济系统将和谐共生作为社会关系优化发展目标，以此推广传媒集成经济合作共赢运营内涵，顺应互联网时代发展要求，引领产业和国民经济做强做大。

从实践层面，内容合作、经营合作、广告合作、市场竞标合作等共赢追求方式，传统媒体界早已有之，如报业采编内容互用转载，广告版面合作推广，电视台合作竞标优秀电视剧首播权，互相借助彼此阵地推

---

[1] 《直击乌镇：马云教你做生意的 3W 法则》，《中国企业家杂志》2014 年 11 月 20 日。

广传媒市场等等。互联网兴起后面临竞争生存压力，报业和出版业利益受损，现实威胁攸关共同命运。他们联合抵制新闻网站剽窃。2005年10月28日至11月1日，中国都市报研究会总编辑年会在南京召开应对新媒体竞争，共同签署《2005年中国都市报研究会总编辑年会南京宣言》，提出坚决捍卫舆论导向正确性和新闻事实准确性的经营底线；积极创新报业主体业务与新兴业务共同发展新模式，加强合作，联手发展，适应数字化生存挑战；坚决维护报纸的新闻知识产权。报界联合运用法律武器，加强知识产权保护，维护版权合法利益，改变新闻产品被商业网站无偿或廉价使用现状。不论是法律精神还是市场公平原则，保护原创是进步表现，但UGC用户生产内容占据上风，互联网新闻网站分化及其他策略共进，都市报合作又没有具体适应性有效行动路线，"合作维权抗争"无疾而终。但传统媒体在互联网时代冲击影响下，突破领域和区域条条框框抱团生存，采纳集成经济形态发展，取得合作共赢开始涌现。以三个案例区域范围为标尺，进行分层示之：

（一）我国行政省区域内传媒合作

山东大众报业集团2009年开始整合之旅。2009年，共同经营《潍坊晚报》。2010年，合作经营《沂蒙晚报》、控股经营《鲁南商报》。2012年，统一运营《牡丹晚报》。2013年3月3日，与青报传媒的合作，构筑起的统一有序区域报刊市场，服务推动地方社会经济发展，做大做强报业规模经济。标志报业整合进入新阶段，在全国报业整合中亦具有标本意义……

"主要领导都亲力亲为、积极撮合，发挥了不可替代的作用。"而以"产权联合、利益连结、文化融合"的路径结成利益共同体，遵循市场规律和意识形态阵地巩固要求，通过合作互利双赢共同发展方式，在省内各地报业资源集中集聚，产生 1+1>2 效应，提升报纸社会效益和经济效益，达到舆论控制力和影响力提升，本土意识、服务当地意识增强，激活报业生产力和市场潜力，推动当地文化繁荣发展，扩大山东影响。①

（二）我国国内跨省传媒集团合作

中国证券网记者从时代出版获悉，11 月 23 日，公司控股股东安徽出版集团与湖北长江出版传媒集团进行了合作座谈会，并签署战略合作协议。根据协议，双方将共同打造社交互助自出版与阅读平台；整合各自教育信息化平台，推动内容资源及产品应用在对方落地；合作开拓智慧城市建设等相关高科技产业项目；建立编辑联谊交流制度，联合策划出版重大出版项目；发挥各自渠道资源优势，为对方产品营销推广创造有利条件；在印刷服务、物资贸易、艺术品经营、教育培训等领域开展合作，开拓新兴业态，创造新的增长点。

在座谈会上，时代出版董事长王亚非指出，作为长江传媒控股股东，湖北长江出版传媒集团是湖北省大型出版文化产业集团，湖北省文化产业的龙头企业之一。安徽出版集团与长江出版传媒集团牵手合作，将推动双方协同并进、共赢合作，为各自跨地区多元发展带来积极成效。长江传媒董事长潘启胜则表示，此次来安徽出版集团学习考察、寻求合作，既深化皖鄂

---

① 王学文、卞文超：《服务地方和做强报业的双赢之举——记大众报业集团与青岛报业传媒集团合作》，http://paper.dzwww.com/dzrb/content/20130304/Articel03002MT.html。

两省出版业界合作，也推动湖北出版集团自身的发展。①

（三）我国与国际传媒合作共赢发展

　　澳大利亚广播公司（ABC，下称"澳广"）设于中国的澳洲佳（Australia Plus. cn）网站于近日正式上线，中国网民即日起将可收听收看来自澳大利亚的教育及娱乐节目。……Australia Plus. cn 网站在上海文广支持下顺利通过中国政府审批，同时也标志着双方自去年确立的合作关系进一步深化。目前，国际性广播公司之间进行互利合作已渐成潮流。ACBNews《澳华财经在线》曾报道，去年6月澳广与上海文广传媒集团（SMG）合作在华发布澳洲电视节目的交易落定，标志着 ABC 成为继英国 BBC 全球服务公司及美国 CNN 国际电台之后在中国进行媒体运营服务的又一西方广播公司。

　　SMG 上海文广和 ABC 的合作早在数年前已展开。2010 年7月，澳广和上海文广传媒签署合作协议，约定在广播电视内容上进行合作内容互享，当时内容合作主要锁定于两国文化风俗等内容层面。……SMG 其他国际合作方包括迪士尼、微软、DreamWorks 等。②

　　竞争造成经济交往和人文精神进化，而传媒集成经济倡导平等赢得信任、信任促进合作、合作达至共赢，其互惠共生追求推促传媒、其他产业与社会发展共生共进。"共生"概念源于生物学研究的重要发现，指

---

①　黄群：《安徽出版集团与长江传媒集团战略合作》，中国证券网 2014 年 11 月 27 日。
②　《"澳广"深化与上海文广传媒集团合作》，中国广告门户网，http://www.yxad. com/News/xinwenmeiti/News_ 147436. shtml。

细胞或个体内外生物之间共生组合的普遍法则。引用到社会学领域，学者创立的"共生理论"认为，共生是自然界、人类社会的普遍现象；共生的本质是协商与合作，协同是自然与人类社会发展的基本动力之一；互惠共生是自然现象与人类社会共生现象的必然趋势。"经济共生，社会中各经济主体之间相互依存、相互影响、共同生存、共同发展，此之谓经济的'共生'；任何经济形式以及处于其下的一般经济活动，对交往各方而言，都将推动其利益的增进，此之谓经济的'共赢'。"①

　　传媒集成经济内部共生与外部共生和谐统一。内部共生原则体现在：各个板块组合要素的自觉自愿集成管理；传媒集团产业集群内部的资源集成协同经济，传统与新型产业经济的集成整合等，均体现互惠共生的普遍法则。对外部共生的原则体现在：传媒集成经济拓张，以产业经济职能加深利益共同体的互为依赖，巩固人与人之间的互为服务关系，体现互联网时代的和谐发展进步追求，引领提升上传下达、纵横联系的传播功能与民意监督反馈使命，以社会共生共荣作为发展中心目标；从经济交往互动共生帮助人类摆脱传统媒体时代的宰制，摆脱地域空间、文化背景、国度疆界束缚，引领人们自由平等、公正交换资源满足生存发展需求，改变传媒被控制而又成为控制工具支配民众的扭曲角色，引领传媒重新回归服务核心角色与功能作用上来。

第三节　遵循生态文明发展的引领意义

　　发展是硬道理，但科学发展才符合人类内在需求、社会文明需求

---

①　星星主编：《共赢时代》，中国文联出版社 2000 年版，第 73 页。

和环境保护需求。有学者认为人类文明历程经过渔猎文明—农业文明—工业文明三个基本阶段，如今正迈向智能社会。不管每个时代以什么样的文明标签，冠以什么称号，站在历史大坐标系通观，全球曾经出现的许多文明形态，其由兴而衰的共同原因，主要是与生态环境不匹配——生态文明对其他文明发展具有根本制约作用。物质、政治、精神、社会文明等皆生存其上，且只有与自然生态文明和谐，才能持续维系文明地位与发展进化，反之亦然。传媒集成经济形态与人类文明与生态文明发展方向一致，因而成为我国传媒产业持续发展的优选路径，而且其环保友好型的优势对其他产业具有引领示范价值。

一、传统媒体产业对生态文明的伤害审视

工业化创造大量物质和精神财富的现代文明背后，却与生态文明共进规律严重背道而驰。"现代文明的生产—生活方式就是'大量生产—大量消费—大量废弃'。"[①] 异化人类劳动对象——自然界，也异化人类自我。"工业经济模式大批量消耗，生产主导刺激消费欲望膨胀、异化人类，使自然界遭到前所未有的破坏。政治精英以无限贪求权力的方式追求无限，商业精英以无限贪求财富的方式追求无限，极高明的哲人和虔诚的宗教徒则以精神超越的方式追求无限……现代工业文明则以科学的意识形态、资本主义的制度和无处不在的媒体劝诫、促逼、引诱所有人都以贪求物质财富的方式追求无限。这就是现代工业文明陷入生态危机的深层根源。"[②] 非科学发展充满不道德性和片面性，践踏生态、破

---

① 曹孟勤、卢风主编：《经济、环境与文化》，南京师范大学出版社 2013 年版，第 50 页。

② 同上书，第 162 页。

坏自然的非正义性大行其道。恩格斯警告自然报复人类的悲剧，发达发展中国家都在反复上演。

中国三十多年改革开放成就非凡，但乱铺摊子、乱上项目、急功近利、破坏自然的粗放式发展，使我们付出沉重生态代价和社会关系恶化代价，引发政界、学界和民众有识之士普遍反思、批判和抵制。科学发展观的提出，是党和国民正视现实的集体意志结晶产物。低代价发展是科学发展重要模式体现，"指人们在实践活动过程中，在最佳目标的引导和最优模式的驱动下，以最小的投入获得最大发展的一种发展理念"。① 低代价集约发展与合理发展实质一致，"合理发展是以尽可能少的代价换取最大限度地发展的发展，是一种低代价发展"。② 出于后世子孙福祉和可持续发展战略考虑，我国政府将生态文明建设列入十八大目标，彰显摆脱工业化现代文明双刃剑危害，与自然界和谐共进的科学发展决心。

传媒属于非直接破坏自然资源环境的高端文化产业，但间接负效应明显。传统媒体产业如书、报、杂志等出版，需要纸张、油墨、生产机械制造、运输、发行等环节，由关联产业供应链攫取自然资源转化。仅以报业为例，据中国报协对全国 65 家用纸量大的报社 2011、2012、2013 年用纸量的统计数据来看，2014 年比去年用纸量增加的有 25 家，增加的幅度为 38.5%，减少的有 36 家，减少的幅度为 55.4%，其中 4 家持平。这 65 家报社 2011 年总用纸量为 1699000 吨，2012 年总用纸量为 1580000 吨，2012 年比 2011 年用纸量下降了 7%。以此数据推算，2012 年报业用纸量为 344 万吨，比 2011 年 370 万吨用纸量下降了 26 万吨。③

---

① 邱耕田：《低代价发展论》，人民出版社 2006 年版，第 16/ 页。
② 吴惠红：《合理发展与理性的重建》，知识产权出版社 2010 年版，第 22 页。
③ 《2012 年中国新闻纸发展状况综述》，中国报协网 2012 年 12 月 28 日，http://www. paper. com. cn。

依照有关计算，一吨新闻纸需要木材 3.1 立方米，相当于砍伐马尾松 17 棵，仅 2011 和 2012 两年，以材料中 65 家报社的需求，就要供应 3279000 吨新闻纸，相当于 55743000 棵马尾松被砍伐（全国报社加上杂志社和书籍出版社等算起来更多）。这必然造成森林资源的极大损耗，而新闻纸生产、材料运输、用水、用电等损耗，关联生产链条污染，都会使自然生态环境遭到进一步破坏。杂志、广播、电视、电影的场地建设、物材设备等各种耗费，基础传播渠道设施建设，无需再引用详尽统计，即可推算出是一笔不菲的自然资源耗费。

若将这些生态负效应影响加总，再考虑其产业链总伤害，不管是从道德层面还是经济层面，或许会令高高在上的传统媒体经营者为之不安。何况我国传媒体系规模庞大、重复建设严重、浪费现象突出，不止一次的整顿"散、乱、差"行动，不只是传播市场净化清理，也足见其对环境造成的间接伤害。新兴互联网及移动通讯技术设备等，毋庸置疑同样存在大量物耗污染现象，但基于数字化和光电进步技术的传播平台，相较传统媒体每日节目生产与印刷出版发行，削减许多低端产业供应链，特别是环保方面要节省许多能源，而且相对来说更具有经济意义。传媒产业集成经济发展模式，因其运营尽量不浪费自然资源，符合生态文明建设要求，起到环境保护的直接和间接作用，生产服务转向集约化、信息化、智能化，节约人财物资源，更符合洁净、无污染等环保要求。

二、传媒集成经济环保型生态发展特征

互联网时代的传媒集成经济形态发展，建立在反省与抵制工业经济理性的基础上，并以此作为出发点和归宿点，沿循创新节流与集约开源两大发展主线，始终贯穿因应成本最大化节省、收益最大化回报的经济

思想原则。各个环节数字化技术改造，各要素板块分工协作无缝连接，平台整合资源有序无摩擦交往，推动产业经营转型升级优化，并开展自适性的健康市场经济扩张，递增互联网时代的传媒产业规模收益与范围效益。

因用户交互能力增强和平台强链接能力供给，传媒集成经济关联环节能源自动传递，透明化运作与人的复合需求交融互依，提升经营产销的定制针对性，大大减少生产、物流与消费环节及其他方面浪费，提高人财物力的综合利用率，减缓环境资源供应压力，由此可为自然生态作出间接贡献而泽被后世。最有价值的是传媒产业集成经济引领和辅助其他产业经济进行升级换代，改观国民宏观经济失衡结构和中低产业水平，在提高自身产业经济成效的同时，将集成经济节约思想从传媒扩延到用户和关联产业，最小投入最佳回报理念汇合成整个社会节约有形无形资源的共同行动价值，降低不必要的物耗能耗，缓和与自然紧张关系，最大程度解放自然进而解放人自身。

传媒集成经济还符合绿色环保的循环经济特质。循环经济"遵循生态学规律，将清洁生产、资源综合利用、生态设计与可持续消费等融为一体、实现废物减量化、资源化和无害化，使经济系统和自然生态系统的物质和谐循环，维护自然生态平衡。"① 传媒集成经济剪除严重侵害生态上游和下游产业供应链条，网络化改造大大提高清洁化、无害化生产水平；产业平台联结资源的合理重组与综合利用，以产业生态集群发展模式，不仅废物减量化而且内部各种资源关系循环增进，和谐生态友好型的循环经济视野没有废物，没有冗余，一切都是有价值的再生潜力资源，变废为宝，用于集成整合利用；推动传统产业升级，减少物化损失，以专业高效的信息流整合，带动商品流、消费流、物流、资本流

---

① 王晓林：《社会发展机制优化论》，中央民族大学出版社 2007 年版，第 274 页。

等快速循环流转，借助资本整合促进社会化大生产的资源集成和经济节约。总之，"企业可持续成长追求的不仅是经济效益，而且是生态经济综合效益，即经济效益最佳、生态效益最好、社会效益最优的三大效益的有机统一。因此，企业在进行创新活动时，要运用融生态与创新于一体的生态理念，在追求经济效益的同时，也要创造生态与社会价值，只有这样，才能推动整个社会全面可持续协调发展。"①

传媒集成经济发展因强化企业和产业社会责任，创造丰厚回报、前景诱人的污染最低化产业，以环保友好型的运营模式体现经济进步性，以经营自觉产生社会观念改造效应，形成循环经济的涵化扩散价值，影响更多产业经济主体。"从主体的视阈审视，循环经济实质上是一种自觉的经济形态。中国特色的循环经济社会发展机制需要政府、企业和公众共同努力创造。"② 传媒集成经济因应自身健康发展、生态文明建设、社会主体责任的复合需求，避免大量生产、大量消费、大量废弃的运行模式，节约资源降低环境破坏程度，讲经济发展道德伦理，科学利用生态系统循环资源，成为道法自然的生态友好型理想经济共生形态，引领其他产业及个人群体等不盲目生产消费，不因一时经济自私目标而祸害未来，发挥进步经济形态的涵化引领效应。

第四节　倡导人本主义精神的引领地位

人本主义的发展体现在政治文明进步、生态文明发展、精神文明提

---

① 饶扬德等：《创新协同与企业可持续成长》，科学出版社 2011 年版，第 105 页。
② 王晓林：《社会发展机制优化论》，中央民族大学出版社 2007 年版，第 280 页。

升中，以人为本的理念，更体现在经济增长的物质文明建设中。因此，产业经济进化理应义不容辞地承担人本主义发展职责。然几个世纪以来的西方主流经济学派，大批学者承前继后地精心构建的经济增长理论大厦，存在一个重大缺陷，即学界有识之士高举人文旗帜，对其深刻批判的"见物不见人"增长模式。传媒集成经济以人为本的发展内蕴，走出产业经济发展而压抑人性的难解矛盾误区。

一、传媒集成经济发展纠正物本主义危害

"孜孜于经济发展的追求并未使我们步入我们以为必然会随之而来的和谐社会；而且，它还迫使我们用一个更趋复杂、压抑天性、不近人情的由各种法规制度组成的体系来修补日渐垮塌的人类社会道德基础。同样由于忽视了人类高层次需要，我们所发展的经济贪得无厌，张着血盆大口，想咬一口吞掉我们脚下的地壳中所蕴藏的薄薄的矿脉。因此，将经济问题与人的问题割裂开来是十分愚蠢的，就像不考虑目的而孤立地看手段一样愚蠢。"[1] 在人文主义学者眼里，诟病颇多的唯 GDP 理论、重视统计数据、技术理性至上等，资本主导下人的主体价值物化或货币化，绝对自由化市场经济理念影响下的物本主义等，皆是工业主义、科学机械主义遗留的反人类遗产，无一例外地压抑人性，丧失人文精神。

"人们在共同创造和共同享受过程自然而然地会融入人际关系的精神因素，从这里我们获得了满足。而在市场，人与人的关系是一种非私人的关系，它的本质是物不是人。这是两者之间的主要区别之一。"[2] 传媒

---

① ［美］马克·A. 卢兹、肯尼斯·勒克斯：《人本主义经济学的挑战》，王立宁等译，西南财经大学出版社 2003 年版，第 360 页。

② 张雷：《媒介革命：西方注意力经济学派研究》，中国社会科学出版社 2009 年版，第 381 页。

集成经济形态实践，对完全市场化的物本主义进行纠偏，强调传媒产品服务最大程度满足人们的物质文化精神复合需求，达到以人为本、全面发展的经济行为最高境界。"以人为本的文化经济是对以土为本的劳动经济的历史性超越，也是对以物为本的技术经济的时代性优化和升华。"①

以集成经济的人气资源价值开发为例，其实质是争取互联网时代的注意力，而注意力经济饱含对人文的极度关怀。"注意力经济的提法实际上体现了一种人文关怀，它促使生产者盯紧消费者的注意力——这个注意力的聚焦之处，可能便是消费者的意愿消费之处，让生产去适应消费，而不是让消费一味地去适应生产。注意力经济学侧重从个人的注意力即用户的消费意愿入手，分析人们是如何使用自己有限的注意力，去获得有效的消费信息，从而降低人们的决策成本。不是以注意力获取本身为终点，而要关注注意力背后的用户意向，进入引导用户决策的领域。实践证明，从生产者角度不择手段争夺用户眼球，虽然获取了注意力，但那是无意义的。以电子商务网站为例，与尽量让用户在网上逗留更长的时间相比，帮助用户迅速地找到他们所需要的东西才是更好的策略。……同时，它要求生产厂商去关心和理解社会注意力的分布状况，作出符合社会真实需求的生产决策。当分散的消费意愿与注意力组成了有序的信息束，如果生产商在这些信息束的基础上进行决策和生产，就能极大地克服生产和消费两大体系之间的矛盾。注意力经济强调关注个人的真实消费意愿，强调生产目的是为了满足人们日益个性化的需求，重新扛起需求至上的大旗，体现出世纪之交经济学向人文关怀回归的趋势。……社会经济运行模式不再是生产什么、消费什么，而是需要什么、生产什么。消费者不再是被动地去注意商家的广告，而是商家主动

---

① 卢希悦编：《中国文化经济学——思维的醒悟与经济的崛起》，经济科学出版社2009 年版，第 6 页。

去了解消费者关注什么，才能真正进行有效生产，实现优化资源配置的经济学目标。"①

注意力经济因其强调和尊重个人的真实消费意愿，重视满足人们多元化个性化的需求，进行社会化集成经济生产，以有效服务人的正当复合需求为至上目标，体现经济回归人文关怀的本真价值。传媒集成经济发展通过用户客户的密切关系建构，并纳入板块管理体系，经营中积极促进生产商和消费者的体验经济合意达成等，携手将人本主义推向新阶段。

"人本主义对竞争的回答要点是，生产商与消费者合作以使消费者的利益得到满足，因为他们参与了指导生产的过程。……在人本主义经济中，生产商和消费者不再被看成是各自都想方设法胜过对方的天然敌手，他们是联合的，有共同的利益的。举例来说，生产商和消费者的合作就像一条河流中各自朝着这个汇合点流淌的两个支流。在这样的经济中，全面的社会调整越来越多地通过对以社区为基础的规划来完成，而不是通过竞争或控制。这种新形式的成功发展依赖于所有决策层民主进程实际上的扩大，而不是形式上的。从竞争原则向合作原则的转变不仅仅是制度上的，而是精神上的改变。"② 就像"经济人理性"与竞争理念的直接相关一样，人本主义的人与合作共赢是紧密相连的，他们相互强化人性的内在合理需求，相互促进人的历史主体意识，而且人本主义经济中，"个人和集体将会共同寻求一种规避竞争固有的代价和浪费的方法。经济活动的目标将是满足人类的最高需要。实际上，经济学家的竞争梦想太像一场噩梦。如果我们再有向往的话，让我们向往合作吧"。③

---

① 舒华英：《比特经济》，商务印书馆 2012 年版，第 284—285 页。

② ［美］马克·A. 卢兹、肯尼斯·勒克斯：《人本主义经济学的挑战》，王立宇等译，西南财经大学出版社 2003 年版，第 153—154 页。

③ 同上书，第 154 页。

　　传媒集成经济发展人本主义，处处彰显公平、公正、自由、自愿、平等、参与、互动等原则，恢复人的自尊。"翻开任何一本教科书，我们可以看到，经济学家的确更喜欢竞争、自由贸易和自由市场价格。但遗憾的是，他们对平等并不是持相同的态度。在我们看来，要使这门科学多少再现一些人性博爱，其先决条件是，必须终止对帕累托一百多年前提出的标准的迷恋。他的思想已使用太久，应该有一个最终的归宿了。我们最后的结论，应当是人类的尊严。"①

　　免费使用传媒产品、平台和服务，重视维护平等交往，传媒活动立足于现实产业环境，发挥经济主体人类的潜力、智慧、经验等价值，协同创造社会福利和经济福利，整合资源集体从事各种经济性创新，以绩效公益、开放合作、互利共享等精神满足人们的物质需求，同时满足社会归属感、自尊及自我实现等高级需求，让经济发展伴随人的灵性和天性全面发展，使传媒产业充满生机活力。2006 年诺贝尔经济学奖获得者埃德蒙德·菲尔普斯的认识一语惊人，他认为"好"经济应由从事创造性工作的机会来定义："非常重要的是经济为人们提供一种能够鼓舞精神、挑战智力、解决问题以及创作实践的职业前景，进而实现个人发展（自我实现）和各种成就（获得过程中独立、认可和自豪）的前景。"② 传媒集成经济弘扬人本主义与人文价值，理所当然地成为"好"经济形态。

二、传媒集成经济的人本主义引领价值

　　传媒集成经济发展中的人本主义集中体现，是高度重视人力最为活

---

　　① ［美］马克·A. 卢兹、肯尼斯·勒克斯：《人本主义经济学的挑战》，王立宇等译，西南财经大学出版社 2003 年版，第 123 页。
　　② ［美］查尔斯·李德彼特等：《网络协同》，旷野等译，欧阳武校译，知识产权出版社 2011 年版，第 132 页。

跃的资本要素价值。媒介制度变迁和制度创新的操作者最终是人，传媒经济转型实施者同样是人。传媒集成经济发展优势集中在：重视人在企业、产业进步中的主体地位，这是对传统媒体经营的反省与扭转。"长期以来，我国将媒介当作单纯的宣传舆论工具，不重视媒介的经营管理，以致经营管理人才、复合型人才匮乏。媒介的产业发展，需要大批懂经营、懂管理、懂宣传业务的职业经理人和企业家。"① 国力较量在经济基础，经济基础在各行业实力，而企业产业发展很大程度依靠经营管理者和其中职员。

"企业是市场的主体，企业是构成整个市场运行体系的细胞。企业能不能搞好，在一定意义上，关键在于人，在于企业经营管理者。大量事实表明，一个好的领导班子，一个好的企业经营管理者，可以救活一个企业；一个不好的领导班子，一个不好的企业经营管理者，则可以搞垮一个好的企业。中国经济的崛起，需要庞大的企业家群体。中国媒介的发展，同样需要庞大的企业家群体。"② 基于这种清醒，西方许多国家强调"三分技术、七分管理"，在成熟市场经营中，要求企业家拥有全面系统的专业知识和决策沟通能力，尤其要求具有长远战略眼光和经营头脑，更强调他们基于现实社会关系的人文底蕴和以人为本管理。

肯尼思·卢米斯（Kenneth D. Loomis）和安伦·阿尔巴兰（Alan B. Albarran）通过实证调查，在《经营广播集群市场：总经理的工作导向》一文中写道："被调查的总经理们特别强调中层管理者在广播集群成功中的重要地位，总经理认为他们的工作体现为4个实际功能因素：人、组织程序、财政绩效、私事与工作的优先

① 王桂科：《媒介产业经济分析》，广东人民出版社2006年版，第300页。
② 同上书，第309页。

抉择。调查研究发现：第一位因素即是以人为本导向，反映了经理们关注职员和他们自己；第二位因素为优先导向，包括三种工作与家庭事务交织却不得不处理的孰为优先事实；第三位因素是程序导向，即相关工作决定和部门头目交往处置问题等；第四位因素才是绩效因素导向，集中于财政和预算责任有关的组织成效。"[①] 由此可知，人的关系、人的利益、管理者之间及管理者与职员之间的沟通交流，在传媒经营中逐渐处于决定性地位，体现以人为本在传媒产业管理治理中的主导价值。

人始终是最重要的生产力要素，除领导决策者的关键作用与主体性价值需求实现之外，传媒集成经济从结构优化方面，让各板块的传媒员工自觉性、主动性、能动性等资源效应生发；绩效面前人人平等，促进相互之间信任水平提高，调动科技、物质等客观生产力要素资源潜力；不论出现什么困境，大家能够砥砺前行，齐心协力改进传媒内容产品和服务供应整体质量，改善经营水平提高产业效益。"传统架构和网络组织之间的比较可以形成组织行为的强大分歧。传统架构是低信任度的环境，其中，地位是根据垂直等级进行分配的。相反，网络组织是根据非正式的信任来水平运作的，而且是根据绩效来民主地分配地位。"[②] 平台联结市场的服务为本，发展改善生产关系，提高集群整体生产力水平，使经济效益与经济发展中的主体价值共同进化；特别是软资源整合发挥，高度重视人才在产业经济转型革新进程的根本作用。综观整个传媒集成经济发展，终极发展目标就是围绕以人为本的精神理念与人的价值实现。

---

① Kenneth D. Loomis and Alan B. Albarran：Managing Radio Market Clusters：Orientations of General Managers, *the jounal of media economics.* p. 171. Copyright @ 2004, Lawrence Erlbaum Associate, Inc. 2004.

② ［加］费雷泽、［印］杜塔：《社交网络改变世界》，谈冠华、郭小花译，中国人民大学出版社 2013 年版，第 175 页。

　　因为特殊历史特殊国情决定，改革开放后的经济发展中，急功近利导向，片面追求 GDP 增长，片面追求物质财富占有，片面追求成功，只顾眼前利益和效用最大化，诸如此类不以人为本、具有历史局限性的后果，集中表现为抽象的生产而去反对具体的活生生的人，比如漠视人的价值、人的快乐、人的幸福，严重戕害人性，危及人的和平友好相处关系。对此，许多传统媒体没有及时预警，反而过度歪曲舆论，负有相当大的历史责任。在社会关系恶化与人文扭曲惨痛教训面前，健全经济发展要将感性选择的"以人为本"价值作为导向，理性选择的"以效用最大化"作为必要补充和附庸。

　　互联网新媒介公司在创造种种经济神话，但传媒集成经济的人本主义，需要它们提供链接整合平台发挥经济功能，在政治文化方面服务人的自由与解放；社会转型期间，平民大众能够高效便捷利用传播平台资源，各种矛盾冲突在传媒空间平台演绎发展，返回现实世界后化解了直接对抗的力量，也降低政治组织活动与冲突解决成本，因而某种意义上满足了政治进步文明发展需求。而这种满足实现了人类创造媒介工具的根本目标，帮助人类摆脱各种实在性的束缚而走向自由、平等地交往与全面发展，决定其朝着传媒终极进化方向进军：从"媒介化的人"到"人性化的媒介"。

　　"社会的发展进程，就是人类逐步摆脱自身的、自然的、社会的各种束缚与压迫，实现最大自由与平等的过程。作为人的感觉延伸工具的媒介，其最大价值也在于帮助人们不断摆脱时空束缚，最大限度地满足受众在信息、知识、情感等方面自由、平等交流的需求。人的需求引领着媒体的发展方向。当传播理念发生转变时，传播实践层面也将发生变革。从技术和社会进步的角度看，媒介的终极进化方向不仅是各种媒介的融合，而且还要实现人媒合一，即完全打破信息制造者、传播者和接受者的身份界限，帮助所有的人，通过传播媒介随时、随地、随心、随意地收发信息，实现无障碍沟通和交流，完全按照自己的意志和方式满足各种传播需求。"①

本章小结

传媒集成经济因应互联网时代的复合需求，整合资源合作共赢，引发产业经营与管理形态双重革命，以摧毁建构兼具的革故鼎新力量，避免工业经济盲目生产、市场信息不透明成本消耗、政府干预非经济成本付出，防止市场和政府双重失灵；超越经济周期论，追求永续经济生态发展模式，呼应环保要求，成为经济领域引发新生产力的参与推动者；对个人、企业和产业科学有序集约发展，建树和谐共生共进经济关系，具有示范启示作用；作为节约精简交往精神、和谐共荣思想、人本主义等正向价值观的集大成者，其运行具备长久经济活力和竞争力，产生积极社会认同传播价值，整个社会环境都将深受影响。

传媒集成经济推进服务创新个性化、多元化、丰富化，致力市场交往共有、共治、共享，依托信任协作关系培育公共精神与权利责自觉意识，用户客户、传媒人员、其他产业参与集成经济实践，集体创建经济领域的开明民主体制环境，提升国民互利共赢交往素养，孕育涵化扩散自由、平等进步精神，不仅因应政治管理和社会秩序的理性需求，具有粘合群体的能量，而且修复生成新的和谐关系，形塑新的社会共同体意

---

① 李淮芝、蔡元：《新媒体的数字化生存与发展》，测绘出版社 2011 年版，第 115 页。

识，以经济基础革新对政治交往、文化进步、思想创新等产生引领功效，这正是马克思主义经济基础决定上层建筑的重要观点，在互联网时代的衍化体现——传媒集成经济发展优势具有改造整个社会的引领价值。

第十章 传媒集成经济理论
创新及实践发展

"在即将到来的时代里，我们拥有一个前所未有的机会去创造一个传播系统，它具有强大的力量推动社会的平等、人性化、可持续性和创造力，公正和自治是该时代的秩序。机会的窗口——我称之为'紧要关头'——不会长久地存在，我们将遭到那些势力强大、根深蒂固的公司和政治利益集团的反对，我们需要所有人的支持来赢得这场胜利。"① 互联网技术革命伟大之处是：已经形成符合人类需求的交互传播系统与环境，其全面降低人类交往成本，高效共享信息、物质和精神资源等进步影响无以复加，这些必然要求外在系统的增强协调与共进。

此外，"现代经济的系统网络，是一个严密的整体，各个部分之间如果不能得到协调，就会出现无谓的消耗，就会出现许多无用的劳动。

---

① ［美］罗伯特·W. 麦克切斯尼：《传播革命——紧要关头与媒体的未来》，高金萍译，上海译文出版社 2009 年版，第 2 页。

好的经济发展模式的一个重要功能就是使经济各个部分相互协调，这是使经济发展合力最大化的一个重要条件。经济发展模式的另一个基本功能是对人们经济活动形成激励。"[1] 传媒集成经济由相对单一经营模式转向集群产业的复合经济，产业链式结构转为平行网状格局；实体与虚拟经济从竞争转到互依互存；资源聚合追求独家发展转为服务整个国民经济进化，其满足互联网时代复合需求的系列转型，迫切需要政策规制由入口与末端控制转向过程控制，稳定静态管理转向动态因应管理，硬性管控转向市场契约为主，从而真正发挥进步经济形态的多重影响作用。

第一节 传媒集成经济的理论创新与未来发展

传媒经济与国民经济的双向互为互构密切关系非同一般。随我国对文化产业扶持力度不断加大，利好政策相继出台，作为文化产业重要分支的传媒产业经济在国民经济中的比例越来越大。国家统计局相关数据显示，"2013 年我国国民生产总值（GDP）增长率为 7.7%，与上年持平……2013 年中国传媒产业总体规模达 8902.4 亿元，同比增长 16.2%，较 2012 年上涨近 4 个百分点。"[2] 传媒产业规模增长远超我国 GDP 增长率的良好发展状况已持续多年，其被称为互联网时代最后的"黄金产业"绝非妄谈。它创造的国民经济价值，蕴含的变革现实无穷

---

① 郭万超：《探寻当代最优发展模式——中国经济大变革》，经济日报出版社 2012 年版，第 95 页。

② 崔保国、何丹嵋：《中国传媒产业规模将超万亿元——2014 中国传媒产业发展报告》，http：//media．people．com．cn。

潜力，推动其他产业进化的能量，可能会超出人们的想象。有学者对此做出极为乐观、令人瞠目的评价，他认为跻身国民经济第四位的中国传媒经济，"成为中国乃至世界各国的经济增长点。传媒业的快速发展加速了信息流的畅通，使市场运行效率最大化，资源配置最优化，使宏观经济的整体效率显著提高"。①

当前以 BAT 为代表的我国网络媒体公司，其集成规模经济与范围经济发展可用"辉煌"二字形容，众多传统产业因它们的介入引领而重新焕发生机活力。不过必须清醒的是，我国传媒产业经济在国民经济总量比例，跟发达国家比还有相当差距。研究者分析 2013 年中国传媒产业总值较五年前翻了一番。"传媒产业未来五年还将保持较快速度的增长，产业集中度和行业整体实力进一步提升。初步预计，2014 年中国传媒产业规模将超 1 万亿元人民币，2018 年达到 1.6 万亿元，文化传媒产业整体规模超过 5 万亿元，GDP 占比达到 5%。"②

但西方发达国家传媒产业总值在 GDP 中早就超过 5%，这意味着我国传媒产业未来一段时期还有很大发展空间，还有较长的赶超之路要走，同时表明我国传媒产业经济的机遇和前景十分诱人。在社会变动不居的互联网时代，历时性与共时性经济行为频繁，个人和群体、社会、传媒产业、生态文明发展等需求勃兴，政治、经济、文化全面发展需求扩张，共同汇合成时代的重叠交织复合需求市场，它们都对信息管理中枢环节的传媒系统寄托深远。而经济收益走向日薄西山的传统媒体面临转型发展紧迫问题；如日中天的新兴网络媒体同样遭遇永续发展问题，新旧传媒产业都急需最优运营路径探索和科学系统理论总结指导。

本书正是针对我国传媒面临的互联网时代市场环境新变、产业供给

---

① 唐凌：《传媒经济对中国经济发展的影响》，《经济研究导刊》2013 年第 33 期。

② 崔保国、何丹嵋：《中国传媒产业规模将超万亿元——2014 中国传媒产业发展报告》，http：//media. people. com. cn。

结构改革、经济格局重组、发展形态转型等问题，因应传媒产业发展效率效益可持续内在需求，构建互联网时代"传媒集成经济"理论体系，研究其特质及运作策略优势，完成理论对策创新的突破使命。在我国传媒发展及国际赶超中，发挥适得其时、适得其势、适得其所的理论指导价值，并起到社会发展层面的引领作用。

一、传媒经济学理论创新发展

（一）创新发展传媒经济形态概念与对策研究体系

研究借鉴集纳信息经济、比特经济、体验经济等理论精髓，吸收传统经济学的产业集群经济、投入产出效率、交易费用、竞争合作、新增长理论等精华，尤其对接传媒市场和技术发展独特性，杂糅传播学、现代管理学、社会学、心理学、政治学相关成果，整合各科关联理论交叉互补，结合现实特殊国情、时代背景，承继规模经济和范围经济理论之长而规避其短，创新性提出传媒集成经济、传媒集成规模经济与集成范围经济等概念，突破工业时代传媒规模经济、范围经济发展到一定阶段，则处于天花板效应限制的窠臼束缚，勾勒出互联网时代的传媒产业突破困境并高效运作的最佳路线图，建构了因应社会复合需求的传媒集成经济对策理论体系。贯穿其中的还有系列交叉创新的研究理论观点和对策建议，意在多方面指引互联网时代传媒经营管理全方位革故鼎新。这些费尽洪荒之力下的总结与建树，一定程度丰富了我国传媒经济学理论形态，为本学科大厦尽了增砖添瓦之功。

（二）创新传媒集成经济与其他产业及社会共兴共荣发展理念

传媒集成经济全力追求发展的双重效益，创造性地贯通企业微观经济要素结构优化、产业中观经济平台联结、社会宏观经济资源整合拓张三个层面，整体解决互联网时代的传媒产业组织再造、规则再建、观念更新、成效评测等实践问题矛盾。其发展形态立足点和目标方向，倡导传媒升级产品内容水平，创新盈利增值方式，整合有益关系资源，形成多样化网络新生业态效益，走出依靠媒介资源硬性剥夺造成的不公结局，超越传统媒体攫取垄断利润的扩张局限，警惕新媒体大公司过度野蛮扩张与争强斗狠的恶性竞争等耗费。它既强调与其他产业及国民经济共生共荣关系，又强调社会效益和产业合作福利的正外部效应，还强调人本主义经济追求。凝结于对策理论体系中的共兴共荣、互利合作经济思想，集成服务经营主导的高效节流开源并行经济原则，促进各产业通力共创共享丰厚福利，宏观上有助于提升国民经济总体水平壮大基础；中观上有助传媒产业和相关产业获取最优效益提高社会影响；微观上有益用户客户等深广满足物质精神增长需求。因此，集成经济发展的创新价值，最大程度因应了时代复合需求，必将成为指导我国传媒经济可持续发展的理性选择。

二、产业经济学相关理论创新

（一）传媒产业链到产业集成网络的运营治理战略创新

互联网时代传媒产业发展，不单是产品、渠道、服务等单一环节和链条竞长，而是整体产业网络高度协作能力、市场开发能量、集体经营成效及管理价值高低之争。所以，本书研究创新设计的传媒集成经济运行战略，从链式单一结构、层级垂直管理、线性信息传递，转化为有机互动综合网状板块集成平台联结，从而以完善健全系统结构功能，拓展扩张经营范畴，延展复杂交往时空。体现集成经济发展创新优势之处是，因应信息流、资金流、关系流特别是用户变动流，跳出狭隘运维格局打通经济持续交流最后一公里，联通物联网、商务网、信息网等，构筑微观中观宏观三个层面资源互为支撑、总体协作、共赢发展的庞大高效传媒集成经济循环网络生态圈，满足所有关联经济体的复合需求，雄心勃勃地影响更大范围产业命运；此外，管理转向集体合作治理，联合其他产业、社会关系等资源，高度压缩信息内容生产、服务营销渠道、接收终端反馈和用户市场交易环节耗费，提升经济生产力水平，辅助各方快速做出正确决策，减少产销盲目性造成的双重市场风险，突出服务为本理念的有益有力有效，彰显集成网络战略发展创新的目光远大。因此，传媒集成经济形态当前生机勃勃，前景风光无限，并产生搅动社会全局能量，改善生产关系，最终福照国民经济整体。

（二）产业静态假设理论推演到动态现实的对策与时俱进创新

本书建构的传媒集成经济理论体系，打破传统产业经济学对产业经济静态的、刻板化的假设性研究，围绕积极经济活动蕴含的思想价值和进步精神，引发个人、群体及产业主体的精神风貌变化，探索广阔社会变迁图景的传媒产业主动变革转型动力体系。其对策创新在于始终保持与时俱进的危机意识，维持传媒应变环境、整体寻优的适者生存发展优势，在吐故纳新、辞旧迎新的经营管理进化提升中，以内外联盟与关系合作制胜的进取，集体协同预警防范的自觉，获得经济共同体的稳定持续发展。这种与其他产业经济命运关联的集成经济适应性优势，克服传统产业与新兴产业隔行如隔山的界限，在新市场交往运行中发展战略协同性规约，保证多元经济体、多层经济面健康发展；克服集权管理自造壁垒弱点，应和混合产业创新需求，设立合理可靠良好交往交易信用制度、协调规则机制与刚柔并济监督规范措施，明确各方主体的权利责，发挥产业互促功效，推动整体升级换代；克服供需脱节错位断裂，集成社会关系资本，拓展产业经济需求，供应清晰便捷的网络链接广阔反馈服务通道系统，用最小投入产出最大效益，保障所有参与主体共同盈利，从而使产业经济学进入到一个新突破境界。

三、传播学相关理论拓展创新

（一）复合需求与满足对传播学受众需求满足理论的拓展

本书设置一章阐述用户客户的主体、主导、主动性特点，凸显用户客户资源的重要性，这是互联网时代的传受关系巨变所致。以前大众传播学中的受众需求与满足理论，研究传媒受众为主体对象，创造出受众需求与满足理论。本书扩大研究的视野范围，将传媒经济行为研究的服务对象，转向互联网时代的复合需求与满足。传媒集成经济满足传媒经营者地位声望保持等内在的主观需求，政治上层建筑功能发挥与影响力保持的外在需求，也满足产业市场进化、资本逐利、技术进步、广大用户和客户的主客观需求，甚至政治经济文明、壮大绿色经济成分服务自然生态文明等复合需求。复合需求与因应性满足的提出，是时代大势审查基础上的理论集成总结，是传播学中受众需求与满足理论的新拓展，也是经济学中用户消费者偏好理论的新拓展。传媒集成经济针对现实的理论综合性突破，不同学科理论交叉创新价值，大大增加了经营治理实践方面的全面指导价值。

（二）传媒集成经济思想嵌入式传播拓展涵化与扩散功能

传媒集成经济拓张传播功能，提供更多适合时代公共品，平台赋权共享支持民众话语表达，增进人们消费娱乐、情感沟通与生活新体验，互联网技术精神随之嵌入社会各个层面涵化并扩散，凝聚人气资源成就网络经济效益优势。传媒集成经济跨界拓张扩展传媒职能，不投机取巧，不拔苗助长，整合政策、文化、经济、市场等外在资源，嵌入到经济大生态圈中进行集约化节流开源，发挥集约型发展模式因应时代复合需求的又好又快经济引领主导作用；促发产业经济转型发展的多重涵化扩散能量；涵化扩散政治改革价值与经营文化完善正向意义。研究以传播学涵化理论与扩散理论为依据，拓展传媒集成经济在交往实践中的先进思想，集成人际、群体传播自我教化扩散力，重塑个性多样化需求满足的社会认同、公共原则、关系和谐等理念，达到深广传播功能延伸拓展的社会效益目标。托马斯·杰弗逊有句富有哲思情怀的名言："谁从我这里接受一个想法，他本人就获得教益，而并不减少我的教益，就好比谁用我的蜡烛点燃了他的蜡烛，获得了光而并不使我的光变暗。"①点燃蜡烛照亮他人，不会给自己带来黑暗；同理，传播思想无损于思想传播者，还利于他人，我们相信，饱含进步思想与价值的传媒集成经济形态，会走得更扎实、更长远、更富有成效。

四、传媒集成经济理论未来创新取向

虽然抱着理实结合、学以致用的学术理想，力图在经世济人方面有独到的智识贡献，但在学理日渐完善、精深细化、快速更新的时代，没有谁敢妄称穷尽哪怕是某一方面的真理，本人更不敢自负地认为建言立说完美无瑕，相反，回视本书，至少存在如下理论不足与缺陷，也是值得未来继续拓展创新之处。

（一）实证方法需要创新与一手资料加强

在今天实证方法炙手可热并得到普遍认同的学界，由于自身财力不济、精力不够、能力不足，难能从事一些实证性或调查访谈等基础性的准备工作，不能获取充分的第一手数据材料和案例，利用一些分析软件进行大量统计性图表展示各种关系，来充实巩固所建构的理论体系基础，所以必须承认：从方法论上，这是理论创作与创新中的明显不足之处，何况自己还一直宣称是对策性的、务实性的理论体系建构！实事求

① Garrett Hardin：The Tragedy of the Commons, *Science* 1243, 1968. p. 162.

是地说，"互联网时代的传媒集成经济"研究中的论据支撑材料，不过多从网络专题报道、学术论文、相关专著等他人之处获取，然后做些集成分析、提炼和归纳总结罢了。所以今后本人要对这方面工作加强，确保对策研究具有更扎实根基与实用价值。

（二）模型建设需要创新与研究深度继续开拓

微观经济学中的各种模型建构、精致完美的数理推演以及新颖假设关系论证等，流行多年至今风头不减，可惜恶补微观经济学两年有余仍然参不透个中深奥的本人，只有甘认水平不足，不能够拿出来看起来非常有学术特色的数理模型，也没有敢对此有所涉及，深感遗憾之余，唯有看到西方媒体批评"黑板经济学"脱离实际、过于数学化推理的文章时，包括我国学界对这些研究的反思时才略有心慰，作为掩耳盗铃般的自我解嘲依据！如 2015 年 12 月 17 日《中国社会科学报》发表朱富强的《破除经济学的计量实证拜物教》，2016 年 3 月 16 日《中国社会科学报》发表《世界经济》编辑部主任孙杰的《综合看待运用经济学研究范式》等。《中国人民大学学报》副主编武京闽在《全国高校文科学报主编呼吁——催生"新学报体"》，结合自己十几年经济学编辑经验对许多文章很少创新印象深刻的讲话：尤其是这些年，搞经济学的人都转向数理分析，虽说方法上有进步，但发展到后来，也出现了滥用现象，好像没有模型与数理分析就不是经济学研究，或学术性就降低了，而文章本身的思想性反而少人关注。①

加上本书涉猎学科较多，内容亦相对繁杂，传媒集成经济方面的前人研究成果比较少，可供参考的文献特别国内和国外传媒集成经济的研究凤毛麟角，（集成经济一词的翻译找不到完全满意的对等英文，只能

---

① 薛明：《社会科学报催生"新学报体"》，2013 年 5 月 25 日，第 1395 期第 5 版，http://www.shekebao.com.cn/shekebao/2012skb/xs/userobject1ai6958.html。

根据其大致意思搜索和搜集传媒集群等相关外文文献。）尽管做出资料采编引用的种种集聚努力，但互联网时代的传媒产业经济理论可资借鉴者终归稀缺，其造成的后果是难以支持自己向纵深和广度开拓；同时因自身学科背景与半路转向传媒经济学，也不敢过多"拿"来经济学的一些理论概念和操作模式，汲取西方的市场整合营销管理学内容等，包括嫁接较为对口的西方传媒经济学知识理论，没有太多学术底气，导致著述在一些地方只能浅浅而论，在此方面同样需要以后研究继续努力探索，以弥补上述学术创新中的短处。

（三）理想观点更需因应对接现实创新

传媒集成经济的发展形态，基于互联网时代的进步技术精神以及网络经济的平等共利意识，必然倡导合作互利共赢、人本主义等包含在其经济运营生态中的进步交往思想，而且作者还将其视为理论创新的一个要点。然而在市场经济规范还不健全，居心叵测牟私利者及无法无天各类强者蓄意制造的现实残酷竞争环境中，传媒产业经济遵循这种方向的实践，难免理想化色彩过浓，可能在短期内会遭遇挫折和损失，从而削弱理论直接的现实指导价值。

其他不再多言，在本书即将付梓，网上又传来阿里与京东爆发的口水战，再度成为媒体热炒的话题：随 2014 年京东、阿里两家公司一前一后赴美上市，募集令人羡慕的大批资金，媒体将他们两家标签为中国电商行业二虎相争格局，而且不断渲染他们在服务产品、渠道入口、广阔农村布局、店庆节日促销、商业模式等"明争暗斗"。尽管马云对"京东模式"放出悲观论调不过相对私密的澡堂交往谈话，但媒体报道的用词与口气，尽管有周到分析，但还是将他们之间的竞争炒作为主题！如果事实果真如此，那么，著者倡导的传媒集成经济合作共赢发展等思想，可能还只是一个理想！

肯定还有其他地方令方家不忍卒视！而自己已经身在庐山不知云深

处，仅仅当上述不足自省过后，皓首穷经搜肠刮肚建构的"互联网时代的传媒集成经济研究"理论体系，只能算作自己的学术追求过程中，心有余而力不足的阶段性总结。因此敬请来自不同学理背景的方家批评指正。当然，今天我国传媒因应互联网时代的复合需求进行经营管理转型过程中，产业经济做强做大做活的发展进化提升进程中，若该理论体系能为实践派的优选项中之一，于其操作运行有所参考与启发价值，则本人将备感欣慰矣。

正是因上所述，传媒集成经济理论体系的进一步创新、完善与突破，需要研究共同体的智慧集成与学术聚力。在传播技术、传播市场、传播关系发生重大变化的互联网时代，我国传媒经济理论研究紧跟业界实践，许多学者呕心沥血思考、研究与孜孜汲汲建构，近些年取得诸多领域长足进展。但由于传媒条块分割等外在体制因素，我国学者的相关理论研究思路还稍显狭窄，视野开阔度略显不够，理论体系深度有欠缺，尚未完全对接我国及世界传媒经济发展突变态势——互联网时代市场经济主导的传媒格局发生着全方位激变，传媒经营运行规律颠覆式进化，但传媒产业经济的研究多泛泛而论，或做些碎片化、经验式总结，或割裂传媒与社会其他系统关联，不能从更阔大国民经济总体共赢发展层面，体现高屋建瓴般的前瞻性理论指导价值。互联网时代的"传媒集成经济初探"，尽管有相当的突破性创新建设之处，然著者深知：传媒组织机构层面的资源要素集成板块结构优化重组，需要实践反复检验；三个层面的集成经济运营体系将产业资源贯通但还粗浅；传媒集成经济优势与价值总结也没有做到更深层次的探究；社会引领与涵化价值推广，看起来很美而施行效果如何？特别耿耿于怀的是没有建构令经济学人信服的完整精致假设模式。因此，本书充其量也只是一个抛砖引玉的开端，希冀集成聚合更多的传媒经济学术研究有识之士，以集体智慧的共同努力与联合创新，构筑起互联网时代我国传媒集成经济研究的坚实理论大厦基础，丰富完善我国传媒经济学研究的本土化理论体系。

第二节　传媒集成经济的实践成效及外在条件

互联网在我国 30 多年发展至今，其对人类福兮祸兮的争论之声，由崛起之初的甚嚣尘上到很快平息，再到今天对其深广改变能量的强烈认同：互联网传播触动原来政治经济文化利益格局，改变人们原来习惯的生活秩序，更新诸多原有的交往观念等等，深广作用力依然势头不减，成为各界关注的热点焦点现象，而有关互联网经济形态的创新探索与适应性实践，更是前行步伐如风。

我国传媒产业以集成经济发展作为优选路径，是因其运维战略方向和操作具备多重优势，能够取得经济、政治、文化等多元综合效益，有效满足时代的复合需求。社会科学研究结论认为，行动者不仅在行动期间相互依赖，而且在社会关系、制度和文化道德方面也存在互相依存的关系。① 从当前社会总体情状分析，我国传媒集成经济的健康运营及成效获得，除了掌管拥有资源产业经营主体进行主动内生性自我改造，还需要外部系列条件的保障与推动。

一、创新完善管理规制体系，是传媒集成经济发展有力保障

"一旦出现下面状况中的两个或三个，那么媒体和传播的紧要关头

---

① ［瑞典］汤姆·R. 伯恩斯等：《经济与社会变迁的结构化——行动者、制度与环境》，周长城等译，社会科学文献出版社 2010 年版，第 71 页。

即将来临：新的传播技术革命摧毁了现存的制度；媒体体系的内容，特别是新闻业，其可信度逐渐下降或者被视为非法；出现主要的政治危机—严重的社会失衡—既存的秩序不再发生效应，出现重要的社会改革运动。"① 这并非危言耸听，某种程度上，作为社会管理与精神文化意识形态阵地的传媒体系，其信任度与影响力下降或趋于崩溃，即意味着变革不再久远。党和政府主要领导对此预兆早有警觉，并一再对传统媒体组织机构发出改革发展告诫与激励之声。

传媒集成经济健康发展与经济基础密切关联，与上层建筑各方面也相辅相成、相互促发。传媒集成管理机制的诸多正向作用发挥，有利于我国传媒产业利益的拓展，有利于社会功能的延展。这需要市场经济制度的建设完善保障，及其规范主导下，促发政府职能与社会关系转型。目前来看，尽管政府一直在努力，而一些情况不甚理想。主要原因是"市场机制被现有权力和社会关系所俘虏。进一步转型可能会出现制度不匹配和制度真空。为了可持续发展的目标，通过正式制度的构建，实现'从管理型政府到服务型政府'和'从关系型社会到规则型社会'两个转变也就变得越来越重要。"② 市场关系和产业组织制度创新与健全制度规制约束引导结合的重要性无需多言，政府管理思维创新才是真正推动打造与维护公平市场环境，调动市场配置资源积极能量，服务传媒产业转型发展，支持传媒集成经济形态壮大的基本条件。

诺思关于制度激励功效的观点很明确，即："对人的刺激和激励离不开制度结构，而刺激和激励人的制度结构有优劣和好坏之分。好的制

---

① ［美］罗伯特·W.麦克切斯尼：《传播革命——紧要关头与媒体的未来》，高金萍译，上海译文出版社 2009 年版，第 12 页。

② 王永钦：《大转型：互联的关系型合约理论与中国奇迹》，格致出版社、上海人民出版社 2009 年版，第 220 页。

度结构使人们做利于经济增长的事，不好的制度结构则驱使人们做不利于经济增长的事。"① 诺思还进一步指出："制度是社会的博弈规则，或者更规范地说，它们是人为设计的、型塑人们互动关系的约束。"② 促进传媒科技创新和新产业形态发展，政府有必要设立符合传媒产业经济规律的激励政策，例如积极贷款政策、税收激励政策，直接投资和间接投资方式放宽，上市程序简化，严格奖优罚劣等，具体政策还包括消除不必要的价格干预和政策差异，以普惠式政策减轻负担，铲除地方保护主义形成的各种资源流动壁垒等。

"然而核心问题不是政府进行产业选择和以特惠政策鼓励扶持，而是消除科研成果市场化转换的体制机制障碍，改善法制环境和市场竞争环境，创造公平竞争的市场环境，保护和鼓励创新，通过市场选择促进新技术新产业发展。因此要实现经济再平衡，促进产业结构合理化，必须推进政府职能转变，减少政府对市场的干预，转到以向全社会提供公共服务和维护良好的社会秩序、市场秩序为中心任务的轨道上来。改善政府公共服务职能，促进技术创新和知识产权保护，改善人力资源供应，促进金融市场竞争、拓宽融资渠道，促进行业组织发育、提供政府信息服务，强化资源环境保护、限制污染排放、促进能源替代，以及在少数市场失灵的关键领域由政府组织技术攻关、推进产业化发展。"③

对传媒产业经济发展来说，适应互联网时代与网络经济环境的市场创新机制建设尤其重要，因为"经济运行机制是由经济环境、配置机

---

① ［美］道格拉斯·C.诺思：《制度、制度变迁与经济绩效》，杭行译，上海人民出版社 2008 年版，第 322 页。

② 同上书，第 3 页。

③ 节选自王小鲁：《关于"十三五"期间产业政策转型的思考（独家）》ht-tp：//www. chinareform. org. cn/people/w/wangxiaolu/Article/201506/t20150624_ 228152. html。

制、自利行为规则、社会目标等共同组成的，具有发展导向、资源配置、动力驱动、社会调节等功能"①。但条块分割管控模式，人为形成传媒要素市场重重壁垒，限制专业化分工和资源流动，不利于全社会建立统一大市场和资源交换规范体系，不利于交往信任和社会大生产融合，不符合互联网思维和技术精神内蕴，且阻碍关系型社会向规则型社会转变，阻碍我国传媒产业集成规模经济和范围经济实现。

鉴于此，站在整个人类发展历史大局透析，处在转型困境中的我国传统媒体产业，不能因一时失势抱怨市场法则无情，市场法则实际却最有情！政治体制唯有呼应互联网技术引发的全局变化现实，因应和满足时代复合需求进行全面改革，辅助新旧媒体融入全国乃至全世界市场，发挥传媒集成经济形态运营优势，传统媒体产业才能转型重振，网络新媒体产业才能持续发展进步，从而实现我国传媒产业供给侧改革发展转型和产业升级换代的核心任务目标，服务社会全面进步。正如诺思所说："人类为了规范政治、经济环境所创建的结构是经济绩效的基本决定因素。这种结构提供了一种激励机制，人类根据这种激励作出选择。……经济运行中的正式规则是由政治体制来定义和保证实施的，因此政治体制是决定经济绩效的基本因素。"②

二、适度加快政治改革，是传媒集成经济持续发展牵引力量

有学者认为经济政治力量与既得利益集团结合，"加剧社会不公正并阻碍经济政治力量与利益集团的结合，从而加剧社会不公正并阻碍经

---

① 王晓林：《社会发展机制优化论》，中央民族大学出版社 2007 年版，第 174 页。
② ［美］道格拉斯·C. 诺思：《理解经济变迁过程》，中国人民大学出版社 2008 年版，第 46—47 页。

济的进一步发展。"① 因此，要将权力关进制度的笼子，权力不能继续
"任性"。仅从不当过时的产业规制看，许多时候没有消除和遏制市场
失灵，还导致操作腐败与浪费的政府失灵，整个市场经济公平、公正、
公开、透明环境受到破坏。

所以我们需要发挥民主政治对经济基础的有益反作用，及时高效跟
进互联网时代复合需求进行系统改革。因为"经济的关系在产业融合
的条件下，大规模的间断性变革行动本身已表明其变革时机的丧失。但
如果只是采取一些零散、不连贯的措施，也无济于事，难以应付这种变
革。"② 当然，出于现实国情和社情复杂性的考虑，制度变革不可过激，
因为"制度的成长是一个内生性和自适应的制度过程，任何激进的完
全人为的强制性的制度移植输入必然带来灾难性后果。而渐进式制度成
长可以有余地很好地把握改革的性质和方向，处理好改革、发展与稳定
的关系、改革与开放的关系，能够注意推进全方位改革，注意发挥基层
和领导层的合力作用"。③ 传媒特殊的产业身份背景，更要集合众智集
思广益，谨慎持续改革不合适的制度规制部分。

马歇尔曾发出的警告，有益我们对于传媒管控制度稳进变革的理
解："制度必须适合人类，如果制度的变化比人类的变化快得多，就不
能保持它的稳定性。因此，进步的本身就增大了以下警告的迫切性：在
经济界中，自然是不能飞跃的。"④ 我们期待合理科学的政府规制及时
改进出台，促进传媒集成经济发挥多重优势，产生社会涵化价值，成为
助推上层建筑改革的良性循环互助力量，在彼此共进与提升发展中，对

---

① 王永钦：《大转型：互联的关系型合约理论与中国奇迹》，格致出版社、上海人
民出版社 2009 年版，第 171 页。

② 周振华：《信息化与产业融合》，上海人民出版社 2003 年版，第 301 页。

③ 郭万超：《探寻当代最优发展模式——中国经济大变革》，经济日报出版社 2012
年版，第 164 页。

④ 吕静：《马歇尔》，中国财政经济出版社 2005 年版，第 112—113 页。

经济基础产生更有利的反哺作用。查尔斯·林德布洛姆从哲学政治的高度深刻认识到:"不管是政治学或者是经济学,从一定程度上讲,由于它们各自孤立地研究问题,都已陷入了贫乏枯竭的状态,结果是两头空。"① 观照实践方面,更是如此!

三、创造良好市场环境,是传媒集成经济发展进步支持力量

我国传统媒体在互联网时代竞争中渐显颓势,既有上层管理体制问题,也有中间经营管理者责任,而从根本看,转型发展需面向社会和市场,趟出一条符合国情实际的最优路径。传媒集成经济对市场需求十分敏感,对用户要求全力满足,其实施借重良好市场环境蕴含的积极因素,整合各种支持性资源,发挥出传媒企业家特殊群体的敢于冒险、积极进取、勇于创新等主体要素作用,实为优选经济形态。但社会最大的管家——政府,清醒自身角色定位,充分行使社会职能,最为至关重要。有人分析、解剖阿里成长与上市经历后认为:"为了顺应未来新业态的发展趋势,理应保持和创造完全竞争的环境和生态,政府需进一步扮演好规则制定者与公平竞争环境保护者的角色。从新业态的演化方向看,第三次产业革命不但正在改变人们的生活方式,也在改变工业革命以来的生产方式。未来的高科技产品的创新、智能化的制造、各类专利技术的转化,可能都会以全新方式实现。随着数字化和互联网的结合,在技术转化和产品配套的很多环节上,中小企业是主体。为此,我们亟须借鉴阿里成长的经验,为未来创新企业的繁荣创造充分有序竞争的市

---

① 郭万超:《探寻当代最优发展模式——中国经济大变革》,经济日报出版社 2012 年版,第 15 页。

场环境。"① 传媒集成经济的健康发展，必须有这样的合格市场环境空间保障。

对于影响传媒集成规模经济与范围经济作用力巨大的资本市场，传媒借助其力提升产业经营水平，需要政府维护该市场秩序与安全，以利于社会经济更利于传媒经济发展。学者们呼吁建立多层有序、结构合理、运行安全的统一资本市场体系，这是我国金融市场快速健康发展的有力保障，同样是中国网络经济快速发展的资源基础。"整个融资活动及相应的风险资本市场的组织和制度安排，必须能有效地控制信息不安全和信息不对称所导致的逆向选择和道德风险问题，降低融资过程中的交易成本。"② 比如上市建立准入与退出机制，供给资本市场不让垃圾股随意上市，成为垃圾股应该尽快退市，组建相应监管机构，确保中国传媒上市与资本市场外部环境良好。在防止国有资产流失的前提下，还要完善传媒产业产权制度，尽快理顺产权主体权利责，转变产权关系不明晰问题，以对应资本市场交易运营的根本要求。如赛迪传媒上市公司，背靠信息产业部、原铁道部两大部委，如今却要依靠关联交易、腾挪资产弥补亏损、勉强保壳，令人深思。虽然有外部经营环境恶化的原因，但公司如果在平面媒体的冬天来临之前就未雨绸缪、早做准备，相信情况要好一些。其根本原因可能与机制有关。长期以来，信息产业部计算机与微电子发展研究中心的领导兼任赛迪传媒的董事长，政企不分，焉能有好的发展？③

---

① 左晓蕾：《阿里成功带给我们的财富》，人物频道—中国改革论坛网：http://www. chinareform. org. cn/people/z/zuoxiaolei/Article/201410/t20141016 _ 209004. html。

② 张蕊编：《中国网络经济发展理论实证研究》，西南财经大学出版社 2010 年版，第 149 页。

③ 牛勇平：《媒介经济学理论与市场分析》，经济管理出版社 2011 年版，第 199 页。

四、理论因应人本追求，是传媒集成经济指导价值实现的关键

传媒集成经济活力在于拥有的产业资源数量、质量和交互活跃水平。传媒集成经济的发展张力在于传媒平台与其他产业及社会共享福利。传媒集成经济的合作共利在于竞争共进发展生态。传媒集成经济具有网络经济属性，其运作的开放性、机动性和因应性，决定了运营实践决不可妄想藉此一成不变、一劳永逸，或一网打尽所有其他当前仍有效有益的经济形态与发展模式。因此，创新的理论对策体系也要在承继中不断突破发展，在集成有价值养分中不断创新提高。

作为与外部资源不断平滑交换的系统动态复杂过程，作为新兴的经济引擎和发动机，传媒必须善于整合其他系统的相应配套条件资源，根据创新主体条件、创新要素及结合方式、创新环境变化，有针对地选择最适宜的集成经济模式，保持从业主体内在的自我更新与忧患意识，催生外部的交往活力、拓展张力和合作能力，才能巩固和发展相对优势与持久优势。而传媒集成经济作为创新性的实践经验总结与理论提升，在互联网时代多变活跃的经济形态中，始终把握与时俱进的姿态，吸纳其他先进经济的思想，不断取长补短完善理论，紧跟实践创新开展理论创新，永葆理论对策的指导地位，才能实现引领涵化等功能价值。

当然，市场化发展进程中，传媒集成经济形态发展的得失成败考量标准，也不能仅从急功近利角度评价，而是立足其所张扬的人本主义立场，以人的全面发展为方向，如此不仅有利于传媒产业经济的长远进步，也有利于社会主义市场经济的制度完善。因为"功利主义的考量不可能建立起真正的市场经济，因为就像我刚才所讲，任何时候我们都可以从另外的角度说它不利于经济发展或者不利于社会稳定就否定它。

市场不仅仅是 GDP 增长的工具，市场是人类实现自我价值、追求卓越的一种途径。只要我们尊重了人的基本权利，给每个人平等的自由，市场经济自然就会到来。反之，如果我们的体制和政策不尊重人的基本权利和自由，再多的改革措施都不可能建立起真正的市场经济制度。"①这些警告一针见血且目光远大，值得传媒集成经济在进一步发展中，正视其合理性并循之前行！

本章小结

通过上述分析和展望，可以总结：传媒集成经济发展形态，占尽社会急剧变革转型期之天时，拥有互联网平台之地利，赢取用户客户资源之人和，因应传媒产业利益与各种现实矛盾合力生成的时代复合需求发展，依托网络经济优势，秉承平等、互利、共赢原则等，服务我国传媒产业做强、做大、做活。其倡导公平互利、合作共赢、环保友好、节约和谐、以人为本的传媒集成经济精神所在，其蕴含的经济文明思想与市场交往理念，成效卓异的经济形态实践，无疑将成为时代先进力量的布道者，而其理论方面的创新价值与拥有的先进运营思想，将有力服务于我国传媒产业经济进化提升，契合人类经济活动取向，推动社会整体进步。

美国新经济社会学的代表人物格兰诺维特，将波拉尼的"嵌入性"概念引入社会学领域，创造性地指出："在传统社会，人们的经济关系是

---

① 张维迎：《改革要从功利主义转向权利优先》，中国改革论坛网：http://www.chinareform. org. cn/people/z/zhangweiying/Article/201601。

'嵌入'到复杂的社会关系和政治关系的大背景中的；而在现代社会，经济关系则相对独立于、甚至主导着社会关系和政治关系。"① 回望波澜壮阔的人类历史，曲折前行中经常发生大变革，而"经济因素总是社会变革的基础与最根本的力量。不论在资本主义、社会主义和民主主义及未来什么形态的社会中，正如熊彼特所指出的：经济是逻辑的母体。社会经济结构的变动和改革，导致了社会生产方式、政治结构的调整和变动，也带来了社会文化结构、人们的价值观念的变动和调整。在人们的价值观念系统中，经济价值理性处于核心地位，起着基础性的作用，经济价值理性的变动是最快的，也是最复杂多变的，对社会发展的影响也是深远的。"②

更重要的是，传媒集成经济的资源结构调整、经营方向、运营操作自觉进路，合作共赢系列理论体系创新，开创传媒经济发展新阶段，引领服务社会文明发展，带来寄托深远建构价值。"对于中国来说，互联网的真正意义不是少数网络上市，不是少数人发财，甚至不是创办一批互联网企业，而是以互联网的名义，调动社会资源的优化重组，建立新的企业机制，树立新的社会价值观，从而引发整个社会的变革，使中国在新的全球化浪潮中能够主导自己未来的命运。"③

互联网时代的现实是如此之恢弘！它充满着热度非凡的前进动力与令人希冀无穷的想象力，一切都在快速变化与革新发展中，真如《礼记·大学》所言的"苟日新，日日新，又日新"！而相关的理论创新和发展也是永无止境。我们期待立足于互联网时代视野的传媒集成经济理论研究，能引发学界使命担当的意识，激发业界共进不辍的集体努力，形成集成创新发展大局！

---

① 王永钦：《大转型：互联的关系型合约理论与中国奇迹》，格致出版社、上海人民出版社 2009 年版，第 10 页。

② 吴惠红：《合理发展与理性的重建》，知识产权出版社 2010 年版，第 142 页。

③ 方兴东：《创新式摧毁力》，北京大学出版社 2004 年版，第 338 页。

参考文献

一、中文专著

1. 毕耕：《网络传播学新论》，武汉大学出版社 2007 年版

2. 陈秀梅编：《双赢决策：实践领导的战略性思维》，地震出版社 2004 年版

3. 吴海荣等编：《新闻整合、展示与增值》，中国人民大学出版社 2007 年版

4. 陈卫星：《传播的观念》，人民出版社 2004 年版

5. 崔保国编：《信息社会的理论与模式》，高等教育出版社 1999 年版

6. 曹孟勤、卢风主编：《经济、环境与文化》，南京师范大学出版社 2013 年版

7. 段永朝：《互联网——碎片化生存》，中信出版社 2009 年版

8 范以锦、董天策编：《数字化时代的传媒产业》，暨南大学出版社 2008 年版

9. 方兴东：《创新式摧毁力》，北京大学出版社 2004 年版

10. 郭万超：《探寻当代最优发展模式——中国经济大变革》，经济日报出版社 2012 年版

11. 金鸣娟：《人类传播与社会发展》，中国广播电视出版社 2008 年版

12. 胡守钧：《社会共生论》，复旦大学出版社 2006 年版

13. 黄建钢：《群体心态论》，浙江大学出版社 2004 年版

14. 胡红生：《社会心态论》，中国社会科学出版社 2011 年版

15. 何大安：《选择行为的理性与非理性融合》，上海人民出版社 2006 年版

16. 何铮：《实体集群与虚拟集群：聚合模式及其可持续性》，电子科技大学出版社 2013 年版

17. 胡春编：《网络经济学》，清华大学出版社、北京交通大学出版社 2010 年版

18. 姜奇平、胡泳：《没有两片云是一样的》，商务印书馆 2011 年版

19. 姜奇平：《后现代经济——网络时代的个性化和多元化》，中信出版社 2009 年版

20. 刘琦琳：《免费经济——中国新经济的未来》，商务印书馆 2011 年版

21. 吕静：《马歇尔》，中国财政经济出版社 2005 年版

22. 李明伟：《知媒者生存——媒介环境学纵论》，北京大学出版社 2010 年版

23. 李淮芝、蔡元：《新媒体的数字化生存与发展》，测绘出版社 2011 年版

24. 刘燕：《媒介认同论：传播科技与社会影响互动研究》，中国传媒大学出版社 2010 年版

25. 李彪：《谁在网络中呼风唤雨——网络舆情传播的动力节点和动力机制研究》，人民日报出版社 2011 年版

26. 李悦等编：《产业经济学》，中国人民大学出版社 2008 年版

27. 李宝山、刘志伟：《集成管理——高科技时代的管理创新》，中国人民大学出版社 1998 年版

28. 卢希悦编：《中国文化经济学——思维的醒悟与经济的崛起》，经济科学出版社 2009 年版

29. 牛勇平：《媒介经济学理论与市场分析》，经济管理出版社 2011 年版

30. 潘爱玲等：《合作网络范式下企业集团管理控制研究》，中国人民大学出版社 2014 年版

31. 秦合舫：《战略，超越不确定性》，机械工业出版社 2005 年版

32. 邱耕田：《低代价发展论》，人民出版社 2006 年版

33. 齐宇：《循环经济产业共生网络研究》，南开大学出版社 2012 年版

34. 饶扬德等：《创新协同与企业可持续成长》，科学出版社 2011 年版

35. 孙希有：《服务型社会的来临》，中国社会科学出版社 2010 年版

36. 舒华英：《比特经济》，商务印书馆 2012 年版

37. 孙光海、陈立生：《传媒博弈论》，生活·读书·新知三联书店 2008 年版

38. 唐绪军：《报业经济与报业经营》，新华出版社 1999 年版

39. 唐宋名家文集《苏洵集·审势》，中州古籍出版社 2010 年版

40. 谭明方：《社会学理论研究》，华中科技大学出版社 2002 年版

41. 陶永谊：《互利——经济的逻辑》，机械工业出版社 2011 年版

42. 吴信训：《新媒体与传媒经济》，上海三联出版社 2008 年版

43. 王晓林：《社会发展机制优化论》，中央民族大学出版社 2007 年版

44. 吴惠红：《合理发展与理性的重建》，知识产权出版社 2010 年版

45. 王永钦：《大转型：互联的关系型合约理论与中国奇迹》，格致出版社、上海人民出版社 2009 年版

46. 王秀丽：《生态产业链运作机制研究》，经济科学出版社 2011 年版

47. 王孝斌、王学军：《创新集群的演化机理》，科学出版社 2011 年版

48. 王桂科：《媒介产业经济分析》，广东人民出版社 2006 年版

49. 我邢我宿、欧俊：《马化腾内部讲话：关键时，马化腾说了什么》，新世界出版社 2013 年版

50. 徐晋：《平台经济学——平台竞争的理论与实践》，上海交通大学出版社 2007 年版

51. 喻国明：《传媒影响力》，南方日报出版社 2003 年版

52. 喻国明主编：《传媒经济学教程》，中国人民大学出版社 2009 年版

53. 喻国明：《传媒新视界——中国传媒发展前沿探索》，新华出版社 2011 年版

54. 袁庆明：《新制度经济学》，复旦大学出版社 2012 年版

55. 殷俊等：《新媒体产业导论：基于数字时代的媒体产业》，四川大学出版社 2009 年版

56. 支庭荣：《媒介管理》（第 2 版），暨南大学出版社 2004 年版

57. 张雷：《媒介革命：西方注意力经济学派研究》，中国社会科

学出版社 2009 年版

58. 赵曙光：《媒介经济学》，清华大学出版社 2007 年版

59. 周振华：《信息化与产业融合》，上海人民出版社 2003 年版

60. 张利庠等：《管理经济学》，清华大学出版社、北京交通大学出版社 2009 年版

61. 张辉峰：《传媒经济学：理论、历史与实务》，人民日报出版社 2012 年版

62. 章晓明：《百度：互联网时代的搜索神话》，中国工人出版社 2010 年版

二、中文译著

1. ［奥地利］约瑟夫·熊彼特：《经济发展理论》，何畏、易家祥等译，商务印书馆 2009 年版

2. ［加］马修·费雷泽、［印］苏米特拉·杜塔：《社交网络改变世界》，谈冠华、郭小花译，中国人民大学出版社 2013 年版

3. ［加拿大］文森特·莫斯可：《传播政治经济学》，胡正荣等译，华夏出版社 2000 年版

4. ［美］艾莉森·亚历山大等编：《媒介经济学：理论与实践》，丁汉青译，中国人民大学出版社 2008 年版

5. ［美］保罗·莱文森：《手机：挡不住的呼唤》，何道宽译，中国人民大学出版社 2004 年版

6. ［美］彼得·马什：《新工业革命》，赛迪研究院专家组译，中信出版社 2013 年版

7. ［美］布莱恩·卡欣、哈尔·瓦里安：《传媒经济学——数字信息经济学与知识产权》，常玉田等译，中信出版社 2003 年版

8. ［美］查尔斯·李德彼特等：《网络协同》，欧阳武校译，旷野等译，知识产权出版社 2011 年版

9. ［美］达文波特、贝克：《注意力管理》，中信出版社 2001 年版

10. ［美］道格拉斯·C. 诺思：《制度、制度变迁与经济绩效》，杭行译，上海人民出版社 2008 年版

11. ［美］菲利普·津巴多、迈克尔·利佩：《影响力心理学》，邓羽等译，人民邮电出版社 2008 年版

12. ［美］格伦·廷德：《政治思考：一些永久性的问题》，王宁坤译，世界图书出版公司北京公司 2010 年版

13. ［美］科林·凯莫勒：《行为博弈——对策略互动的实验研究》，贺京同等译，中国人民大学出版社 2006 年版

14. ［美］罗伯特·E. 利坦、艾丽斯·M. 瑞夫林主编：《互联网革命——推动经济增长的强劲引擎》，聂庆、周传刚译，中国人民大学出版社 2011 年版

15. ［美］罗斯科·庞德：《通过法律的社会控制——法律的任务》，商务印书馆 1984 年版

16. ［美］马克·A. 卢兹、肯尼斯·勒克斯：《人本主义经济学的挑战》，王立宇等译，西南财经大学出版社 2003 年版

17. ［美］尼葛洛庞帝：《数字化生存》，胡泳、范海燕译，海南出版社 1997 年版

18. ［美］尼古拉斯·克里斯塔基斯、詹姆斯·富勒：《大连接：社会网络是如何形成的以及对人类现实行为的影响》，简学译，中国人民大学出版社 2012 年版

19. ［美］派恩、美吉尔摩：《体验经济》（修订版），夏业良等译，机械工业出版社 2008 年版

20. ［美］舍基：《认知盈余》，胡泳、哈丽丝译，中国人民大学出

版社 2012 年版

21. ［美］史蒂文・列维特、［美］斯蒂芬・都伯纳：《超爆魔鬼经济学》，曾贤明译，中信出版社 2010 年版

22. ［美］托马斯・弗里德曼：《世界是平的——"凌志汽车"和"橄榄树"的视角》，赵绍棣、黄其祥译，东方出版社 2006 年版

23. ［美］威尔伯・施拉姆：《传播学概论》，新华出版社 1984 年版

24. ［美］沃纳・J. 赛佛林、小詹姆士・W. 卡德：《传播理论：起源方法与应用》，郭镇之等译，华夏出版社 1999 年版

25. ［美］谢尔・以色列：《微博力》，任文科译，中国人民大学出版社 2010 年版

26. ［美］尤查・本科勒：《企鹅与怪兽：互联网时代的合作、共享与创新模式》，简学译，浙江人民出版社 2013 年版

27. ［美］约翰・W. 迪米克：《媒介竞争与共存——生态位理论》，王春枝译，清华大学出版社 2013 年版

28. ［美］詹姆斯・艾尔特等：《竞争与合作：与诺贝尔经济学家谈经济学和政治学》，万鹏飞等译，北京大学出版社 2011 年版

29. ［瑞典］汤姆・R. 伯恩斯等：《经济与社会变迁的结构化——行动者、制度与环境》，周长城等译，社会科学文献出版社 2010 年版

30. ［英］戈伊尔：《社会关系：网络经济学导论》，吴谦立译，北京大学出版社 2010 年版

31. ［英］赫伯特・斯宾塞：《社会学研究》，张红晖、胡江波译，华夏出版社 2011 年版

32. ［英］露西・昆：《媒体战略管理：从理论到实践》，王文渊、高福安译，中国广播电视出版社 2013 年版

33. ［英］马歇尔：《经济学原理》上卷，朱志泰、陈良璧译，商

务印书馆 1964 年版

34. ［英］马歇尔：《经济学原理》下卷，朱志泰、陈良璧译，商务印书馆版 1981 年版

35. ［英］尼克·斯蒂文森：《媒介的转型：全球化、道德和伦理》，顾宜凡等译，北京大学出版社 2006 年版

三、中文论文

1. 陈友龙：《时代赋予的新型经济——集成经济》，《成人高教学刊》2008 年第 3 期

2. 陈凯星：《融合报道　集成创新——新华社发展新媒体的探索与实践》，《传媒》2014 年第 7 期下

3. 程瑜：《产业经济学：西方的发展与我国的借鉴》，《经济师》2007 年第 4 期

4. 樊士德、许成安：《基于深度推进和广度普及理念下的中国传媒产业链构建路径研究》，《未来与发展》2007 年第 1 期

5. 方永恒、李文静：《文化产业集群的社会网络嵌入性研究》，《科技管理研究》2013 年第 3 期

6. 韩松、蔡剑：《基于社交网站商业模式服务集成的价值创造研究》，《管理评论》2013 年第 7 期

7. 顾江、郭新茹：《科技创新背景下我国文化产业升级路径选择》，《东岳论丛》2010 年第 7 期

8. 黄升民、马涛：《行行重行行　柳暗花又明——中国报业 2011 年回望与 2012 年前瞻》，《中国报业》2012 年第 1 期上

9. 黄桂田、孙露晞：《技术进步的非连续性与生产要素的阶段性转换——对英国 200 年经验的实证及对中国的启示》，《经济学家》2013

年第 12 期

10. 姜晓梅：《阿里巴巴关键成功因素分析及对策建议》，《经济论坛》2012 年第 9 期上

11. 郑国洪：《阿里巴巴的战略与经营模式分析》，《中国集体经济》2010 年第 2 期上

12. 李允尧、刘海运、黄少坚：《平台经济理论研究动态》，《经济学动态》2013 年第 7 期

13. 李常青、赵婉：《传媒经济学视野下的中外传媒资本运营比较分析》，《中国报业》2012 年第 8 期下

14. 李文博、郑文哲：《企业集成创新的动因、内涵及层面研究》，《科学学与科学技术管理》2004 年第 9 期

15. 李波：《集成经营理论与实践探索》，《上海经济研究》2008 年第 5 期

16. 林忠礼等：《媒体平台经济的实践及转型——兼谈大众网的电商尝试》，《青年记者》2013 年第 3 期下

17. 罗鄂湘：《产业经济预警研究综述》，《统计与决策》2013 年第 3 期

18. 梅姝娥、张锐、仲伟俊：《网络科技服务平台集成模式研究》，《科技与经济》2013 年第 6 期

19. 裴小兵：《企业集成创新的要素与评价方法研究》，《创新科技》2013 年第 8 期

20. 王乾坤：《集成管理原理分析与运行探索》，《武汉大学学报》（哲学社会科学版）2006 年第 5 期

21. 王永、刘建一、张坚：《浅析规模经济、范围经济与集成经济》，《江苏商论》2004 年第 3 期

22. 王卫明、唐燕：《传统媒体如何转入平台经济轨道》，《青年记

者》2013 年第 3 期下

23. 王雪等：《基于网络平台的社区集成模式研究》，《现代商贸工业》2014 年第 20 期

24. 王爱民：《论新经济时代的经营理念》，《时代经贸》2008 年第 4 期

25. 王丹枫：《产业升级、资本深化下的异质性要素分配》，《中国工业经济》2011 年第 8 期

26. 王国平、刘凌云：《新型文化业态是文化产业结构优化升级的先导》，《求索》2013 年第 7 期

27. 任志安：《知识共享与规模经济、范围经济和联结经济》，《经济管理》2005 年第 10 期

28. 任一鑫：《循环经济集成原理的初探》，《荆楚学刊》2013 年第 2 期

29. 史健勇：《优化产业结构的新经济形态——平台经济的微观运营机制研究》，《上海经济研究》2013 年第 8 期

30. 史征、刘小丹：《文化产业集群与文化产业竞争力影响研究》，《经济论坛》2008 年第 5 期

31. 孙俨斌：《"社会资本"视角对传媒经济研究的三个跨越》，《新闻记者》2014 年第 2 期

32. 孙耀吾、贺石中：《高技术服务创新网络开放式集成模式及演化——研究综述与科学问题》，《科学学与科学技术管理》2013 年第 1 期

33. 石奇：《集成经济原理与产业转移》，《中国工业经济》2004 年第 10 期

34. 石奇：《制造范式转型、集成经济与"国际代工模式"升级》，《南京财经大学学报》2007 年第 2 期

35. 唐凌：《传媒经济对中国经济发展的影响》，《经济研究导刊》

2013 年第 33 期

36. 徐佳宾：《经济发展、产业升级与市场形态》，《财贸经济》
2007 年第 3 期

37. 喻国明、樊拥军：《集成经济：未来传媒产业的主流经济形
态——试论传媒产业关联整合的价值构建》，《编辑之友》2014 年第 4 期

38. 詹成大：《文化产业集群及其发展模式》，《浙江经济》2009 年
第 9 期

39. 张诚：《集成产品开发模式的应用》，《企业改革与管理》2013
年第 7 期

40. 张茂伟：《文化产业集群发展视域下中国报业发展探究》，《吉
林工程技术师范学院学报》2011 年第 6 期

41. 张辉锋：《传媒经济增长极及其效应分析》，《国际新闻界》
2009 年第 10 期

42. 朱孔来：《关于集成创新内涵特点及推进模式的思考》，《现代
经济探讨》2008 年第 6 期

43. 钟煌：《企业集成管理的特点与功能》，《企业改革与管理》
2013 年第 3 期

四、外文文献

1. Garrett Hardin：*The Tragedy of the Commons*，Seienee1243，1968.

2. Everett M. Rogers, D. Lawrence Kincaid：*Communication networks: toward a new paradigm for research*，New York：Free Press，1983，pp. 25-40.

3. Feenstra. R.：*Integration of Trade and Disintegration of Production in the Global Economy*，Journal of Economic Perspectives，1998，12

4. Kenneth D. Loomis and Alan B. Albarran： *Managing Radio Market Clusters*： *Orientations of General Managers*，THE JOUNAL OF MEDIA ECONOMICS. *171*. Copyright@ 2004，Lawrence Erlbaum Associate，Inc. 2004

5. Lucy Küng，Robert G. Picard and Ruth Towse： *The Internet and the Mass Media*，SAGE Publications Ltd，2008

6. McKinsey Global Institute Bid data： *The next frontier for innovation*，*competition*，*and productivity*，2011，8

7. North，D. C. *Institutions*，*Institutional Change and Economic Performance*，London： Cambridge University Press，1990，94.

8. Osaka，T. Regional economic development： *Comparative case studies in the US and Finland*，*IEEE*，*International Engineering Management Conference IEMC 2002*，Cambridge，UK. 2002

9. "*Review of the Seoul Declaration for the Future of the Internet Teconomy*： *Synthesis Report*"，OECD Digital Economy Papers，No. 225，OECD Publishing，2013

10. Robert Goodin，R. E. *The Theory of Institutional Design*，London： Cambridge University Press，1996

11. *Sylvia M. Chan-Olmsted Content Development for the Third Screen*： *The Business and Strategy of Mobile Content and Applications in the United States*，The International Journal on Media Management，2006，p. 82.

12. Stephen Coleman and Karen Ross： *The Media and the Public*，WILEY-BLACKWELL A John Wiley & Sons，Ltd. 2009

13. Vincensini. C.： *Is Path Dependence a Useful Concept to Analyze the Evolution of Ownership Structure in Central Europe? A Theoretical and Empirical Discussion*，working paper，2001

后　记

　　爱挑的担子不嫌重。用于本人，更加在理。2012年秋，教师节前，毅然去职舍业、抛妻别子，怀揣心中多年的希望与梦想，筚路蓝缕，负笈入京（一句套词）。斗转星移之间，不觉春华三度。尽管求学之路漫漫修远，求索之苦一言难尽，求真之心困窘重重，然乐于此事，千金难买愿意，亦复何言艰辛！（此为真话）

　　师徒缘分上苍注定。博士学业得从名师喻国明教授，乃本人三生有幸。喻师于我，提携雕琢之恩、苛责导正之情、化育接济之义，重若高山、深如东海。念之，怎一个谢字了得？自而立之尾到不惑已过，三年跨越，颇有革新洗面、人生再造之感，皆为恩师良苦用心之果，而毕业论文创作从始至终，渗透导师关切心血。交往之中，喻师孜孜不倦的创新境界、忧国忧民的独有情怀、立足前沿的学术眼光，耳濡目染，甚为感怀。可惜本人愚钝憨直，固执己见，不谙察言，反应迟缓，多有惹老师无奈之处。至此，岂一声抱歉可消！唯有日后继往开来，书山学海不辍余功，修心养志以期有成，得报师恩情义。

　　感谢陈力丹老师和丁汉青老师，他们对开题报告的不足错失，及时拨云见日，指正光明。感谢陈力丹、周蔚华、丁汉青、刘海龙四位老

343

师，百忙之中批阅指导和参加预答辩，宝贵斧正意见为论文顺利付梓奠定坚实基础。感谢答辩主席刘燕南老师和曾祥敏老师、张洪忠老师、赵彦华老师、丁汉青老师等参加毕业论文答辩，感谢杨保军、涂光晋、刘建明、张辉锋等老师，他们的学术成就与为人处世态度，素为我心悦诚服，读博期间给予本人精神鼓励和学业帮助，不知何时得以涌泉相报？

不禁又想起有知遇之恩的硕士导师李广增，先生作古已十二年有余，但他循循善诱、委婉劝慰、娓娓论道、和蔼可亲的音容笑貌宛如昨天，而今再不能与李师畅叙胸怀志向、壁垒坎坷，怎不扼腕长叹：天妒英才、好人难寿。同时也感谢河北大学新闻传播学院的数位有情有义领导、志同道合老师、惺惺相惜同学和教过的数位高才学子，十几年良师诤友对我各个方面的关心支持，是风雨人生前行中不能忘怀的友谊。

三年同窗，李凤萍、李慧娟二位同门，同专业梁雪云同学，夙兴夜寐的著述过程，纷繁复杂的共事往来，互相勉励、鼎力相助等情形历历在目，可用"难得"二字形容；兼有身为教师的同门韩晓宁、苏林森、李彪等引正相助，许子豪、宋美杰、刘建华等诸君竭诚帮忙，年轻有为的杨雅、李南、胡杨涓、何林琳、姚飞、马慧、李珊、潘佳宝等同门齐心作为，各尽所能，不嫌琐碎，恪尽职守，本人深为钦佩感激，从中参悟与深刻领会到所写论文倡导的传媒集成经济"合作共赢"精神真谛。

三年求学，欣悦难忘的当属踏遍京郊好山好水，那是陶冶性情、锤炼心智、磨砺身躯、遗忘忧苦的最美记忆。三年同学，与好友同玩，胡侃乱聊、妙趣无穷，点点滴滴、印象深刻：享京华名吃，走胡同小巷，访艺术圣殿，有风流才子李光庆老弟导引为伴；寻青山绿水，问名胜古迹，叩历史风情，有高大帅的易耕老弟同行；道人生世故，言职场悲欢，批判现实，可和"大头弟"曾凡斌虎啸斗室；谈世间风情万象，论泱泱京华浮云，与王庆起通；球场锻炼，身心俱悦，与投篮高手陈海峰共；激扬文字，斥责宵小，和雒有谋同；聊天论事有刚存，胡扯八道寻双庆……其余年青诸男，有才好学，进取意志，竞胜精神，为我榜样——也常让老骥伏枥之人念叨"廉颇老矣，尚能饭否？"而我性情粗疏，直言快语，不周之处多得宽谅，在此致歉谢过！另外半边天中，额尔德尼·奇奇格女士善良大气、豪放直爽、坦诚乐观、热情奔放，素有古代侠女风范，与其友情厚实，且受益良多。任晓敏、李志敏二位大妹，聪慧过人，天性率真，调皮可爱，相处交流，总能言谈甚欢，令人欣悦。刘文红、翟娜娜、薛立琦诚信朴实，张蕊、贾茜、朶藏草等坦诚厚道，可直言实言人情过往；王群、王珊珊、王芳菲等皆有举手相助之功，不敢相忘。其余诸位女士，互尊互敬，各有风采，不一一道来。

夫人李利芳，相濡以沫、风雨同舟，顾家育子、劳苦功高。随我半辈子颠沛流离，不慕锦衣玉食，甘于粗茶淡饭；不嫌本人无能，常能以苦为乐。在物欲横流、虚夸遍地年代，尚存勤俭持家古风余韵，令我这个穷酸书生羞愧满面。儿女也因我多年求学，未能全力挣钱养家，尝尽经济拮据之苦，不能与同龄人一样享受各种物质条件，每每想起，总难免心中自责不已！亲朋好友在困难之时，多有雪中送炭资助接济及热忱鼓励；两边年迈父母和老人们知我上进，时时操心牵挂，事事顾念挂怀，始终给予理解和坚定支持……这些皆是我继续前进的无穷动力。而自己长期奔波在外，考博歧路多艰，数年春节未回老家，未尽膝下之孝、亲友之谊，现在揽镜自照，已然华发早生，才知大人和亲友给予的真情最贵，恩情最深，亲情最值，但一时无法尽心补偿相报！

时光如白驹过隙：毕业之际，人过中年。忆往昔，曾经壮志凌云，欲奋起蒿莱，无愧浩浩青史，未料悠悠岁月峥嵘，道阻且长；历经世道沧桑，数番努力过后，难晓是喜是悲！看今朝，满眼浮华滋蔓，求意念澄净，倾心朗朗长空，却对时时蜗角虚名，蝇头小获；遍观百千风浪，几度恍惚之际，不知今夕何夕！真是韶华易逝，人生苦短。唯万籁俱寂独一人，仰望无穷浩宇灿星，回望八万里路云月，方寻得片刻安宁。

恩师喻国明先生不仅给予了我人生终极目标的实现机会，悉心指导我的博士论文通过，还为本人的就业事宜，不辞辛苦，不嫌麻烦，降尊结交，如今又在百忙之中为本书作序，师恩之重，无言以表；师情之厚，难能回报！

河北大学新闻传播学院院长韩立新教授、院长助理商建辉教授、原办公室主任张建利老师等，为本书出版也都付出各自热忱鼓励和帮助。河北大学科研创新团队培育与扶持计划（2016 年"一省一校"专项经费）资助本书出版费用，负责此事的刘老师等提供诸多便宜。在此，对他们的辛苦付出一并深深致谢！

文中借用网络资料与其他学者成果，抱怀对诸位启发深谢之心，本人已竭尽全力予以标注，若有未列遗珠之处，敬请相关人士多多包涵！

最后再次感谢含辛茹苦大人、体贴善良妻子儿女及其他亲人的默默无闻长期付出，感谢亲人们在我风雨前行路上的不离不弃陪伴与无怨无悔支持，这是源源不断的精神温暖源泉，推动我孜孜不倦书山勇攀、学海求索！

责任编辑:张伟珍

封面设计:周方亚

责任校对:胡　佳

图书在版编目(CIP)数据

传媒集成经济研究——基于互联网时代的新视野/樊拥军 著. —北京:
　人民出版社,2017.8
ISBN 978-7-01-017907-0

Ⅰ.①传…　Ⅱ.①樊…　Ⅲ.①互联网络-影响-传播-媒介-产业经济
　-研究-中国　Ⅳ.①G206.2

中国版本图书馆 CIP 数据核字(2017)第 166884 号

传媒集成经济研究
CHUANMEI JICHENG JINGJI YANJIU
——基于互联网时代的新视野

樊拥军　著

人民出版社 出版发行
(100706　北京市东城区隆福寺街 99 号)

北京龙之冉印务有限公司印刷　新华书店经销

2017 年 8 月第 1 版　2017 年 8 月北京第 1 次印刷
开本:710 毫米×1000 毫米 1/16　印张:22.5
字数:308 千字

ISBN 978-7-01-017907-0　定价:56.00 元

邮购地址 100706　北京市东城区隆福寺街 99 号
人民东方图书销售中心　电话 (010)65250042　65289539